苏全有　主编
牧野论史——河南师范大学历史文化学院史学文库

本书为中盐金坛盐化有限责任公司与常州市社会科学院盐文化研究中心盐文化研究五年规划课题《两淮盐业史研究》（Ywhyj202002）的阶段性成果

明清两淮盐场社会变迁研究

吕小琴　著

河南人民出版社
·郑州·

图书在版编目(CIP)数据

明清两淮盐场社会变迁研究 / 吕小琴著. —郑州：河南人民出版社, 2024.7
ISBN 978-7-215-13120-0

Ⅰ.①明… Ⅱ.①吕… Ⅲ.①盐场-社会变迁-盐业史-安徽-明清时代 Ⅳ.①F426.82

中国国家版本馆CIP数据核字(2022)第183496号

河南人民出版社 出版发行

(地址：郑州市郑东新区祥盛街27号 邮政编码：450016 电话：0371-65788028)
新华书店经销　　　　　河南新华印刷集团有限公司印刷
开本　710 mm×1000 mm　　1/16　　印张　15.25
字数　250千
2024年7月第1版　　　　　　2024年7月第1次印刷

定价：59.00元

序

盐的大家族中有海盐、井盐、矿盐、湖盐、土盐等不同种类。不同的地质条件下都能产盐，这些盐均可食用，为人类所必需。对盐的利用本身也是人类不断进步的一个标志。进入文明社会之后，盐逐渐为官方所掌控，盐价、盐税都是官府调控的对象，一定意义上成为衡量官府行政能力的重要指标之一。

盐的出产依托于盐场，仅在我国东部沿海，就分布着长芦盐场、两淮（苏北）盐场、布袋盐场、莺歌海盐场等大小盐场，其中两淮盐场开发最早，最受统治者重视，时至明清则更体现出多重变迁面貌。西汉时，"吴王濞封广陵，煮海为盐"，从那以后，两淮盐务一直地位显赫，所谓"自古煮盐之利，重于东南，而两淮为最"。"两淮盐税甲天下"则极言两淮盐场在国家经济中所占的分量。西汉初已有因盐而立的县叫"盐渎"，西晋改称"盐城"，北宋以前这里有盐亭123所，"公私商运，每年常有船千艘往来"，北宋时这里每年产盐近50万担。涟水县则因处于淮河入海口，中转运盐十分便捷，天圣元年（1023），这里设有搬运仓，将海州、涟水等地所产之盐汇聚起来，散往各地。绍熙五年（1194），黄河南徙，夺淮入海，急流携带的泥沙大量淤积于河流入海口，引起海岸线迅速东移，即所谓的"海势东迁"。这一趋势一直延续到近现代。在此背景下，两淮盐场经历着盐政与行政、护灶与垦荡、保运与防潮等多重因素间的竞争与博弈，两淮盐场社会的变迁也呈现出丰富复杂的面相，传统意义上的"潟湖"在历史上发生着沧海桑田式的变化，用到两淮盐场恰如其分。建于绍定二年的泰州望海楼显示西汉时地处海滨的一块高地即所谓"海陵"的地方可远眺大海，如今望海楼早已离海岸线数十里之遥了。这大片的滨海区域上演了淤海成荡、烧盐、垦荡成田、植棉纺纱等的历史演化活剧，其中盐业一直是留给政府和民间社会最深刻的烙印。

明中期商品经济快速发展，在盐业经营中也出现了分化现象，豪灶主宰盐场场灶、私灶盛行，海荡经常被垦作田地，他们广占灶荡、侵占民田、广置锅鐅、规避徭役和田赋、雇佣民灶煎盐贩私，一些下层灶户或被迫受雇于豪灶，或流亡于外，改从他业。盐务、行政官员接受灶户贿赂，无法有效履行维持盐区社会秩序的职责。盐商介入盐业生产、盐务管理，通过出资支持教育事业发展、赈济灾伤、规范民间信仰等行为介入地方社会治理，显示出明清两淮盐场官商之间在社会治理方面的博弈与协调。东台安丰王氏毁佛像改立祖先牌位、创立宗会、创置义仓、撰修族谱、建构宗祠，形成了庞大并具影响力的宗族，且以文化资源为手段介入对基层社会的治理。民间流传的"占窝"本是灶户的行话，却衍化为社会上的普通俗语，占窝变成了提前占用资源、赢得主动的意思。明清朝廷曾通过整顿卫所、巡检司、备倭营、备倭水寨、墩台烽堠等海防建设和增设兵备副使等抗倭官、组织灶勇以应对倭患问题，但其能否产生切实的效果，往往还要看基层民间的呼应与配合程度。

盐业和漕运都有自上而下的垂直管理机构，扬州和淮安在明清时期都因此而地位显赫，也带动了两地人口的流动和移居，以徽商、晋商为代表的盐商坐拥扬州，将盐产地与盐业市场连接起来，数代积累而成丰赡的财富，大大小小的扬州园林成为他们宴客、冶游与奢靡享受的标志物，他们可以为乾隆的造访而于一夜之间建成一座白塔，他们也可以为清王朝镇压太平天国迅速组织起捐输和捐献的力量。每当扬州遭遇烽烟，他们还可以四散到河下、邵伯乃至泰州等地，开辟闲适和康乐的新天地。盐业可以形成上下游系列的产业链条，也造就豪灶、普通灶丁、船户、纤夫、搬运工乃至妓馆业者这样的各级社会阶层，他们可以形成不同层次，又需求旺盛的消费力量，支撑着两淮地区大大小小的各级市场。盐商往往会慷慨出资于慈善公益活动，如代纳盐场灶课、出银救灾、修建桥梁关津、置办育婴堂、修建寺观、置义冢、施棺木等，既促进了商业的兴盛和城镇的繁荣，也为本群体树立了良好形象，开拓了更广泛的发展通路。盐的运销有的走陆路，有的走海路，无论如何，路途的险恶是切肤的，他们的安全或依赖官府有所作为，或更多只能靠他们自我的防护，时常只能归结为命运。

在两淮盐业舞台上，山陕籍盐商与徽州盐商存在着一定的分野与竞争关系，山陕盐商以商籍的获得打赢了徽州盐商，徽州盐商们也聚集起来，结成商儒盟会，吟咏诗句，书画往还，他们通过编撰《两淮盐法志》等途径，凸显了徽州盐商的主导地位。最为人们称颂的是以王艮为首的泰州本土学派兴起了晚明思想史上的新潮，王阳明的后学亦附庸于后，将泰州学派的学术影响力扩展到江西、浙江等文化渊薮之区，带给晚明文化界及至世俗若干新的气象。

盐商们是否代表了中国商人阶层较早开始的自我觉醒，抑或盐商是否还是封建社会经济的附属物，寄生于政治权威之下，与官僚政治的腐败同节律，盐商能否介入政治，左右政治，使政治发展进入崭新的阶段，回答这些问题需要研究者具有更广的学术关怀，明晰中国商人阶层发展演化历程、背后原因及其社会影响。余英时先生积极评价了晚明商人阶层逐渐走到社会前台，彰显自我的存在，表达自己义利兼顾、以义取利的价值观；傅衣凌先生则认为：传统商帮经常以其商业活动补强传统社会，使其包含新旧因素，从而于变中保持平稳，于不变中彰显传承，使传统社会显得坚韧，既具活力，又平稳延续。在这个意义上研究两淮盐商，或许能引发我们对传统王朝统制经济模式，民间商业资本、高利贷资本对生产、流通领域的操控，商业与市场的发育引发的社会分化、矛盾斗争乃至文化的成长与走向的再思考。

吕小琴博士孜孜于盐场、盐业、盐商等问题已逾十数载，除了遍读各类官私文献，还辅以切实的田野考察和调查，可以说已经达到苦盐商灶丁所苦，乐盐商灶丁所乐的境界了。她对盐商灶丁的处境及其变迁有细腻的条分缕析，对盐商灶丁的日常生活也有细致的体察把脉，对盐商的文化追求及政治依附更有深挚的同情理解，对盐场社会的海洋性与流动性特征亦有敏锐的觉察体悟，这些视角都有利于矫正以往偏重王朝视角、倾力渲染盐政官员贪渎、夸大盐场社会无序状态等偏颇。吕小琴博士凭借着勤奋、坚韧和敏捷，逐渐深入两淮盐业的各个层面，力图揭示盐业社会生活的生动复杂场景，这样的努力是有价值的，也不乏现实借鉴意义。我期待吕小琴博士能继续追寻中国传统商人精神谱系，建立起盐商的精神世界、文化世界和生活世界。

此为序。

王日根
二〇二一年十月四日

目　　录

绪论 ………………………………………………………………… 1
第一章　两淮盐场的建构与行政组织的败坏 …………………… 16
　　第一节　两淮盐场的建构 ……………………………………… 16
　　　　一、分区设场 ………………………………………………… 16
　　　　二、编佥灶民 ………………………………………………… 18
　　　　三、纳盐当差和纳粮当差 …………………………………… 24
　　　　四、盐业市镇的兴起 ………………………………………… 29
　　第二节　行政组织及其败坏 …………………………………… 32
　　　　一、设置职官 ………………………………………………… 32
　　　　二、灶户组织和保甲制度 …………………………………… 35
　　　　三、盐业官吏的腐败 ………………………………………… 42
第二章　两淮盐场社会的分化与宗族的建构 …………………… 49
　　第一节　灶私与荡地农垦化 …………………………………… 49
　　　　一、灶私的兴盛 ……………………………………………… 49
　　　　二、荡地的农垦化 …………………………………………… 62
　　第二节　豪灶的兴起 …………………………………………… 68
　　　　一、兴起的表现 ……………………………………………… 70
　　　　二、兴起的影响 ……………………………………………… 79
　　第三节　总催的舞弊 …………………………………………… 81
　　　　一、舞弊的表现 ……………………………………………… 81
　　　　二、原因分析 ………………………………………………… 89
　　第四节　宗族的建构 …………………………………………… 91
　　　　一、王艮的崛起 ……………………………………………… 92

二、安丰王氏宗族的建构 …………………………………………… 102

第三章　两淮盐场社会的整合 …………………………………………… 110
第一节　教育的兴起 …………………………………………… 110
一、设社学 …………………………………………… 110
二、设义学和书院 …………………………………………… 123
第二节　民间信仰的整顿 …………………………………………… 126
一、明中叶前的佛教和道教信仰 …………………………………………… 126
二、毁淫祠与建祠堂 …………………………………………… 131
三、五圣信仰和张士诚信仰的坚守 …………………………………………… 138
第三节　民灶赋役纠纷与赋役改革 …………………………………………… 145
一、民灶赋役纠纷 …………………………………………… 145
二、盐场赋役改革 …………………………………………… 148
第四节　灾害及其应对 …………………………………………… 156
一、倭患与设置抗倭官、灶勇 …………………………………………… 156
二、自然灾害与建设盐场蠲赈制度 …………………………………………… 171

第四章　盐商介入与参与两淮盐场事务管理 …………………………………………… 179
第一节　盐商介入生产领域 …………………………………………… 179
一、介入的制度条件 …………………………………………… 179
二、供给灶户工本 …………………………………………… 187
三、控制盐业生产 …………………………………………… 197
第二节　盐商介入管理领域 …………………………………………… 209
一、收储灶盐 …………………………………………… 209
二、享有稽查私盐的特权 …………………………………………… 211
三、开展盐场社会慈善公益事业 …………………………………………… 213

结语 …………………………………………… 217

参考文献 …………………………………………… 220

后记 …………………………………………… 233

绪　　论

一、学术史述评

在传统中国社会,盐乃天财地宝,能"资民食而裕国课",它不仅是百姓生活的必需品,更是国家财税收入的重要来源之一。它关乎国计民生,相关研究可谓硕果累累。

本书在消化和吸收前人研究成果的基础上进行研究,对百余年来的相关学术成果做一个简要的回顾和述评。[①] 中国盐业史研究领域受到中外学界的共同关注,而且中外学者几乎是同步开展该领域的研究工作。据笔者所知,在1912年,中国学者左树珍出版《盐法纲要》;1914年日本学者宫崎市定发表《事变与盐,历史与盐》。不过,此后中外学界的研究方向有所不同。新中国成立前,为厘清清末盐政的积弊,学界产生了一大批极具分量的论著,代表人物有田斌、景学钤、欧宗祐、蒋静一、曾仰丰、田秋野、林振翰等。他们的研究成果从整体上勾勒出中国盐

[①] 郭正忠《中国盐业史八十年》和日本学者吉田寅《中国盐业史在日本的研究状况》(均载彭泽益、王仁远编:《中国盐业史国际学术讨论会论文集》,四川人民出版社,1991年),何亚莉《二十世纪中国古代盐业史研究综述》(《盐业史研究》,2004年第2期),吴海波、曾凡英《中国盐业史学术研究一百年》(巴蜀书社,2010年),对百余年来中国盐业史的研究状况做了全面而详细的阐述。

业史的发展脉络,为后人进行微观或专题性研究奠定了坚实的基础。① 笔者发现,这些成果集中探讨盐政问题,虽然关键词经历了从盐法到盐政、盐务,又到盐课、盐税的转变,②研究范围有通史和断代史之分,考察的对象有宏观和微观之别,但是几乎都是从政治史的研究视角进行考察。外国方面相对逊色很多,欧美学界一片沉寂,日本学界则出现了中国盐业史研究的热潮,且开启了注重从社会经济史的角度进行研究的传统。新中国成立初期,由于长期饱受政治运动的干扰,中国大陆学界盐业史研究几乎停滞不前。③ 至 20 世纪 70 年代中后期,中国盐业史研究得到恢复并很快取得进展。具体表现为四川自贡井盐历史档案的开发利用、盐业史学会的成立、《盐业史研究》杂志的创办等。与大陆学界萧条的局面相比,港台地区则呈现蓬勃发展的势头,涌现出一批具有深厚学术功底的盐业史专家,如

---

① 中国学者的研究成果有左树珍《盐法纲要》(新学社,1912 年)、周庆云等编《盐法通志》(1914 年文明书局铅印本)、盐务署辑《中国盐政沿革史》(出版社不详,1924 年)、张茂炯等编《清盐法志》(1920 年铅印本)、贾士毅《淮南盐垦纪略》(《新中国》,1920 年第 5 期)、景学钤《盐政丛刊》(盐政杂志社,1921 年)、林振翰《盐政辞典》(商务印书馆,1928 年)、何维凝《中国盐书目录》(出版社不详,1942 年)、林振翰编《淮盐纪要》(商务印书馆,1928 年)、林振翰编《中国盐政纪要》(商务印书馆,1930 年)、高元劼《淮北盐务记要》(1948 年刊本)、田斌《中国盐税与盐政》(江苏省政府印书局,1929 年)、景学钤《盐务革命史》(南京京华印书馆,1929 年)、欧宗祐《中国盐政小史》(台北商务印书馆,1931 年)、蒋静一《中国盐政问题》(正中书局,1936 年)、曾仰丰《中国盐政史》(商务印书馆,1936 年)、由铭贤《中国盐政问题》(出版社不详,1944 年)、《中国盐政实录》(民国财政部盐务署盐务稽核总所铅印本,时间不详)、姚永朴《清代盐法考略》(《安徽大学月刊》,1934 年第 6 期)、林纪献《中国盐政之沿革》(《工商学志》,1935 年第 1 期)、许德龄《中国盐政沿革》(《政治月刊》,1935 年第 2 期)、刘隽《中国就场征税制法理论的演进》(《天津益世报财经周刊》,1935 年第 8—10 期)、吴雨苍《清代两淮盐政》(《国专月刊》,1936 年第 5 期)、梁登高《我国历代盐政总检讨》(《中国建设》,1937 年第 5 期),等等;外国学者的研究成果有日本学者宫崎市定《事变与盐,历史与盐》(《东亚问题》,1914 年)、英国学者霍西《中国盐政概论》(《东方杂志》,1914 年第 4、5 期)、日本学者加藤繁《关于清代的权法》(《史潮》,1937 年第 1 期)、日本学者佐伯富《盐与中国社会》(《东亚人文学报》,1942 年第 1 期),等等。
② 林振翰《盐政辞典》(商务印书馆,1928 年)对盐法、盐政、盐务、盐税、盐课的概念进行辨析。
③ 笔者所见仅杨德泉《清代前期两淮盐商资料初辑》(《江海学刊》,1962 年第 11 期)和《清代前期的两淮盐商》(《扬州师范学院学报》,1962 年第 16 期)。

何维凝、徐泓、田秋野等。① 外国学者则相对活跃,日本学界以佐伯富为代表②,其他国家学界的代表人物有何炳棣、墨子刻和姜道章③。值得注意的是,西方学者注重从科技史的角度进行考察。④ 改革开放后,社会经济的发展推动了盐业史研究走向繁荣。在学界同人的共同努力下,盐业史研究呈现如下的特征:一是研究对象的拓展。食盐走私、盐商报效、盐业生产、盐业科技、盐与地方社会的关系、盐业文化等进入了研究者的视野,被学界所重视。二是区域研究的勃兴。早期研究中国盐业史的论著倾向于从整体上把握(两淮盐区除外),近来的发展趋势是倾向做区域史研究。学界对长芦、山东、两浙、两淮、福建、河东等六个都转运盐使司,以及广东、海北、四川、云南黑盐井、云南白盐井、云南安宁盐井、云南五井等七个盐

---

① 何维凝:《中国盐政史》,台湾商务印书馆,1966 年;明坚:《漫谈两淮盐务》,《盐业通讯》,1966 年第 179 期;赵芷清:《略论我国盐税制度》,《盐业通讯》,1968 年第 204 期;徐泓:《清代两淮盐场的研究》,台北嘉新水泥公司文化基金会,1972 年;徐泓:《明代的盐法》,台湾大学历史学研究所博士论文,1973 年;田秋野、周维亮:《中华盐业史》,台湾商务印书馆,1979 年;等等。

② [日]波多野善夫:《清代两淮制盐方面的生产组织》,《东洋史研究》,1950 年第 1 期;[日]佐伯富:《关于清代盐业资本(上、下)》,《东洋史研究》,1950 年第 1、2 期;[日]佐伯富:《清代咸丰时期的淮南盐政》,《东洋史研究》,1955 年第 16 期;[日]佐伯富:《清代盐政之研究》,东洋史研究会,1956 年;[日]藤冈次郎:《关于清朝道光年间在两淮的私盐的流通》,《北海道学艺大学纪要》,1956 年第 1 期;[日]山胁悌二郎:《清代盐商与长崎贸易的垄断》,《史学杂志》,1958 年第 8 期;[日]箕轮祥子:《清代位于两浙的私盐对策》,《史论》,1962 年第 10 期;[日]酒井忠夫:《清末的帮会与民众——特别是关于哥老会》,《历史教育》,1965 年第 12 期;等等。

③ 何炳棣:《扬州盐商:十八世纪中国商业资本的研究》,《哈佛亚洲研究学报》,1954 年第 17 期;[美]墨子刻:《清政府在商业领域中的组织能力:两淮盐业垄断,1740—1840》,出版社不详,出版时间不详;[美]墨子刻:《陶澎的淮北盐业垄断改革》,《中国研究论文集》(哈佛),1962 年第 56 期;[新]姜道章:《清代盐税》,《食货月刊》,1976 年第 7 期;[新]姜道章:《论清代中国的盐业贸易》,《盐业史研究》,1989 年第 2 期。

④ [英]李约瑟:《中国科学技术史》,科学出版社,1975 年;[新]姜道章:《中国清朝产盐工业的重要性》,《东方研究期刊》,1976 年第 2 期;[新]姜道章:《中国的盐业生产:1644—1911》,《美国地理学家协会之年报》,1976 年第 66 期。

课提举司做了专题研究。① 三是研究方法的不断创新。有学者尝试采用跨学科的研究方法，其中代表人物是何炳棣、汪士信、林枫、汪崇篔、陈锋等。他们突破传统简单的文字叙述方式，引入经济学中"利润""利润率"等概念，对盐利做详细的数字分析；另外，也有学者不断开拓新的研究领域，如盐文化研究。②

接着述评与本书研究密切相关的学术成果。第一，明清时期多次变动的盐法对盐场社会产生直接而深远的影响，故下面回顾有关明清盐法的研究成果。日本学者藤井宏和中国学者李龙华、李珂、张丽剑、孙晋浩等，论述了开中法的起源、兴衰过程、产生的影响及历史意义。③ 至明中叶，开中法遭到破坏，朱永庆、王崇武认为是叶淇变法的后果④；日本学者中山八郎、中国学者刘淼等认为

---

① 有关长芦盐区的论文如张增元《明朝对天津盐业的管理》（《天津社会科学》，1988年5期）、刘洪升《试论明清长芦盐业经济重心的北移》（《河北大学学报》，2005年第3期）。有关河东盐区的论文如孙晋浩《明代解盐行销区域之变迁》（《晋阳学刊》，2003年第4期），王金令、孙福海《明代营口盐业研究》（《辽宁师专学报》，1999年第3期）。有关云南盐区的论文如董培林《有关滇盐的诗歌及民谣随录》（《盐业史研究》，1991年第3期）、古永继《明代云南出现过商屯吗？——〈明史·食货志〉"商屯说"纠谬》（《思想战线》，2005年第6期）。有关广东盐区的论文如覃延欢《明代广西盐法当议》（《中国社会经济史研究》，1984年第1期）、余永哲《明代广东盐业生产和盐课折银》（《中国社会经济史研究》，1992年第1期）、张江华《明代海北盐课提举司的兴废及其原因》（《中国历史地理论丛》，1997年3期）、孙晋浩《明代广盐销售区域之争》（《盐业史研究》，2003年第3期）、周珅《明清时期潮州盐业初探》（《盐业史研究》，2005年第1期）。有关两浙盐区的论文如蒋兆成《明代两浙商盐的生产与流通》（《盐业史研究》，1989年第3期）。有关福建盐区的论文如曾玲《明代前期的福建盐业经济》（《中国社会经济史研究》，1986年第4期）、曾玲《明代中后期的福建盐业经济》（《中国社会经济史研究》，1987年第4期）、陈铿、赵建群《明代福建盐运制度的变革》（《盐业史研究》，1988年第3期），[日] 桥本英一《"依山"与"附海"——明代后期的福建盐政》（《中国社会经济史研究》，2001年第4期），吕小琴、王日根《从盐仓看明清福建盐业变迁》（《福建论坛》，2006年第12期），郑振满《明代金门的制度变革与社会转型——以盐政改革为中心》（《历史人类学学报》，2013年第2期）。有关两淮盐区的论文如李绍强《试论明代盐商中的囤户》（《山东大学学报》，1997年第2期）、黄国信《从"川盐济楚"到"淮川分界"——中国近代盐政史的一个侧面》（《中山大学学报》，2001年第2期）、范金民《明代徽州盐商盛于两淮的时间与原因》（《安徽史学》，2004年第3期）、黄国信《区与界：清代湘粤赣界邻地区食盐专卖研究》（三联书店，2006年）等。

② 宋良曦：《中国盐与中医学》，《盐业史研究》，1999年第2期；曾凡英：《回顾与展望：中国盐文化研究的现状、问题与未来发展趋势》，《盐业史研究》，2014年第3期。

③ [日] 藤井宏：《开中法的意义及其起源》，载《加藤博士还历纪念东洋史集说》，富山房，1941年；李龙华：《明代的开中法》，香港中文大学《中国文化研究所学报》，1971年第2期；李珂：《明代开中制下商灶购销关系脱节之探析——盐商守支与灶户的盐课负担》，《北京师范大学学报》，1990年第5期；李珂：《明代开中制下商灶购销关系脱节问题再探——盐商报中不前与灶户的盐课折征》，《历史档案》，1992年第4期；张丽剑：《明代的开中制》，《盐业史研究》，1998年第2期；孙晋浩：《开中法的实施及其影响》，《晋阳学刊》，1999年第4期；孙晋浩：《明代开中法与盐商守支问题》，《晋阳学刊》，2000年第6期。

④ 朱永庆：《叶淇与明代的"开中纳粟"制度》，《大公报经济周刊》，1935年3月13日，第104期；王崇武：《明代商屯制度》，《禹贡》，1936年第5卷。

内在原因是势要的占窝和卖窝①；黎邦正、高春平认为是明中叶商品货币经济发展的结果②。余三乐探讨了明嘉靖、隆庆之际的盐政状况及庞尚鹏的疏盐对策。③ 明万历四十五年施行的纲盐法，是明代盐法史上的重大变革，它对后世产生深远的影响。对纲盐法的研究多集中在探讨其性质上，徐泓视纲盐法为专卖制的一种，即商专卖。④ 卜永坚将纲盐法视为一种商业里甲制度，指出它和里甲制度在理念上、操作上并无分别。⑤ 肖国亮指出，实质上，清代的纲盐制是国家通过赋予盐商窝本世袭的权利，让其获取高额专卖利润，然后再通过强制的盐课和半强制的报效等诸多形式巧取豪夺，迫使盐商进行利益再分配，从而获得巨大的收益的制度。⑥ 清道光年间推行的票盐法改革，是明清盐法史上的又一次重大变革。刘隽认为道光年间陶澍在淮北推行票盐法是私盐充塞导致正盐壅塞的结果。⑦ 刘洪石认为"纲盐改票"是一场经济领域的革命，将官督商运改为官督民运、民销，促进了资本主义萌芽的产生。⑧ 孙晋浩认为，商专卖制在前期使清政府获取了高额盐税，但嘉庆以后，专卖盐商经济实力的削弱和私盐的泛滥，导致盐政出现危机，不得不改行票盐制，但不久又复行商专卖制。⑨

第二，资本主义萌芽的大讨论对盐业史研究的影响亦不小。不少学者通过寻找盐业生产领域的资本主义萌芽的因素来讨论"近代中国社会同西欧一样，也具有可以发展成资本主义的种种条件，可是，为什么最终没有发展成资本主义社会"等中国社会历史研究的重大问题。如藤井宏认为明代两淮、两浙盐场出现了工场手工业性质的生产和包买商性质的买卖。⑩ 徐泓指出，清代两淮盐场出现的产运兼办的经营形态，颇有近代资本主义的意味，然而性质上，始终止

---

① ［日］中山八郎：《开中法和占窝》，载《池内博士还历纪念东洋史论丛》，日本座右宝刊行会，1940年；刘淼：《明代势要占窝与边方纳粮制的解体》，《学术研究》，1993年第3期。
② 黎邦正：《试评明代叶淇的盐法改革》，《盐业史研究》，1989年第4期；高春平：《论明中期边方纳粮制的解体——兼与刘淼先生商榷》，《学术研究》，1996年第9期。
③ 余三乐：《明庞尚鹏疏盐对策浅析》，《盐业史研究》，1988年第4期。
④ 徐泓：《明代后期的盐政改革与商专卖制度的建立》，《台湾大学历史学系学报》，1977年第4期。
⑤ 卜永坚：《商业里甲制度——探讨1617年两淮盐政之"纲法"》，《中国社会经济史研究》，2002年第2期。
⑥ 肖国亮：《论清代的纲盐制度》，《历史研究》，1988年第5期。
⑦ 刘隽：《道光朝两淮废引改票始末》，《中国近代经济史研究集刊》，1933年第2期；刘隽：《咸丰以后两淮之票法》，《中国近代经济史研究集刊》，1933年第1期。
⑧ 刘洪石：《略论清代的票盐改革》，《盐业史研究》，1995年第4期。
⑨ 孙晋浩：《清代盐政专商制的危机与改革》，《晋阳学刊》，1989年第3期。
⑩ ［日］藤井宏：《明代盐场研究》，《北海道大学文学部纪要》，1952年第1期。

于高利贷的商业资本主义,未能进一步发展。[①] 王方中探讨了清代前期盐业生产中是否产生了资本主义关系萌芽的问题。[②] 李三谋认为明代前中期盐业生产也存在私营的性质[③],还指出清朝沿袭晚明的场商收盐制,在商业资本的作用下,灶户与场商之间除了贸易关系,还存在雇佣关系、债务关系等[④]。简锐认为至迟在清中叶盐场出现雇佣关系,由此得出盐场出现了资本主义萌芽的结论。[⑤] 学术界早已对资本主义萌芽进行了反思,认为这是在以西方经验为中心的框架下提出的一个虚假命题,但它推动了中国社会经济史的研究,尤其表现在挖掘出大量明清社会经济史的资料方面。

第三,关于两淮盐商的研究成果丰富。早期的代表人物有朱契和日本学者铃木正、山胁悌二郎等。[⑥] 就经济活动而言,张皓论述了明代盐商资本的来源和积累过程,并分析了盐商资本转为产业资本的方式[⑦];徐泓就两淮场商的兴衰情况进行了细致的分析[⑧];薛宗正探讨了内商和边商的分化[⑨];王思治、金成基探讨了清代前期两淮盐商的盛衰情况[⑩];刘德仁、薛培认为,清政府对盐商实行控制与利用的政策,集中反映了清朝统治者与盐商的政治经济关系和结合原则[⑪]。关于盐商经销淮盐的成本和利润问题,汪士信、周志初、何炳棣、林枫、汪崇篔、

---

① 徐泓:《清代两淮盐场的研究》,台北嘉新水泥公司文化基金会,1972年。
② 王方中:《清代前期的盐法、盐商和盐业生产》,《清史论丛》,1983年第4辑。
③ 李三谋:《明代万历以前制盐业的非官业性》,《江汉论坛》,1986年第3期。
④ 李三谋:《清代灶户、场商及其相互关系》,《盐业史研究》,2000年第2期。
⑤ 简锐:《清代中期中国盐业的资本主义萌芽》,《盐业史研究》,1992年第1期。
⑥ 朱契:《中国盐法中专商问题》,《中央大学社会科学丛刊》,1935年第1期;[日]铃木正:《关于清初两淮盐商的考察》,《史渊》,1947年第35期;[日]山胁悌二郎:《清代盐商与长崎贸易的垄断》,《史学杂志》,1958年第8期。
⑦ 张皓:《略论明代盐商资本的形成与发展》,《青海师范大学学报》,1990年第4期。
⑧ 徐泓:《清代两淮的场商》,《史原》,1970年第7期。
⑨ 薛宗正:《明代盐商的历史演变》,《中国史研究》,1980年第2期。
⑩ 王思治、金成基:《清代前期两淮盐商的盛衰》,《中国史研究》,1981年第2期。
⑪ 刘德仁、薛培:《略论清政府对盐商的控制与利用》,《盐业史研究》,1998年第2期。

徐泓、陈锋等做了研究。① 就社会活动而言，日本学者臼井佐知子首先注意到徽州商人（包括盐商）移居客地后，他们的户籍也随之发生改变的社会现象，但对其产生的原因及带来的影响并未加以阐述，这给后来者留下了研究的空间。② 王振忠在考察徽商以侨寓地为中心重修族谱和建立宗祠的基础上，得出徽商土著化的结论。③ 就盐商的文教活动而言，万历年间于两淮设立"商籍"，它不是纳税凭借意义上的户籍，而是国家给盐商子弟异籍参加考试的一种特权。日本著名经济学家藤井宏先生注意到一个现象，即业盐两淮的山西、陕西籍商人享有"商籍"的特权，而业盐两淮的徽州籍商人则没有。他认为这是山西、陕西商人积极活动而徽商未积极活动的结果。④ 王振忠从行政区划沿革的角度，对上述现象产生的原因提出不同的看法。他认为明代两淮"商籍"中无徽商的主要原因，是当时徽州府和两淮地区均属于江南省，不符合跨省业盐商者才有资格享受"商籍"特权的规定。⑤ 就盐商个体研究而言，刘淼对寓居扬州的鲍志道一家的兴衰及鲍氏家族形成、发展的历史过程进行了全面考察。⑥ 朱宗宙探讨了乾隆年间两淮总商江春的家庭出身、在两淮盐业中举足轻重的地位、与官府及天子之间的关系以及在戏曲发展方面所做的贡献等问题。⑦ 宋良曦认为，清代盐商具有巨大的社会能量，他们通过纳课、捐输成为清廷财政的支撑者；通过出任总商和组织行帮、会所，编织经济运行网络，也成为地方经济的操纵者；通过

---

① 汪士信：《乾隆时期徽商在两淮盐业经营中的应得、实得利润与流向分析》，《中国经济史研究》，1989年第3期；周志初：《清乾隆年间两淮盐商的资本及利润数额》，《扬州大学学报》，1997年第5期；徐泓：《盐价、银钱比价：清代两淮盐商的成本、利润及其没落的原因》，载陈捷先主编《清史论丛》，人民出版社，2006年；何炳棣著，巫仁恕译：《扬州盐商：十八世纪中国商业资本的研究》，《中国社会经济史研究》，1999年第2期；汪崇筼：《明清两淮盐利个案研究》，《盐业史研究》，2000年第3期；林枫：《明代中后期的盐税》，《中国社会经济史研究》，2000年第2期；汪崇筼：《明万历淮盐梳理中的两个问题和利润分析》，《盐业史研究》，2001年第4期；汪崇筼：《明清两淮盐利个案两则》，《中国社会经济史研究》，2000年第3期；汪崇筼：《明清淮盐经营中的引窝、税费和利润》，《安徽史学》，2003年第4期；陈锋：《清代食盐运销的成本、利润及相关问题》，《中山大学学报》，2020年第5期。
② [日]臼井佐知子：《徽商及其网络》，《安徽史学》，1991年第4期。
③ 王振忠：《从祖籍地缘到新的社会圈——关于明清时期侨寓徽商土著化的三个问题》，载赵华富编《首届国际徽学学术讨论会文集》，黄山书社，1996年。
④ [日]藤井宏：《新安商人的研究》，原载《东洋学报》，1953年6月第36卷第1号、1953年9月第2号、1953年12月第3号和1954年3月第4号。
⑤ 王振忠：《两淮"商籍"何以无徽商》，《盐业史研究》，1994年第1期。
⑥ 刘淼：《徽商鲍志道及其家世考述》，《江淮论坛》，1983年第3期。
⑦ 朱宗宙：《略论清代两淮盐商江春》，《盐业史研究》，1991年第3期。

大量社会活动和捐资,成为社会事业的倡办者。同时,清代盐商的心态、理念和社会行为,亦给社会发展带来消极的负面影响。①

徽商研究是明清社会经济史研究中的一个重要内容,一直受到海内外学界的高度重视。傅衣凌的《明代徽商考——中国商业资本集团史初稿之一》揭开了徽商研究的序幕。② 日本学者藤井宏的《新安商人研究》是迄今公认的徽商研究的奠基之作,也是海外徽商研究的开创之作。随着徽学研究的兴起与深入,徽商研究取得了丰硕的成果。赵华富、叶显恩、唐力行、张海鹏、王振忠、卞利、李琳琦、朱万曙等多从徽商对家乡社会经济文化的贡献的角度深化徽商研究③;何炳棣、王振忠、朱正海、叶显恩等从徽商对经商地的影响的角度加深了对徽商的研究④。明清时期徽商中以盐商的势力最大、影响最深远,故徽州盐商的研究多散见其中。山西、陕西盐商研究的情况与徽州盐商的研究情况类似,也

---

① 宋良曦:《清代中国盐商的社会定位》,《盐业史研究》,1998 年第 4 期。
② 傅衣凌:《明代徽商考——中国商业资本集团史初稿之一》,《福建省研究院研究汇报》,1947 年第 2 期。
③ 叶显恩:《明清徽州农村社会与佃仆制》,黄山书社,1983 年;赵华富:《徽州宗族研究》,安徽大学出版社,2004 年;唐力行:《商人与文化的双重变奏——徽商与宗族社会的历史考察》,华中理工大学出版社,1997 年;唐力行:《明清以来徽州区域社会经济研究》,安徽大学出版社,1999 年;王振忠:《〈复初集〉所见明代徽商与徽州社会》,2001 年明史国际学术讨论会论文,福建武夷山;卞利:《明清徽州社会研究》,安徽大学出版社,2004 年;李琳琦:《徽商与明清徽州教育》,湖北教育出版社,2003 年;刘淼辑译:《徽州社会经济史研究译文集》,黄山书社,1987 年;王振忠:《乡土中国:徽州》,生活·读书·新知三联书店,2007 年;朱万曙:《徽商精神》,合肥工业大学出版社,2005 年;周绍泉、赵华富主编:《1995 国际徽学学术讨论会论文集》,安徽大学出版社,1997 年;周绍泉、赵华富主编:《1998 国际徽学学术讨论会论文集》,安徽大学出版社,2000 年;张海鹏、王廷元主编:《徽商研究》,安徽人民出版社,1995 年。
④ 王振忠:《明清两淮盐商与扬州青楼文化》,《复旦学报》,1991 年第 3 期;王振忠:《明清扬州盐商社区文化及其影响》,《中国史研究》,1992 年第 2 期;王振忠:《明清两淮盐商与扬州城市的地域结构》,载《历史地理》(第十辑),上海人民出版社,1992 年;王振忠:《清代两淮盐业盛衰与苏北区域之变迁》,《盐业史研究》,1992 年第 4 期;王振忠:《明清两淮盐业与扬州城市人口数的再认识》,《盐业史研究》,1994 年第 3 期;王振忠:《明清淮南盐业与仪征民俗》,《盐业史研究》,1994 年第 4 期;王振忠:《明清淮安河下徽州盐商研究》,《江淮论坛》,1994 年第 5 期;王振忠:《明清两淮盐商与苏北城镇之变迁》,载《历史地理》(第十二辑),上海人民出版社,1995 年;王振忠:《两淮盐业与明清扬州城市文化》,《盐业史研究》,1995 年第 3 期;朱正海主编:《盐商与扬州》,江苏古籍出版社,2001 年;叶显恩:《徽商与粤海论稿》,安徽大学出版社,2004 年。

多散见于整体商人研究之中。① 有关两淮盐商在盐业地的研究,多关注他们在盐业地周边的城市与市镇的活动及其影响,较少关注他们在最直接的盐业场所——盐场的活动及其影响。徐泓考察两淮盐商的运销组织与经营形态的变迁过程,提出"场商以高利贷控制盐场"的论点②,笔者从中深受启发。

第四,一些学者还对盐业生产进行了研究。徐泓《清代两淮盐场的研究》一书属力作,该书细致地考察了清代两淮盐场灶户的生产组织与生产形态。刘淼《明代盐业经济研究》则系统地阐述了明代盐业生产技术、产权形态和灶户组织、灶户赋役等问题,从经济史的角度考察盐业经济本身的传统结构模式的演变、整合及变迁的过程与特点。③ 可惜受经济史研究视角的限制,他们仅仅关注盐场的生产领域,盐场的其他领域鲜有涉及,这给后来者留下了研究的空间。晒盐法是制盐技术史上的一大进步,对盐场社会产生多方面的影响。就晒盐法出现的时间,一般认为明代"始有晒法",白广美、刘淼认为,海盐晒制技术始于元代的福建盐场,至明代逐步推广④;郭正忠认为海盐晒法的创始年月可以上溯到宋金时代⑤。姜道章考察了晒盐法的起源及传播过程。⑥ 朱义仁论述了徐光启试图在两淮盐区推广晒盐法结果以失败而告终。⑦ 刘淼考察了明代晒盐法发展的阶段,认为第一个阶段是采用盐卤晒盐,而提取盐卤的方法与煎盐法无异,只是在成盐过程中采用煎、晒两种方法而已;第二个阶段则是直接用海水于若干卤池分层曝晒取卤,然后引入晒盐池成盐,这种完全利用太阳光的制造工艺,已经脱离了传统的煎盐技术,从而发展成为一种独立的盐业生产方式,但明代晒盐技术主要是处于第一阶段。此外,他还特别强调晒盐技术在各盐产区推广

---

① [日]寺田隆信著,张正明、阎守成译:《山西商人研究——明代的商人和商业资本》,山西人民出版社,1986年;张正明:《明清时期的山西盐商》,《晋阳学刊》,1991年第2期;黄鉴晖:《明清山西商人研究》,山西经济出版社,2002年;王勇红、王勇浩:《明清山西盐商与茶商之比较》,《四川理工学院学报(社会科学版)》,1991年第2期;范淑萍:《近二十年来明清晋商研究的成果和动态》,《中国史研究动态》,2004年第10期;刘建生等:《晋商研究述评》,《山西大学学报(哲学社会科学版)》,2004年11月第27卷第6期;行龙:《从社会史角度研究晋商与地方社会》,《山西大学学报(哲学社会科学版)》,2005年第1期等。
② 徐泓:《清代两淮盐场的研究》,台北嘉新水泥公司文化基金会,1972年。
③ 刘淼:《明代盐业经济研究》,汕头大学出版社,1996年。
④ 白广美:《中国古代海盐生产考》,《盐业史研究》,1988年第1期;刘淼:《明代海盐制法考》,《盐业史研究》,1988年第4期。
⑤ 郭正忠:《我国海盐晒法究竟始于何时》,《福建论坛(人文社会科学版)》,1990年第1期。
⑥ [新]姜道章:《中国沿海盐场晒盐法的起源与传播》,《中国地理学会会刊》,1993年第21期。
⑦ 朱义仁:《徐光启与盐业》,《盐业史研究》,1992年第2期。

缓慢,所以明代仍是以煎盐法为主。① 徐泓认为宋元以前各盐场采用煎盐法,明代新发明的晒盐法优点甚多,它既可免受柴薪供应的支配,又可减低成本、降低盐价,故在盐业技术史上占着重要的地位。但他认为明代晒盐法的推广并不理想,产额最多的淮南、两浙盐场始终坚守煎盐法。徐泓还进一步指出,明末徐光启试图在江淮推广晒盐法结果未能成功,主要原因是政府财政上的考虑多于经济上的考虑。具体来说,一方面是淮南、两浙盐额太多,从财政上考虑,不敢轻议更张;另一方面是考虑到晒盐法容易滋生私盐,因为晒池工本无多,易生额外增铺或私自放宽放大之弊,且易成易毁,官吏稽查困难。② 有感于徐泓仅从国家财政立场出发,王日根、吕小琴从国家与地方两个层面探讨了两淮盐区未取晒盐法的原因,指出一方面煎盐法是和利于国家严密控制盐业生产的"团煎法""火伏法""簿历法"等措施相配套的,国家自然不愿意从根本上做出改变;另一方面,处于核心地位的两淮盐区因受国家政策的钳制,故在管理及经营模式上体现出被动性和教条性。③

第五,有学者还关注了盐场的贫富分化问题。日本学者山村治郎最早考察盐场灶户。④ 何维凝、温春来、张荣生等阐述明代两淮盐户生产的情况,强调盐民过着贫贱、悲苦的生活的一面。⑤ 陈诗启最早注意到盐场贫富分化的现象,在对明代盐业生产领域做出整体性考察后,他指出明代后期盐场灶户间急剧分化。⑥ 薛宗正探讨了灶户生产的发展及其性质的问题,把富裕灶民雇佣贫穷灶民进行生产视为我国制盐业中出现资本主义萌芽的依据。⑦ 郭正忠考察了两宋盐民的等级划分与阶级结构,指出朝廷根据盐户家产、物业、人丁,以及每年的煎盐数量等不同,一般将盐民划分为上、中、下三个户等;因经济状况和经营方式的差异,盐民又可被划分为五个阶级,即出租盐主、盐佃户、雇工盐主、盐工、自煎盐户(全自煎或半自煎)。总之,盐民中的不同阶级社会地位、政治态度等

---

① 刘淼:《明代海盐制法考》,《盐业史研究》,1988年第4期。
② 徐泓:《明代前期的食盐生产组织》,《台湾大学文史哲学报》,1975年第24期。
③ 王日根、吕小琴:《析明代两淮盐区未取晒盐法的体制因素》,《史学月刊》,2008年第1期。
④ [日]山村治郎:《清代两淮灶户一斑》(上、下),《史学杂志》,1942年第7期和第11期。
⑤ 何维凝:《明代之盐户》,《中国社会经济史集刊》,1944年第2期;温春来:《清代广东盐场的灶户和灶丁》,《盐业史研究》,1997年第3期;张荣生:《古代淮南盐区的盐民生活》,《盐业史研究》,1996年第4期。
⑥ 陈诗启:《明代的灶户和盐的生产》,《厦门大学学报》,1957年第1期。
⑦ 薛宗正:《明代灶户在盐业生产中的地位》,《中国历史博物馆馆刊》,1983年第5期。

悬殊,并存在利益的冲突。这篇论文的意义在于打破以往用单一色调描绘全体盐民的生活情景的框架。①日本学者吉田寅指出,元代和宋代一样,上等灶户即富裕的灶户在盐场中居支配地位。具体来说,他们或自身不煎盐,而是雇佣贫灶煎办;或冒占荡地,霸占煎盐燃料柴薪;或勾结盐官,骗取贫穷灶民的钱财;或是协助盐官办理催盐事务,等等,从而实质上成为官府在盐场的辅助。此外,他还指出元末张士诚等盐民叛乱的根本原因是盐场富裕灶户和贫穷灶户间的阶层分化。②刘淼在考察明代盐业土地关系的基础上,指出明中叶以后官拨荡地逐渐私有化,这反映出盐场富灶经济快速成长、灶户间贫富分化的加剧。此外,他还指出明清两代水乡灶户荡地清查及征发徭役问题,始终未能解决,这是沿海富裕灶户得以迅速增长的又一重要原因。③在另外一篇论文中,刘淼指出盐课折银制的推移促进了富灶经济的成长。④李三谋则考察清代灶户与场商之间的相互关系,认为场商参与盐业生产导致灶户内部的进一步贫富分化。⑤

总之,中国盐业史研究自民国年间发轫,至今已有百余年的历史。研究的领域从政治层面看,囊括了国家的法律、政策和法规;从流通的层面看,涵括了生产、运输、销售和消费四大领域;从关注的问题看,包括了盐法的破坏、盐业体制的衰败、制盐技术、私盐的贩运、盐商的兴衰、盐业之文化、地方认同的盐区观念,等等。研究的视角多样,或从行业史的角度,视盐业为农、林、牧、渔等以外的一种行业;或从财政史的角度,阐发盐课在国家财政税收中的比重和重要地位,形成"盐盛则国兴、盐衰则国亡"的总体认识;或以政治制度史为视角,重点考察盐专卖制度形成的原因、类型、产生的影响、历史意义等问题;或从经济史的角度,考察海盐、井盐、池盐等的生产、运输、销售、消费各环节的运行情况及呈现出的特点;或从科技史的角度,考察制盐技术及其在世界科技史上的地位;或从社会史的角度,考察盐与地方社会的互动关系。

在梳理前人的研究成果时,笔者发现虽然研究的对象和视角不断发生变化,但是有一个默认的前提,即视盐场为一个财政区域。其实,盐场不仅是国家财税之源,也是盐民生产生活、商人经营谋利之地,故它还是一个社会单位。基

---

① 郭正忠:《两宋盐民的等级划分与阶级结构》,《浙江学刊》,1989 年第 3 期。
② [日]吉田寅著,刘淼译:《〈熬波图〉的一考察》,《盐业史研究》,1995 年第 4 期。
③ 刘淼:《明代盐业土地关系研究》,《盐业史研究》,1990 年第 2 期。
④ 刘淼:《明代灶课研究》,《盐业史研究》,1991 年第 2 期。
⑤ 李三谋:《清代灶户、场商及其相互关系》,《盐业史研究》,2000 年第 2 期。

于这种认识,本书选择处于核心地位的两淮盐场作为研究对象,以社会史为视角,考察明清两淮盐场社会分化与整合的变迁过程,探讨该地域社会的发展模式并总结其特征。

二、问题意识与研究方法

(一)问题意识

对明清时期民间社会管理的研究,具有较强的现实意义,是学术界长期关注的重大课题。[①] 但是考察在民间社会管理中发挥作用的因素时,以往的研究多注重民间自发形成的基层管理组织、乡绅阶层、民间宗教、大众文化等所起到

---

① 相关研究成果如下:傅衣凌先生是较早从事明清民间社会管理领域研究的学者,其《中国传统社会:多元的结构》(《中国社会经济史研究》,1988 年第 3 期)指出传统中国社会是一种多元结构的社会,在此认识的基础上,他提出"公私体系论",即"国家政权对社会的控制,实际上就是'公'与'私'两大系统互相冲突又互相利用的互动过程。这一理论已成为被学术界广泛运用的分析框架,它对于传统政治史片面重视国家制度层面的做法是一次矫正。此理论不但带动了学术界对明清时期国家设置的基层行政组织(如里甲制度、保甲制度、乡约等)的研究,还引发了大批学者从事诸如乡族、家族、会社、会馆等民间自设组织的研究,并产生了一些较高水平的论著,如陈支平《近 500 年来福建的家族社会与文化》(生活·读书·新知三联书店,1991 年)、郑振满《明清福建家族组织与社会变迁》(湖南教育出版社,1992 年)均以福建地区的家族组织作为考察对象,强调作为中国传统社会结构基础的家族组织,是基本的民间社会组织,在乡村基层社会的管理中发挥了重要的作用;王日根《乡土之链:明清会馆与社会变迁》(天津人民出版社,1996 年)对流寓基层社会管理做了深入的研究,他提出会馆是一种社会组织而不仅仅是行会,政府与会馆之间有一个互相调适的过程,会馆管理作为流动社会管理中的一种有效途径,有利于促进社会的稳定与发展;费孝通与吴晗的《皇权与绅权》(天津人民出版社,1988 年)、萧公权《中国乡村:论十九世纪的帝国控制》(中国人民大学出版社,2014 年)、张仲礼《中国绅士:关于其在 19 世纪中国社会中作用的研究》(李荣昌译,上海社会科学院出版社,1991 年)、美国学者孔飞力《中华帝国晚期的叛乱及其敌人》(王小荷译,中国社会科学出版社,1990 年)等强调乡绅阶层在基层社会管理中发挥的作用,他们把传统中国基层社会视为一个"乡绅社会",认为乡绅在中央与乡村基层的沟通中起着相当重要的中介作用;王铭铭和王斯福等学者《乡土社会的秩序、公正与权威》(中国政法大学出版社,1997 年)重视民间宗教在乡村基层社会中所起的作用,不仅如此,还对民间社会的运转做了较具理论色彩的思考;美国学者杜赞奇《文化、权力与国家——1900—1942 年的华北农村》(王福明译,江苏人民出版社,1994 年)则从"大众文化"的角度,提出了"权力的文化网络"等新概念,对 1900—1942 年华北乡村做了详细的个案研究,详细论证了国家权力如何通过诸如商业团体、经纪人、庙会组织、宗教、神话及象征性资源等渠道来深入社会底层。

的作用,而对商人阶层的作用关注较少。① 明清时期的两淮盐场商人云集,手握巨大资本的盐商群体在盐场社会变迁过程中扮演着怎样的角色,他们以怎样的方式参与盐场社会的管理,参与的程度如何,由此两淮盐场社会较其他地区呈现怎样的管理模式和特点等,这些构成笔者关注的主要问题。

(二)研究方法

一是区域史的研究方法。美国学者施坚雅(G. William Skinner)打破从纯粹的自然地理环境或国家的行政区划划分区域的思维模式,认为:"研究中国经济史的一个比较适当的单元,既不是府,也不是省,更不能说是整个帝国,而是一些具有共同特点的地区综合而成的经济区域。"②明清时期两淮产盐区虽然分散在江南省扬州府、淮安府属下的海州以及东台、盐城、如皋、阜宁、安东、赣榆等县境内,但是它突破府州县的行政区划,自成一个区域,国家也为之设置专门的盐官管理体系。区域是一种历史建构③,区域研究的路径是探寻特定时空下地方性观念的形成以及这些观念制度化的过程,从而理解区域历史,进而理解整个中国的"大历史"。区域史研究方法的价值在于"区域历史的内在脉络可视为国家意识形态在地域社会的各具特色的表达,同样地,国家的历史也可以在区域性的社会经济发展中全息地展现出来"④。本书在整理和解读文献的基础上,选择两淮盐场作为研究对象,以"国家—社会"为分析框架,考察明清时期两淮盐场社会的变迁过程及其内在运行机制,尤其是商人在其中扮演的角色和发挥的作用,进而概括出明清时期两淮盐场社会的管理模式与其他区域的异同,以期对盐业史研究、明清基层社会管理研究有所裨益。

二是海洋社会史的研究方法。海洋社会史作为一种全新的研究历史的视角,它与原有涉海的各种专门史迥异,它的精髓是以海洋为本位,以海洋活动群

---

① 新加坡学者吴振强《厦门的兴起(1683—1735)》(新加坡大学出版社,1983年)探讨了商人阶层在城市基层社会中的作用。他指出,城市中的商人承担起许多道德上和社会上的义务,这有利于他们建立与官府、士绅之间密切的私人关系,有助于他们商务活动的顺利开展。美国学者罗·威廉(William T. Rome) *Hankow: Conflict and Community in a Chinese City* 1796 - 1896(Stanford University Press, 1989)分析了19世纪汉口商人组织、移民社会组织等在汉口自治中的作用。
② 转引自王振忠:《清代两淮盐业盛衰与苏北区域之变迁》,《盐业史研究》,1992年第4期。
③ David Faure and Helen Siu. *Down to Earth : The Territorial Bond in South China*, Stanford University Press ,1995.
④ 陈春声:《走向历史现场》,《读书》,2006年第9期。

体为历史的主角。① 在陆地农业文明思维模式的指导下,滨海盐场被视为农业文明的延伸地带;而若从海洋史的视角看,滨海盐场是海洋文明的区域之一。其实,笔者认为农业文明与海洋文明共存于两淮盐场社会之中,但历史文献经过规范化的处理,其中海洋文明的特征被隐去。本书借鉴海洋社会史的研究方法对现有的文献资料予以重新解读。

三是比较研究方法。明清时期国家对盐场社会与一般基层社会的定性不同,故在管理模式上也不同。本书选取最为重要、最具代表性的两淮盐场社会作为研究对象,力图比较它与一般基层社会在经济、社会、管理、文化信仰等方面的异同,在此基础上揭示明清两淮盐场社会管理模式。

三、创新与不足之处

下面笔者谈谈本书的创新之处和不足之处。

本书的创新之处如下:一是打破了以往视产盐区为一个财政区域的单一认识,明确提出产盐区是一个社会单位,是一种独特的区域空间和社会类型。二是以往用单一色调描绘全体盐民的生活情景,强调盐民过着贫贱、悲苦的生活的一面,而忽视盐民内部存在的贫富分化,其实,明中叶以后有一部分盐民已变成豪强灶民,而另一部分盐民则沦为雇佣者。三是以往研究过于强调国家的行政组织而忽视富裕灶民、盐商在海盐产区基层社会管理中发挥的作用,事实上,他们是盐场社会变迁的重要推动者。两淮盐场社会的贫富分化,对国家原有的控制盐场基层社会的理念和模式提出挑战,即豪强灶民攫取了对盐场的部分控制权,盐商介入后,国家对盐场基层社会的控制权再度被分割,这构成两淮盐场与其他基层社会管理模式迥异之处。四是除实证研究外,有一定的理论思考。史学界尤其是社会史研究领域的工作者,在考察明清时期民间基层社会管理时普遍默认这样一种认识前提,即认为本土力量始终强于外来力量,其实,当社会流动性增强、外来资本介入后对一个地区产生重大影响时,控制基层社会的可能仍是本土的乡族势力,也可能是外来的商人力量。明清时期两淮盐场社会的情况给上述的思考提供了一种检阅的可能性。通过考察,笔者以为迟至清康熙

---

① 杨国桢:《海洋世纪与海洋史学》,《东南学术》,2004 年增刊。

时期两淮盐场宗族并不发达,乡族一词是否适合两淮盐场社会值得商讨,或许用"本土势力"更为恰当。盐商介入两淮盐场社会后,受惠于国家盐业政策的偏向,在动态的较量中逐渐从本土势力手中争夺资源和控制权。但与乡族控制下的乡村基层社会相比较,盐商重在牟取经济上的利益而轻于争取在当地的声望,采取的手段以资本和业缘关系为主,而非民间文化和血缘关系。但随着国家盐政的崩溃,势力日渐衰微,盐商逐渐退出了盐场社会。虽然这只是一个特殊的个案,不具有典型性,但它能有益于补充和完善相关理论。

  本书的不足之处如下:一是受到主客观条件的限制,本书在回顾学术史时未能全面搜罗相关研究成果,尤其是国外的研究成果。笔者深知在未充分了解学术动态的情况下贸然动笔,必然会出现许多让人难以预料的各种问题,所以写作时常感忐忑不安,论文的质量受到一定的影响。二是受搜集到的史料的限制,本书在写作的过程对国家整合措施所产生的效果虽有涉及,但未能详尽阐述;对盐商与豪强灶民争夺盐场社会管理权的部分讨论得不够细致、深入。三是本书试图从海洋本位出发对所用的文献资料进行重新解读,偶有一些新的见解。如国家管理两淮盐场的方式显得简单而粗暴,这和国家纯经济的视角密切相关。与其他陆地上的行政区域相比,国家将盐场简单地看作一个重要的财政区域,而没有正视盐场是一个具有海洋性特征的经济社会的事实。又如,明清时期两淮海岸线的持续东移不仅使得范公堤、避潮墩等防潮工程逐渐丧失功能,盐民被迫不断地逐海迁徙,流动的生活状态有别于农业社会,国家行政管理存在滞后性,这也为盐场社会难以治理提供了一种新的解释。但总体而言,头脑中的想法多呈零星状,远不足以成系统,且往往陷入陆地思维模式中而仍浑然不觉,不过这仍是今后努力的方向,期望将来在加强理论学习和搜集史料的过程中加以完善。四是本书对明清时期两淮盐场社会生产与生活领域进行综合考察,以重新审视徐泓曾提出"场商以高利贷控制盐场"的论点。笔者认为仅从盐业生产领域而言,徐泓的观点站得住脚,但从对盐场社会的管理而言,盐商更像一个参与者而非控制者。但遗憾的是,即便书稿业已写完,就盐商在多大程度上参与两淮盐场社会的管理的问题,仍无法给出一个明确的答案。笔者认为这个问题值得深究,或许考察除两淮盐场之外的其他海盐产区如两浙、山东、福建、长芦等,以及井盐、池盐产区盐商在盐场的活动情况,可以有更明确的认识。

第一章　两淮盐场的建构与行政组织的败坏

本章阐述明清时期国家控制两淮盐场的途径：一是设官分职，建立盐场行政系统；二是建立灶户制度，开展盐业生产；三是建立保甲制度，组织灶民互相稽查，以维持盐场治安。无论是上述哪种途径，用意均是防止私盐从盐场流出。而国家设置上述控制系统的出发点，是将两淮盐场看作一个重要的财政区域，并没有把两淮盐场视作一个社会实体，这为实际管理留下了难题。

第一节　两淮盐场的建构

一、分区设场

历史上"两淮"一词最早的含义指宋代淮南东路和淮南西路的合称。后来演变为一个地理概念，泛指淮河全流域的南部与北部的广大地区。本书中的"两淮"是一个盐政区域名，专指淮河入海处的海盐产区，居黄河之滨，位于今江苏东部的通州、泰州、海州地区。

两淮海岸线全长共约1194公里，其中自长江北口向北延伸抵苏鲁交界处的绣针河口，长度约954公里；长江口南岸从浏河至金山卫，长度约240公里。近岸海水平均浓度为2.75波美度，常年蒸发量1814毫米，沿海滩涂平阔。两淮的气候，1月份平均气温在0摄氏度以上，7月份平均气温在27摄氏度左右，每年春夏之交是多雨的梅雨季节，有比较明显的干湿季；年平均降水量为800毫米至1100毫米。以上两淮的自然地理与环境气候条件适宜于海盐的生产。

两淮的开发至迟可以追溯到西汉初年，当时吴王刘濞"孳货盐田"，通过"煮海水为盐"而"国用富饶"。① 但至隋两淮盐业沿革无闻于史,这大概是由朝廷重视西北而忽视东南盐务造成的。从唐代安史之乱后,朝廷日益倚重东南。唐代宗宝应元年(762),刘晏担任盐铁使,在全国设有十监四场,其中两淮占有二监和一场,即扬州海陵(今江苏泰州)监、楚州盐城(今江苏盐城)监与涟水场。据《元和郡县图志》记载,扬州海陵监,"岁煮盐六十万石"②;《舆地纪胜》记载楚州盐城监,"每岁煮盐四十五万石"③。

北宋时,两淮除保留唐时的两监一场外,还增加了通州丰利监和海州三场:

泰州海陵监,辖角斜、栟茶、虎墩、掘港东陈、丰利东西、梁家垛六场,岁产盐量约为656000石(每石50斤);楚州盐城监,辖伍祐、紫庄、南八游、北八游、丁溪、竹子、新兴、七惠、四海九场,岁产盐量约为417000石;通州丰利监,辖西亭、利丰、永兴、丰利、石港、利和、金沙、余庆八场,岁产盐量约为489000石;海州,辖板浦、惠泽、洛要三场,岁产盐量约为477000石;海州涟水军,辖海口一场,岁产盐量约为115000石。④

宋室南渡后,连年兵火,淮南诸州多受蹂躏,亭户星散,不少盐场被废置或合并,盐场数目由北宋的二十七个降至十五个。十五个盐场分别是丰利监辖的西亭丰利、金沙、余庆、石港永兴丰利、吕四五场;泰州海陵监辖的角斜、栟茶、虎墩古窑、掘港、丰利、马塘、丁溪刘庄、梁垛何家垛小淘八场;楚州盐场监辖的伍祐、新兴二场。⑤

元代两淮盐场数目增为二十九个,盐场分别是吕四、余东、余西、余中、西亭、金沙、石港、掘港、丰利、马塘、栟茶、角斜、富安、安丰、梁垛、东台、何垛、丁溪、小海、草堰、白驹、刘庄、伍祐、新兴、庙湾、莞渎、板浦、临洪、徐渎。

明代添设天赐、兴庄二场,后天赐场归并庙湾场,共有三十场。两淮岁办引盐七十万四千余引(此处为小引,每小引为200斤),岁入太仓余盐银六十万两。⑥ 明代户部主事李汝珍指出,"国家财赋,所称盐法居半者,盖岁计所入,止

---

① 〔汉〕司马迁:《史记》卷一百六,《吴王濞列传第四十六》,清乾隆武英殿刻本。
② 〔唐〕李吉甫撰,贺次君点校:《元和郡县图志》,中华书局,1983年,第1074页。
③ 〔宋〕王象之:《舆地纪胜》卷三十九,《淮南东路·淮阴县·风俗形胜》,清影宋钞本。
④ 〔元〕脱脱:《宋史》卷一百八十二,《食货志·食货下四·盐中》,清乾隆武英殿刻本。
⑤ 转自戴裔煊:《宋代钞盐制度研究》,中华书局,1981年,第19页。
⑥ 〔清〕张廷玉等:《明史》,中华书局,2007年,第1932页。

四百万,半属民赋,其半则取给于盐策"①,可知,在明代盐税占到国家总税收的一半。

清康熙十七年(1678),将徐渎场并入板浦场。雍正五年(1727),将临洪、兴庄二场合并为临兴场。乾隆元年(1736),设置中正场,将莞渎场并入;将马塘场并入石港场;将余中场并入余西场;将白驹场并入草堰场。乾隆三十三年(1768),将西亭场并入金沙场;小海场并入丁溪场。终清之世,共为二十三场。其中淮南二十场,淮北三场。

两淮分区设场始于唐代,这一制度为后世所继承,它是国家层面积极向两淮用力的表现,起到促进两淮快速开发的作用。

二、编佥灶民

两淮的开发还得力于国家编佥灶民煮海煎盐的政策。西汉武帝元狩五年(前118)施行盐专卖制度,规定:"募民煮盐,官与牢盆,敢私煮盐者,钛左趾,没入其器物。"②至唐肃宗时,第五琦变革盐法,大力整顿盐场,扩充盐民人数,除旧有业盐者外还招募游民进煎,对盐民施行严格的户籍管理,规定"非其类而制之,即以私盐论"③。至宋代,招募民户和罪犯制盐,官府提供工本,以收买盐民所生产的盐。元代亦由官府提供煎盐柴地,盐户依额办纳盐课,官给工本酬之。与唐宋的显著不同之处是,将灶户编为特殊的户籍即灶籍,规定世代相承,不得轻易变更。

明初,沿袭宋、元旧制,国家给灶丁提供荡地、灶具,支付工本及收盐课。据吕本的说法,"国初,委官稽考,仍依旧额输官,以四百斤为一引,官给工本米一石,以米价低昂为准,兼支钱钞,以资灶民"④。据弘治《两淮运司志》统计,洪武时,两淮共有35591名灶丁,额设盘铁共计2457.48角,灶房共计3066座,卤池共计21756口,亭场共计21772面。

两淮盐场灶民除经过元末和明末战乱幸存的灶民外,还有部分来自明清朝廷的如下佥派:

---

① 〔明〕李汝珍:《户部题行盐法十议疏》,载〔明〕陈子龙《明经世文编》,中华书局,1962年,第5203页。
② 王云五、付伟平主编:《中国盐政史》(第1辑),商务印书馆,1937年,第152页。
③ 〔宋〕欧阳修:《新唐书》卷五十四,《食货志第四十四》,清乾隆武英殿刻本。
④ 〔明〕雷礼:《皇明大政记》卷三,明万历刻本。

一是从民户中佥派。这部分人构成明清灶民的主体。据弘治年间巡盐御史史载德说,两淮盐场灶民"俱系淮、扬等府各该州县良民内佥充"①。

表1 弘治年间两淮盐场佥派灶户概况

序号	盐场名	灶户数	佥派灶户情况(单位:户)
1	富安场	395	如皋县16户,江都县4户,泰兴县37户,通州1户,常州府江阴县8户。(注:此处数据相加与灶户数不符,应是史籍中脱漏数字所致。)
2	安丰场	658	泰州458户,如皋县7户,江都县46户,泰兴县112户,通州5户,高邮州24户,兴化县6户。
3	梁垛场	566	—
4	东台场	731	半数是泰州、高邮州、兴化县、天长县、如皋县、泰兴县户籍。
5	何垛场	360	泰州、高邮州、兴化县、泰兴县户籍。
6	丁溪场	558	泰州415户,高邮州14户,兴化县128户,泰兴县1户。
7	草堰场	440	泰州、高邮州、兴化县、江都县户籍。
8	小海场	186	泰州92户,高邮州61户,兴化县33户。
9	角斜场	173	泰州户籍。
10	栟茶场	440	泰州户籍。
11	丰利场	330	泰州、如皋县户籍。
12	马塘场	270	泰州、如皋县户籍。
13	掘港场	810	—
14	石港场	285	通州、泰兴县、海门县、如皋县民籍。
15	西亭场	250	通州、泰兴县、海门县民籍。
16	金沙场	364	通州户籍。
17	余西场	210	部分是通州户籍。
18	余中场	550	通州、海门县户籍。
19	余东场	971	通州、海门县民籍。
20	吕四场	660	海门县民籍。

---

① 〔明〕史起蛰、张榘:《两淮盐法志》卷六,《法制三》,明嘉靖三十年刻本。

续表

序号	盐场名	灶户数	佥派灶户情况（单位：户）
21	白驹场	495	高邮州、泰州、兴化县、盐城县籍。
22	伍祐场	603	泰州1户，兴化县39户，盐城县550户，山阳县8户。
23	刘庄场	815	江都县2户，泰州263户，高邮州102户，兴化县348户，盐城县44户，山阳县55户。
24	新兴场	114	盐城等县户籍。
25	庙湾场	180	山阳县、盐城县、安东县、清河县、海州户籍。
26	天赐场	140	—
27	莞渎场	220	赣榆县、山阳县、安东县、沭阳县、桃源县户籍。
28	板浦场	888	海州、沭阳县户籍。
29	临洪场	990	海州、安东县、赣榆县户籍。
30	徐渎场	550	海州、赣榆县、沭阳县户籍。

[资料来源：〔明〕佚名：《两淮运司志》卷五，《泰州分司》；卷六，《通州分司》；卷七，《淮安分司》，明弘治间刻本。]

由上表可知，两淮三十场的灶民多从离盐场较近的泰州、通州、海州、高邮州、如皋县、江都县、泰兴县、江阴县、兴化县、天长县、海门县、盐城县、山阳县、安东县、清河县、赣榆县、沭阳县、桃源县等佥派。

二是将灶户余丁、幼丁添拨开煎。洪武二十三年（1390），两淮海州临洪场灶户纪德山说："灶户去场不下二三百里，丁男尽遣上灶煎盐。"[1] 正统元年（1436），令"两淮灶户有死绝与充军者，有司于有力户内佥补，若有清出幼丁，亦照旧额收补"[2]。成化七年（1471），令"两淮乡村灶户，所在有司，连家小发遣各场煎办"，并严格规定"不许冒支代替，及卖放逃回"[3]。丁多富灶补课之议，始于弘治年间南京国子监祭酒章懋的《议处盐法事宜奏状》："灶户之丁多家富者，亦行析户充役，照丁办课，以补灶籍逃绝。"[4]

三是佥发罪犯煎盐。洪武十四年（1381），命刑部更定《徒罪煎盐炒铁例》：

---

[1] 李国祥、杨昶主编：《明实录类纂》（经济史料卷），武汉出版社，1993年，第313页。
[2] 〔明〕朱廷立：《盐政志》卷四，《制度下》，明嘉靖刻本。
[3] 〔明〕申时行：《大明会典》卷三十四，《户部二十一·课程三·盐法三》，明万历内府刻本。
[4] 〔明〕章懋：《枫山集》卷一，《奏疏》，清文渊阁四库全书本。

"凡徒罪煎盐者,福建、广西之人发两淮,河南、山东、广东之人发两浙,直隶江南、浙江之人发山东,直隶江北之人发河间,湖广之人发海北。"①嘉靖年间,水旱大疫纷纷降临两淮盐场,灶户逃亡过半,乃规定"凡犯盐法民人,徒罪以上者,俱充灶丁终身"②。

四是苏迁之移民。在苏北地区,祖先来自苏州阊门的传说十分盛行。但这一说法并未取得学术界的一致认可,许多学者认为这个传说很可能是后人附会的结果,正如洪洞大槐树、南雄珠玑巷等移民传说一样。

笔者认为这个传说有它的合理性。明初,苏北地区大规模的人口流动和变迁确有其事,作为朱元璋与张士诚决战的场所,苏北地区备受战争的摧残,生产遭到严重的破坏,田地荒芜、人丁稀少。明初社会安定后,需要大量的移民以恢复生产。朱元璋憎恨江南人民拥护张士诚,一方面对江南之地课以重赋,如清初史学家谈迁指出,"上(指朱元璋)恶吴民殉守张士诚,故重其科。时天下田租亩三升三合五勺,苏松等至七斗五升"③;另一方面选择江南人民作为迁徙的对象,甚至将之"摈之滨海",这符合常情。早在嘉靖《两淮盐法志》中就说:"灶户率多吴民,相传张士诚久抗王师,明祖怒其负固,而迁恶于其民,摈之滨海,世服熬波之苦以困辱之。"④康熙《两淮盐法志》的编者也持此说:"其论灶俗,谓灶户率多吴民,相传张士诚久抗王师,明祖怒其负固,而迁恶于其民,摈之滨海,世服熬波之役,以困辱之,所说可补正杂各史之阙。"⑤郑晋德在《盘铁歌》中亦赞同洪武年间迁徙吴民为灶民的看法:"日月并行一疆宇,追怒吴民昔为主。倾城一徙海之滨,编籍分场作灶户。诏颁盘铁铸洪武,计角一千三百五。小大各殊厚薄同,合角成盘涂以土。洒沙构白供煎煮,无冬无夏勤作苦。至今三百有余年,咨嗟犹带吴侬语。"⑥王艮长孙王之垣也说:"我太祖高皇帝汛扫胡膻,统一海内,宋元南渡者,仍徙江北,复中原之故土。故吾族始祖伯寿公,自姑苏徙淮南安丰场,此吾宗之鼻祖也。"⑦

但是,苏迁移民被佥派为灶民并非全因洪武赶散。如,淮南周氏也是从苏

---

① 李国祥、杨昶主编:《明实录类纂》(经济史料卷),武汉出版社,1993年,第14页。
② 〔明〕朱廷立:《盐政志》卷七,《户役》,明嘉靖刻本。
③ 〔清〕谈迁:《国榷》卷七,"洪武十三年三月壬辰,减苏松嘉湖赋额"条,清抄本。
④ 转自陈诗启:《从明代官手工业到中国近代海关史研究》,厦门大学出版社,2004年,第86页。
⑤ 〔清〕谢开宠:《两淮盐法志》卷十五,《风俗·灶俗》,清康熙二十二年刻本。
⑥ 〔清〕谢开宠:《两淮盐法志》卷二十八,《艺文四·诗·郑晋德盘铁歌》,清康熙二十二年刻本。
⑦ 〔明〕王艮:《心斋王先生全集》卷二,《世系》,明万历刊本。

州阊门迁徙而来的,不过他们的始祖周良辅早在元朝就已经迁徙至草堰盐场。"先世苏州人,居阊门外,由元时迁扬州府兴化县草堰场。"①又如,蔡氏因难以承受江南的繁重赋税和徭役而主动迁徙至盐场。"余始祖公来自姑苏,其时兵燹之后,徭赋繁重,肇基于此。"②还如,元末张士诚率众抗元,为了镇压张士诚的军队,元朝将更多的苏州民人编丁入伍,陈九四便被编入张佐丞部下。张佐丞的部队被张士诚军队击败,渡江逃至通州。后来朱元璋亦率众抗元,张佐丞率部队归附朱元璋。盐城伍祐盐场陈氏家族的始祖陈九四因病没有随军返回苏州,而是留在了通州。"陈九四者,苏州阊门人也。元末世乱,民间起兵,人人不免,我祖亦被□入伍,居张佐丞麾下,佐丞乃元之帅也,守苏州,及张士诚入苏州,佐丞兵败,遂率卒渡江居通州。戊申(1368),朱元璋□南京应天府,起兵安乱,声势动中外,佐丞知有真主。元末率兵归附从征,我祖因病告归,世乱途难,不得之苏州,遂止本场南十里。"③再如,明永乐帝发动靖难之变后,两淮成为主战场,受战争的摧残,人口凋敝。永乐帝下令迁徙苏松殷实之户以实淮扬。西团吴氏尽管躲过了洪武赶散,但是最终不能幸免于迁徙淮扬的命运。"我始祖国远公者,延陵季子之裔孙也。公父潜公,世居苏州阊门,元末潜公避兵,隐居松江下沙,公随侍读书,潜公卒,江左稍平,公扶潜□公返苏茔葬毕,遂家居,供精舍以读书自娱,而无志仕进。明太祖定鼎金陵后,以苏民初附张士诚,制苏州特加重赋以敛之。苏人困于重赋,有逃而他迁者。加以屡徙苏松,居民迨无宁日。公于彼时,即有迁居之志。迨燕王靖难后,复迁苏松巨族,以实淮扬间。公之高族尧公官礼部尚书,亦在迁徙之列,于是挈家渡江北迁。"④又还如,草堰场西团明氏。在明洪武年间,"淮扬地方,洪水成灾,人民淹死,奉谕由苏州抽丁迁移淮扬"⑤。又再如,被尊为丁溪场杨氏始祖的杨启宗(字继先),原本是元末的淮东道元帅,后因明朝灭元,隐居到兴化县的小戴庄。"杨启宗,父八三,母葛氏,元至正间,以军功授元帅府同知,后以枢密唐英镇举升淮东道正元帅,元亡归隐。"⑥对于杨启宗之事,《兴化县志》中记载道:"丁溪场西南九里,葬淮东道

---

① 周武岸:《淮南周氏家谱》,《传记一》,1919年本。
② 孙芝香:《蔡氏支谱》,《祺公后裔·上卷》,1939年本。
③ 陈茂华:《盐城陈氏支谱》,《九四公十一支系·备字公行略》,1995年本。
④ 佚名:《西团吴氏族谱》卷一,《国远公传》,1914年本。
⑤ 明永鸿纂:《明氏支谱》,年份不详。
⑥ 佚名:《西杨家舍沟南杨氏支谱》,《世纪小传》,年份不详。

正元帅杨继先。按继先,元朝至正时人,一名启宗,乃为侍郎杨果之嫡祀也。"丁溪场杨氏从小戴庄迁往丁溪盐场是从杨启宗的三世孙杨璧开始的。"杨璧,代戍南京羽林卫,以子更役得归。徙居丁溪自公始。"①

外来移民并不是直接被佥拨到盐场成为灶民的。据姚恩荣的说法,苏迁的盐场灶民多是先"移苏民以实淮扬",然后再"从邻县佥补灶丁"。②笔者通过查阅苏北一些盐民家族的族谱,认为这一说法较为可信。如,小海场夏氏,以文定公夏政为始祖,夏政"自苏州迁居泰州东乡夏家庄,耕读为业"。生有二子,君友公、君全公。君友公生有三子,后皆迁往吕四盐场。君全公这一支,从其长子景阳公夏鉴开始迁居小海盐场,"自泰州迁居小海,辟草莱、通渔盐之利"③,而夏鉴生活的年代是在弘治四年到嘉靖三十五年。又如,西团吴氏从苏州阊门出发渡江北上后,起初是定居在江都县艾陵地区,后又迁往高邮州的时关地区,最后才迁徙至草堰场之南团。"我始祖国远公……于明永乐初,由苏州阊门,渡江北迁,始迁江都艾陵,再迁高邮时关,后迁兴化县草堰场之南团。"④再如,草堰场西团明氏从苏州迁到扬州,当时是定居在兴化县老圩明家舍,并非直接被佥往盐场。直到崇祯年间才迁到草堰盐场之东团。"明崇祯四、五年,又一次洪水泛滥,灾情严重,明家舍难以生存,又迁至东团定居。"⑤后来在乾嘉时期又从草堰场的东团迁到西团。"六世祖明高,字云凤,生于乾隆十七年,卒于道光四年,由东团迁来海边,搬柴港安家,当时为西团陈□看草滩,采捕等生活,后子孙昌盛,连买淤地,植树木,扛墩基,定名为明家墩。支谱以云凤公为明家墩始祖。"⑥又还如,盐城伍祐盐场陈氏家族后从苏州迁居通州,再于明洪武二十六年迁居盐城县。"由苏州……始迁通州,至二十六年,因兵荒不安,复迁盐邑,卜地陈巷居焉。"⑦又再如,小海场袁氏祖先是于明初由苏州迁徙而来,不过起初是迁居在兴化县,迁移到盐场的时间很晚。直到乾隆末年,袁氏第16世孙袁文耀才开始带

---

① 佚名:《西杨家舍沟南杨氏支谱》,年份不详。
② 姚恩荣:《关于大丰县已发现的34种民间家谱和76处宗祠遗址的情况介绍——兼谈家谱史料在解决"苏迁之谜"中的作用》,载武新立主编《谱牒学研究》(第三辑),书目文献出版社,1992年,第233页。
③ 夏世敬等纂:《夏氏长房支谱》,《世系》,2000年本。
④ 佚名:《西团吴氏族谱》卷一,《序》,1914年本。
⑤ 佚名:《西团吴氏族谱》卷一,《序》,1914年本。
⑥ 佚名:《西团吴氏族谱》卷一,《序》,1914年本。
⑦ 陈茂华纂:《盐城陈氏支谱》,1995年本。

领他的四个儿子迁往盐场,其中次子和三子定居到草堰盐场,长子和四子随父亲定居在小海盐场。①

三、纳盐当差和纳粮当差

灶民具有双重身份,他们既是盐业生产者,又是农业生产者,只不过他们以从事盐业生产为主,农业生产为辅,故除纳盐课以及承担与盐业相关的力役外,灶民也需要缴纳田赋和应承差役。

（一）纳盐当差

沿袭宋元旧制,明初规定被编佥为灶民者,在户籍管理上属灶籍。灶籍一经确立永不得变更,即便是"官至台司,亦寸土受盐,见丁办课,例无蠲荫"②,或原籍地已不再产盐,编入灶籍的灶户所承担的盐课不得豁免。此举旨在有效地控制和支配盐民。

朝廷为灶民提供盐业生产的工具和生产资料,包括专供煎晒盐作业的荡地、煎盐灶具盘铁、晒盐亭池、灶户工本等;灶民则从事盐业生产,为朝廷办纳盐课。"国初以两淮卤地授民煎盐,岁收课盐有差,亦犹授民以田而收其赋也。"③起初是按户课盐,每户办纳盐课30大引。洪武二十五年(1392),监察御史陈宗礼指出,"两淮盐场煎办盐课,其役不均。灶户有一丁而办盐三十引者,有七八丁亦办盐三十引者"④,后来改为按丁课盐。

表2 明代两淮盐场基本生产条件及办纳盐课数

分司名和场名	灶丁/人	草荡/顷	盘铁/角	灶房/座	卤池/口	亭场/面	盐课/小引
泰州分司	10717	28564	796.7	722	4273	4816	203340
富安场	1099	8127	65.4	82	684	1502	21982
安丰场	1626	4914	105	146	830	750	32518
梁垛场	1541	2268	120.4	93	379	987	31394

---

① 佚名纂:《淮南袁氏宗谱》,《图系二》,时间不详。
② 〔明〕谢肇淛:《福建运司志》卷十五,《规划下·兴化府盐课记》,明万历四十一年刻本。
③ 〔明〕陈子龙:《明经世文编》卷一百八十七,《霍文敏公文集·盐政疏·淮盐利弊》,明崇祯平露堂刻本。
④ 李国祥、杨昶主编:《明实录类纂》(经济史料卷),武汉出版社,1993年,第313页。

续表

分司名和场名	灶丁/人	草荡/顷	盘铁/角	灶房/座	卤池/口	亭场/面	盐课/小引
东台场	1547	3024	116	84	812	124	29408
何垛场	859	1890	66.7	61	366	323	17182
丁溪场	1230	3095	116.7	90	550	582	14588
草堰场	924	2214	65.8	40	120	120	18468
小海场	432	1836	31.5	19	83	55	8626
角斜场	376	986	28.7	25	125	205	7516
栟茶场	1083	210	80.5	82	324	168	21658
通州分司	10426	22083.82	718.05	478	2333	6527	199830
丰利场	620	10088	43	30	90	180	12410.5
马塘场	567	1080	37	32	567	567	11344
掘港场	1596	—	114	59	178	210	23618
石港场	953	0.18	41.13	64	184	903	19062
西亭场	518	0.255	37.9	44	122	518	9932.5
金沙场	812	1080.27	58	61	415	812	16236
余西场	537	671.25	32	32	251	357	10745
余中场	1110	558.83	78.02	36	172	530	22210
余东场	2125	5266	157	63	126	950	42512
吕四场	1588	9315	120	57	228	1500	31760
淮安分司	14448	13033.4	942.73	1866	15150	10429	289818
白驹场	1060	1125	71	30	169	808	22490
刘庄场	1777	3554	104.03	35	175	600	35534
伍祐场	1397	2343	88	32	135	523	27834
新兴场	574	1120	36	20	264	272	11478
庙湾场	824	624	64	11	11	824	16428
天赐场	413	310	28.7	20	51	98	8190
莞渎场	846	2100	198	20	8406	1692	16926
板浦场	2610	631.8	64	48	2610	2612	52018
临洪场	3126	305.6	80	1600	2806	1800	62516

续表

分司名和场名	灶丁/人	草荡/顷	盘铁/角	灶房/座	卤池/口	亭场/面	盐课/小引
徐渎场	1821	920	209	50	523	1200	36404
总计	35591	—	2457.48	3066	21756	21772	671330

[资料来源:〔明〕佚名:《两淮运司志》卷五,《泰州分司》;卷六,《通州分司》;卷七,《淮安分司》,明弘治间刻本。]

除办纳盐课外,灶丁还需要承担一些与盐业有关的杂役。《盐政志》记载,两淮灶丁应承的杂役,"各场因课多寡设立,以守仓库,便搬运,或程送公文,解送盐价于京"①。又《明史·儒林二》记载,王艮从小就替父服杂役以尽孝心:"艮,字汝止,初名银,王守仁为更名,七岁受书乡塾,贫不能竟学,父灶丁,冬晨犯寒,役于官,艮哭曰:'为人子令父至此得为人乎?'出代父役,入定省惟谨。"②

弘治初年,经都御史李嗣奏准,此种役改由州县佥拨民户承担。

(二)纳粮当差

除纳盐课以及承担与盐业相关的力役外,灶民每年仍需像农民一样缴纳田赋和应承差役。

对于灶民,人们多视之为盐业生产者。其实不尽然,灶民往往具有双重身份,他们既是盐业生产者,又是农业生产者。只不过,他们以从事盐业生产为主,辅以农业生产。

造成灶民具有双重身份的主要原因,是被编佥为灶民者多是盐场附近州县的农民。作为农民,他们本身具有地产,成为灶民后朝廷允许其保留原有的地产,这部分地产即明代文献中的灶田(灶田还包括一些盐场旧有的官田,一并归灶民耕作)。灶民耕作灶田,需要纳粮当差。

表3 明代两淮盐场灶田数与税粮数

盐场	灶田/顷	税粮/石
富安场	24顷14亩7分6厘	秋粮米136石3斗6升5合1勺,黄豆66石6斗8升1勺,小麦49石4斗2升2合4勺

---

① 〔明〕朱廷立:《盐政志》卷四,《制度下》,明嘉靖刻本。
② 〔清〕张廷玉:《明史》,中华书局,1997年,第7274页。

续表

盐场	灶田/顷	税粮/石
安丰场	182 顷 65 亩 7 分 3 厘	粮米 164 石 1 斗 6 升 3 勺,豆 151 石 2 斗 2 升,小麦 109 石 2 斗
梁垛场	88 顷 68 亩 6 分	夏税小麦 90 石 5 斗 7 升,黄豆 115 石;秋粮正耗米 461 石
东台场	483 顷 3 分 7 厘 1 毫	夏税小麦 467 石 3 斗 4 升 6 合 1 勺;秋粮米 2604 石 2 斗 1 升 6 合 6 勺,黄豆 527 石 3 斗 7 升
何垛场	62 顷	夏税小麦 53 石 7 斗 2 升;秋粮米 178 石 4 斗,黄豆 77 石 2 斗 3 升 1 合 8 勺
丁溪场	51 顷 87 亩 9 分	夏税小麦 10 石 1 斗 8 升 2 合 1 勺;秋粮 143 石 2 斗 1 升 3 合 3 勺,黄豆 219 石
草堰场	13 顷 29 亩 3 分	夏税小麦 51 石 3 斗 8 升 9 合,黄豆 78 石 6 斗 8 合
小海场	16 顷 82 亩	夏税小麦 94 石 1 斗;秋粮米 5 石 5 斗 4 升 8 合,黄豆 120 石斗 6 升 7 合 7 勺
角斜场	120 顷 7 亩 5 分	夏税小麦 59 石 3 斗 1 升 7 合 2 勺;秋粮黄豆 81 石 1 斗 7 升 1 合 3 勺
栟茶场	61 顷 23 亩	夏税小麦 370 石 9 斗 2 升 3 合 8 勺 7 抄;秋粮米 46 石 7 升合,黄豆 460 石 4 升 6 合
丰利场	122 顷 69 亩 3 分 5 厘	秋粮豆 1100 石 7 斗 8 升 6 合 2 勺
马塘场	70 顷 24 亩 6 分 5 厘	夏税小麦 110 石 2 斗 1 升 6 勺;秋粮 342 石 2 斗 4 升 4 合 6 勺
掘港场	—	—
石港场	89 顷 56 亩 4 厘	粮 629 石 1 斗 7 升 2 合
西亭场	110 顷	夏税秋粮麦米豆,共 147 石
金沙场	80 顷 16 亩 1 分 7 厘	夏税小麦 225 石 2 升 1 合 1 勺;秋粮米 184 石 7 斗 5 升 4 合 1 勺,黄豆 107 石 36 升 1 合 4 勺
余西场	159 顷 7 亩 3 分 6 厘	夏税小麦 164 石 8 斗 4 合 3 勺;秋粮米 294 石 7 升 7 合,黄豆 143 石 1 斗 6 升 6 合 1 勺
余中场	202 顷	夏秋税粮 1288 石 3 升

续表

盐场	灶田/顷	税粮/石
余东场	—	—
吕四场		
白驹场	125顷18亩9分5厘6毫	夏税小麦64石1斗7升2合7勺;秋粮米674石8斗8升2合1勺,黄豆47石7斗4升2合8勺
刘庄场	648顷78亩2分6厘4毫2丝5忽	夏税小麦462石4斗4升6合8勺;秋粮米豆共3440石2斗2升2合8勺
伍祐场	493顷37亩7分2厘1丝7忽	夏税小麦599石3斗6升1合8勺;秋粮米豆1713石4斗9升4合8勺
新兴场	227顷79亩6分7厘2毫	夏税小麦约314石9斗9升;秋粮米705石5斗4升8合,黄豆8斗2合5勺
庙湾场	—	—
天赐场		
莞渎场	428顷7厘6毫	夏税秋粮共1851石7斗7升
板浦场	—	
临洪场		
徐渎场	647顷20亩8分1厘	夏税秋粮米麦共2757石6合5勺

[资料来源:〔明〕佚名:《两淮运司志》卷五,《泰州分司》;卷六,《通州分司》;卷七,《淮安分司》,明弘治间刻本。]

据弘治《两淮运司志》记载,两淮盐场共约有灶田3585顷。需要说明的是,所有的灶田都需要纳粮,但不是所有的灶田都需要灶丁当差。因为明朝推行免田法,规定灶田在一百亩以内的灶丁无须当差,超出部分方须当差。

由于制盐业和农业都深受时令节气的影响,往往旺煎时节也是农忙时节。灶民同时从事盐业生产和农业生产,已属十分不易,若还同时承担徭役,一是在时间上会存在冲突,灶民将难以顾及;二是较民户、军户、匠户,灶民生产盐十分辛苦,其生活环境极其恶劣,制盐被世人视为苦役或重役。朝廷也不愿灶民因为承担徭役而耽误盐业生产,毕竟灶民的第一身份是盐业生产者,所以优免灶民杂泛差役。规定灶民的灶田若在一百亩以内者,免除其祗应、禁子、弓兵、解户、马船头、馆夫、皂隶、库子、门子、厨夫、仓库等常役和如斫柴、抬柴、修河、修仓、运料、接递、站铺等因事编佥的不时差役。灶民的灶田在一百亩以外者方须承担以上杂泛差役。

查明朝优免灶民杂役条文如下："洪武二十七年,令优免灶丁杂泛差役。"①宣德二年(1427),"免淮扬灶户养马"②;三年,明宣宗因灶户承担差役而"有误盐课",诏令户部尚书夏元吉曰:"素闻灶户验丁煎盐,岁办不给,岂可别役……蠲其夫役。"③景泰五年(1454),"免除长解隶、兵、禁、仓库役"④。正德十一年(1516),议准"一切夫役、民快、边饷、马价、军器等杂役,俱与优免"⑤。万历时,"如粮里长、解牢、解匠及收银、柜头、滋塘大户、总书、算手之类,凡系力差者,不得编及灶户"⑥。据上可知朝廷优免灶民差役的具体名目。

明代推行的免田法是一种恤灶举措,旨在吸引盐场附近州县民人为灶丁,从而起到扩充灶源、稳定灶心的作用。

四、盐业市镇的兴起

(一) 以盐场衙署为中心逐渐形成市镇

徽商西贾麇居滨海荒陬,这促进了滨海盐场商业的发展和盐业市镇的形成。有关滨海盐场市镇的最早资料见于弘治《两淮运司志》。该志中记载:富安场司前有官街;安丰场有官街,街中有育秀坊;梁垛场南有大街,街中亦有育秀坊等。弘治二年(1489),为给东台场社学筹集运作经费,泰州分司判官在街道上买地建房立店面以出租取息。"东台场中仓基处有一处官房,旧为商人佃住,起盖房屋。弘治二年,判官徐查勘还官,建社学于内,又买临街地建官房铺面二十间,召人居之,取房租以供公用。"⑦

康熙《重修中十场志》中则有更多有关两淮盐场市镇的资料。如富安场,"大街,在场中,东西长二里,西场街,离场三里,街长里许,甃以砖石,居第市店不异□,富安民多殷富,明末荒废,今惟剩瓦砾耳";又"贵家集,去场十五里,陌

---

① 〔明〕申时行:《大明会典》卷三十四,《盐法三》,明万历内府刻本。
② 《明宣宗实录》卷三十三,"宣德二年十一月丙申"条。
③ 《明宣宗实录》卷四十一,"宣德三年夏四月壬申"条。
④ 〔明〕谢肇淛:《福建运司志》卷六,《经制》,明万历四十一年刻本。
⑤ 〔明〕陈仁锡:《皇明世法录》卷二十八,《盐法》,明崇祯刻本。
⑥ 〔明〕杨鹤:《两浙订正鹾规》卷三,《优恤灶丁》,明天启三年重刊本。
⑦ 〔明〕佚名:《两淮运司志》卷五,《泰州分司》,明弘治间刻本。

民数十家";还又"富安场卢氏宗祠,在场西街后"。① 角斜场,"前街、后街,居民寥寥,仅百余家,其富家巨室散居于村落,商人买补,聚集于费家滩",又"奎教堂,在场街,徽商造"。② 梁垛场,"更楼,凡十一所,在大街者,系明朝居民建,以防盗贼。……场北街诸处者,皆本朝顺治、康熙间在场买补商人先后建立,以守商课者"③。栟茶场,"关王庙,古刹,凡二,一在场南,一在新灶大街,明嘉靖三十四年造,康熙四十九年,商人郑大修倡修"④。何垛场,"三官殿,在场中,明时建,后有千佛楼,前有圆圣殿,通天街,崇祯年,僧人胤谭募修"⑤。安丰场,"王嘉令,甃通场石街七里,所费不赀,皆独立任之"⑥。伍祐场,"盐邑(盐城)之南,伍祐场为该处大市镇"⑦。据嘉庆和光绪《两淮盐法志》中《图说门》的场图部分可知,石港、金沙、吕四、余西、丰利、余东、刘庄、丁溪、新兴等场都有市镇存在。有的盐场还是盐运司分司的驻扎地,这更有利于市镇的形成与发展。如泰州分司的治所便驻扎在东台盐场。"户口殷繁,煮海为业……阛阓通衢,多茶坊、酒肆、浴湢……有小扬州之目,糜费日不下数千。"⑧

以上是以盐场衙署为中心逐渐形成市镇的情况。这直接缘起于盐场盐课司是职掌盐生产、盐产收购及支发盐课的基层单位,盐商须至盐场盐课司方能支取盐。"守支"问题的严重化且长期得不到解决,迫使盐商长期居住在盐场衙署附近。盐商分化为边商、内商和场商之后,场商几乎定居于盐场,故而更有利于盐场市镇的发展。

(二)由团、闸、坝蜕变而成的市镇

此外,还有由团、闸、坝蜕变而成的市镇。如刘庄场大团镇,就位于大团河与范公堤交汇处的大团闸附近。所谓"团",是明代"煎盐聚散之所,各有远近,大约皆滨灶河",及至清代,"煎盐不复用团,而名尚存"⑨,其中,有不少"成市

---

① 〔清〕汪兆璋:《重修中十场志》第二卷,《疆域考·富安场》,清康熙十二年木刻本。
② 〔清〕汪兆璋:《重修中十场志》第二卷,《疆域考·角斜场》,清康熙十二年木刻本。
③ 〔清〕汪兆璋:《重修中十场志》第二卷,《疆域考·梁垛场》,清康熙十二年木刻本。
④ 〔清〕汪兆璋:《重修中十场志》第二卷,《疆域考·栟茶场》,清康熙十二年木刻本。
⑤ 〔清〕汪兆璋:《重修中十场志》第二卷,《疆域考·何垛场》,清康熙十二年木刻本。
⑥ 〔清〕汪兆璋:《重修中十场志》第二卷,《疆域考·安丰场》,清康熙十二年木刻本。
⑦ 〔清〕汪兆璋:《重修中十场志》第二卷,《疆域考·伍祐场》,清康熙十二年木刻本。
⑧ 〔清〕周右:《东台县志》卷十,《风俗考》,清嘉庆二十二年刻本。
⑨ 〔清〕周右:《东台县志》卷八,《考二疆域·附盐法志九场疆域》,清嘉庆二十二年刻本。

者"①。如小海场,"团中气象,户口倍于场,市肆肩摩,颇饶富庶"②。余西场四甲坝镇、六甲坝镇,则由坝转化而来。此类市镇主要是承担缉私功能,防止私盐流入市场。有些由盐灶转化而来。如金沙场的袁灶镇、姜灶镇,庙湾场的东坎镇,东台场的傅家滩街市、沈家灶街市,等等。其形成的一般情况是,"旧时距海不远,今则海沙涨起数十里,变为沙垣,亭场距海既远,卤气不升,渐移向外"③。灶岁易地,原地盐河如仍经流,该处继续处交通孔道的话,则具备形成市镇的条件。有些商灶交易的场所,还独立发展成市镇,如鲍家墩,"在射湖北岸,依陈盐河为市,盐商昔以此为屯盐地"④。有的场镇因辖境人口增长,上升为县。如"东台滨海,亭户所集,辖十盐场地"⑤。乾隆前中期,由于湖广引岸销盐甚畅,促进了淮南盐业的持续发展,从事盐业生产的人口不断增加。乾隆三十二年(1767),据两江总督高晋等奏:"扬州府属之泰州,襟江滨海,环列东台等十盐场,东西广二百九十余里,南北袤一百二十余里。……统计村庄一千零九十余处,幅员辽阔,烟户繁多,一切刑、钱事件,甲于他邑,知州一官,实有鞭长莫及之势。"⑥当时泰州东面的东台镇地方,"离州一百二十里,毗连何垛,地广人稀,为州东第一大镇",于是析泰州东北境置县,名为东台县。除东台县外,雍正九年分设的阜宁县,系由明代庙湾镇升格而成。

盐业市镇功能主要表现为盐、米交易。各盐场市镇都设有盐市,"海岸正穷冬,盐贱人休市"⑦。"滨海赤卤之乡,地号不毛,居人煮盐为生,用代耕耨。"⑧因此,米市也异常活跃。金沙"为粮艘通商要津,米市称盛","北石港中桥街,米市著名"。⑨ 此类米市各场都有,只是规模大小不一。除盐、米市之外,何垛场还有彩衣街市,"贾舶云集,为邑中第一市会"⑩。

---

① 〔清〕周右:《东台县志》卷八,《都里·市》,清嘉庆二十二年刻本。
② 〔清〕林正青:《小海场新志》卷一,《地理志·河道总论》,载《中国地方志集成·乡镇志专辑17》,江苏古籍出版社,1992年,第177页。
③ 〔清〕王定安:《两淮盐法志》卷十六,《图说门·通属图说》,清光绪三十年刻本。
④ 吴宝瑜修,庞友兰纂:《阜宁县新志》卷十四,《商业志·市集》,1934年铅印本。
⑤ 〔清〕周右:《东台县志》,《唐序》,清嘉庆二十二年刻本。
⑥ 〔清〕周右:《东台县志》卷六,《沿革》,清嘉庆二十二年刻本。
⑦ 〔清〕吴嘉纪:《陋轩诗集》卷四,《送江左严之虎墩分得冬字》,清道光年间泰州夏氏刻本。
⑧ 〔清〕王定安:《两淮盐法志》卷一百二十一,《优恤门·恤灶上》,清光绪三十年刻本。
⑨ 〔清〕金榜:《海曲方域小志》,载王锡琪辑《小方壶斋舆地丛钞》(第6帙),光绪中上海著易堂排印本。
⑩ 〔清〕周右:《东台县志》卷八,《都里·市》,清嘉庆二十二年刻本。

市镇以盐业为其命脉。如小海场,"闻之故老,本场自南闸穿场有三里街,厦屋渠渠,开典当者七家,富庶甲于诸场,自屡遭潮变,人畜为鱼,家室荡于洪流,今中衰矣。寥寥数店,所货买者琐碎微物,然场中屋庐尚有高阁危垣,耸然杰峙者,则当年富庶可知"①。又如天赐场,据民国《阜宁县新志》卷十四《商业·市镇》转记旧志:"昔为盐场,盐务颇盛,自盐场裁并,后遂荒落,今以三、八为集期。"②还如,据光绪《阜宁县志》卷三《建置·镇集》:"天赐场,明为盐场,嗣并入庙湾,天赐场遂废,其街巷官署,道光初遗迹尚存,今渐湮矣。"③可见,天赐场定期集市的出现,当在明末清初或稍后,而且其盐务场署的废省,也影响着市镇的发展。如海州的新安镇,在运盐河附近,因徽州盐商聚集此处贸易,故而叫新安镇,后因盐场合并,运盐河改由镇外流通,镇中市廛渐衰。④

第二节 行政组织及其败坏

一、设置职官

除分区设场和编佥灶民外,国家还在两淮建立起一套管理盐务的行政组织系统。

明清两淮的职官设置大体上沿袭元代⑤,部分有所修改,如管理盐务的最高机构是户部山东清吏司,"掌盐课之政令",但其主要职责不过颁给盐引、稽核奏销、办理考成而已,盐务大权为地方所分,这和元朝集盐务大权于中央有显著的不同。

巡盐御史是盐区的最高盐务专官,由户部特派都御史、左右副都御史、监察御史、给事中、御史等充任,其职责是"察两淮盐策之政令;监临司使;平惠商灶;凡盗煮私鬻阻坏盐法者,则督令官军捕扑之;盐粮发运自充济距留都河渠兼理

---

① 〔清〕林正青纂:《小海场新志》卷八,《风俗志》,载《中国地方志集成·乡镇志专辑17》,江苏古籍出版社,1992年,第230页。
② 焦忠祖、友兰:《阜宁县新志》卷十四,《商业·市镇》,1934年铅印本。
③ 〔清〕沈国翰、阮本:《阜宁县志》卷三,《建置·镇集》,清光绪十二年刻本。
④ 〔明〕张峰:《海州志》卷一,《舆图·集镇》,明隆庆六年刻本。
⑤ 元代,两淮的盐务行政组织已臻完备,和唐宋所设的盐铁使、发运使、转运使需兼理漕事、茶务等不同,开始设置盐务专官运盐使。运盐使之下设有副使、运判、经历、照磨等官;又设有批验所,每所设提领一员、大使一员、副使一员,主掌批引掣验之事;各盐场设司令一员、司丞一员,主掌督制收买、催办盐课之事。

之,无使壅滞;诸司之事有所兴革,咸请于御史审允之而后行;御史乃视其成、校其功、状殿最、参其德行、量其材艺而荐纠之,以奉行其制命焉"①。两淮巡盐御史驻扎在扬州,虽能起到监察、统摄的作用,但巡盐御史一职任期为一年,年年更换,致使"贤者不足以有为,不肖者因而营私舞弊",于是雍正九年(1731),在巡盐御史之上又设总理盐政,两淮则由两江总督兼任。总督事繁,无暇顾及,盐务仍由盐政自理。

盐运司是地方上管理盐政事务的常设机构,衙署设在扬州,其机构的最高长官盐运使掌理盐务,听命于户部。其下设运同、运副、运判分司其事,其属有经历司经历、知事,掌文移往来;有库大使、副使,掌收纳课款,监理库贮;有批验大使、副使,掌批引掣放;有盐仓大使、副使,掌贮存场盐,及支盐给商。运使的职责是,"摄两淮盐策之政令;率其僚属八十有一人以办其职;务给引符表商盐;督程课;杜私贩;听讼狱;会计盈缩;平准贸易;出入以修其储贡;亭民阽于水旱流亡,则赈恤之,俾无失业;凡兴革之事由于所属者,咸质正于运使,运使乃议于同知,参于副使,白于御史,而后宣布于治境焉"②。

两淮盐运司下辖三个分司,即通州分司、泰州分司、淮安分司(乾隆二十八年,改称海州分司),各分司长官为运判,其职责是,"治分司盐策之政令;督诸场使促程课;理积逋;岁巡季历以稽其课之多寡、官之勤惰而惩劝之;凡驵侩侵渔悍顽圮族者,则治之以法;而又以时检校巡司,杜缉私贩;凡灶情、商隐、土蔽、官邪得于睹闻者,悉达之于总司,而入告于御史焉"③。

两淮盐运司下辖仪真、淮安两处批验盐引所。批验盐引所设大使一人,未入流,其职责是:"验掣盐引之政令,辨引符、防矫伪、权钧石、榷余剩、守其储积,以给藩府留都百官之供亿焉。"④

两淮盐运司下辖巡检司,巡检司设巡检一人,未入流,吏一人,弓兵三十人,巡检的职责是,"盘诘盐引之政令;凡商盐赴掣,各候验于桥坝下,查无私夹,乃籍其舟次,以上于使司而放之行;其有犯禁私鬻者,则举其货,系其人,以候所司之究覈;月终各以所获之绩比较于所隶分司,分司季终则以其绩之有无多寡,诣

---

① 〔明〕史起蛰、张榘:《两淮盐法志》卷二,《秩官志》,明嘉靖三十年刻本。
② 〔明〕史起蛰、张榘:《两淮盐法志》卷二,《秩官志》,明嘉靖三十年刻本。
③ 〔明〕史起蛰、张榘:《两淮盐法志》卷二,《秩官志》,明嘉靖三十年刻本。
④ 〔明〕史起蛰、张榘:《两淮盐法志》卷二,《秩官志》,明嘉靖三十年刻本。

于御史而行赏罚焉"①。

两淮盐运司下辖三十个盐课司,每个盐课司设盐场大使一人。从官秩上说,起初,盐课司大使本属未入流,其"月支俸禄三石,本色米一石,余二石折钞三十贯",米、钞支给于附近的府州县,如小海场大使俸禄中本色米支给于泰州,钞申领于扬州府②。至乾隆元年(1736),盐课司大使的官秩升为八品,其俸禄也相应随之改变。大使的职责起初是,"催办盐课之政令,日督总灶,巡视各团铛户,浚卤池,修灶舍,筑亭场,稽盘铁,旺煎月,雨旸时⋯⋯则促令伏火,广积以待商旅之支给;凡包纳折锱、和土卖筹、虚出通关者,闻于判官禁治之"③。后随着时间的变迁,盐课司大使事繁任重,除征收盐课外,还需听讼断案、启闭闸坝、挑浚灶河、修复社学、清理社田,等等。

> 今自改折后,不征盐课,只征折价,而催科之任,与民赋同矣。刑名除命盗二案归州县审结,其灶地、火伏、草荡、斗殴事宪檄行场审理,则听讼之繁,又与地方官等矣。各场俱有闸坝启闭,以时运盐,各有灶河查估挑浚,则水利之责亦有分属矣。又各场俱有社学、社田故址,不宜任其侵占,则教化之事非他人任也。昔则事简责轻,今则事繁任重,又古今不同之极至也。④

盐课司作为盐场上的基层行政机构,除设置大使一人外,还置有司吏一人、攒典一人和若干书椽、甲首、皂役等。但役卒往往或被裁革,或逃移。如小海盐场从前甲首十名,"今以得旧规革者三人,以才力不堪退者二人,只余五人,因循勉强以供役而已";从前皂役六名,但"皂役以无工食则月逃岁退,今存二名"。以至于盐课司大使林正青发出感慨:"小海之难在于有官无役。⋯⋯无事尚可行也,一有水旱、捕蝗、赈恤之举,则将伯无助,独立难支,是本场之隐患也。"⑤

从上述盐务职官设置可知,政府对盐政极为重视,盐场一隅之地所设官之

---

① 〔明〕史起蛰、张榘:《两淮盐法志》卷二,《秩官志》,明嘉靖三十年刻本。
② 〔明〕史起蛰、张榘:《两淮盐法志》卷二,《秩官志》,明嘉靖三十年刻本。
③ 〔明〕史起蛰、张榘:《两淮盐法志》卷二,《秩官志》,明嘉靖三十年刻本。
④ 〔明〕史起蛰、张榘:《两淮盐法志》卷二,《秩官志》,明嘉靖三十年刻本。
⑤ 〔清〕林正青纂:《小海场新志》卷二,《秩官志》,载《中国地方志集成·乡镇志专辑17》,江苏古籍出版社,1992年,第184页。

品位竟与省级相等。

二、灶户组织和保甲制度

(一)灶户组织

灶户组织起源于宋代的灶甲。宋神宗熙宁五年(1072),提举两浙盐法卢秉将灶户作一有秩序的编组,"自三灶至十灶为一甲",使互相稽查,并以殷实上户为甲头、总辖。① 至明代,灶户组织结构进一步完善为团灶组织。"每盐场有团、有灶,每灶有户、有丁,数皆额设,每团里有总催,即元百夫长,数亦有定,一团设总催十名,每名有甲首。"②一般来说,每团辖110户,共设排年总催10户,余100户分为10甲,设轮充甲首(或称团首、头目等)10名。总催从"丁力众多、家道殷富"之灶户中挑选,任期是五年。"各场总催俱照原额,选其殷实金充,亦五年一换,各总下灶户多寡不一,或编二十名,或编三十名,务使灶舍相近,草荡接连。"③总催的主要职责是"分管灶户,督催灶丁完课"④。此外,还有防止私盐透漏、勾摄并金补灶丁、禁止盐场荡地买卖、出办公费及编造户口清册等责任。总之,是协助场官办理场务。下面通过表格说明弘治年间两淮30个盐场总催设置的情况。

表4 两淮盐场设置总催人数

序号	盐场名	灶户数/户	总催数/人
1	富安场	395	30
2	安丰场	658	50
3	梁垛场	566	60
4	东台场	731	60
5	何垛场	360	20
6	丁溪场	558	50
7	草堰场	440	40

---

① 〔宋〕李焘:《续资治通鉴长编》卷二百三十,"熙宁五年二月戊辰"条,台北世界书局影印本,1962年,第16页。
② 〔明〕朱怀干:《惟扬志》卷九,明嘉靖二十一年刻本,上海古籍书店,1963年影印本,第11页。
③ 〔明〕汪砢玉:《古今鹾略》卷五,《政令》,清抄本。
④ 〔明〕谢肇淛:《福建运司志》卷六,《经制志》,明万历四十一年刻本。

续表

序号	盐场名	灶户数/户	总催数/人
8	小海场	186	10
9	角斜场	173	11
10	栟茶场	440	40
11	丰利场	330	30
12	马塘场	270	30
13	掘港场	810	80
14	石港场	285	30
15	西亭场	250	18
16	金沙场	364	30
17	余西场	210	19
18	余中场	550	50
19	余东场	971	70
20	吕四场	660	60
21	白驹场	495	30
22	刘庄场	815	50
23	伍祐场	603	30
24	新兴场	114	10
25	庙湾场	180	10
26	天赐场	140	10
27	莞渎场	220	20
28	板浦场	888	70
29	临洪场	990	90
30	徐渎场	550	50

［资料来源:〔明〕佚名:《两淮运司志》卷五,《泰州分司》;卷六,《通州分司》;卷七,《淮安分司》,明弘治间刻本。］

团灶组织的结构与里甲组织的结构相似,盐场的总催相当于州县的里长。"其曰总催、称子,即民中之里催也;曰团首、埕长,即民之甲首也。"[1]总催、团首

---

[1] 〔明〕谢肇淛:《福建运司志》卷十五,《规划下·兴化府盐课记》,明万历四十一年刻本。

的职责较里长、甲首为重，事务也较繁、较苦。① 如里长只需将黄册呈缴本县衙门，总催则须赴运司候审，"往来旬日，动费甚艰"②。

此外，总催若完不成盐课任务，要受代纳、赔纳之苦。第一种情况是灶丁逃亡后所遗留下来的灶课由总催代纳。如福建盐场"各场盐丁办盐输课，往往单丁老弱贫难下户办纳不敷，渐至逃亡，总催受累"③。又如嘉靖时人御史陈蕙指出："夫里长陪纳逃户税粮，总催亦陪纳逃灶盐课。税粮遇荒，或蒙奏减，若盐课，则虽遇荒年，或积雨坏卤，无从减纳，终不得而减免也。是以富灶输充总催一年往往累乏，更替仍欲以亡粮兼累之。"④第二种情况是盐场草荡为盐场附近豪强军民侵占，致使灶丁无燃薪煎盐，未完成的盐课由总催代纳。如嘉靖十二年（1533），巡盐御史邓直卿指出："（长芦、山东运司）寸土尺地皆属之官，自有界限，例禁不得开耕变卖，近年以来，界限不明，以致豪强军民越界侵耕，日久相沿，任意或肆行樵牧，或占打芦苇，遂使煎办无资，课额多累，利归豪猾，害及总催，积习多年，展转益甚。"⑤两淮盐场草荡为豪强军民侵占也是屡见不鲜的。如嘉靖时人御史齐宗指出："先年草荡广阔，煎烧有余，后被近荡豪民通同奸灶侵占隐匿，为弊多端，而泰州分司栟茶等场尤为最甚。"⑥万历三十三年（1605），巡盐御史清查出小海场内被豪强侵占的荡地，灶民受利，总催也可免包赔之苦。"万历三十三年，灶民朱宾倡率刘永青等，具呈盐院清查均荡，内有豪强兼并者，吐出四百引，给荡十三亩六分五厘，自是小灶享均荡之利，总催免包赔之苦。"⑦第三种情况是盐商不及时下盐场支盐，以致盐斤因年久损耗，所耗损之盐需由总催赔纳。"商人支给不时，而仓廒所积复有泡漏耗损之患，官府必责其取盈，总催往往破产以偿，不胜困累。"⑧总催未完成盐课任务，除经济上代纳、赔纳盐课外，甚至要受到法律的制裁。如嘉靖九年两淮御史李士翱指出，若盐场完不成盐课任务，场官要受处罚，总催亦要跟着受罪。"如完三分之二者，严限催足；止完三分之一者，责治本管，总催亦行量责；全未上纳者，依例重治，官吏、总催

---

① 徐泓：《明代前期的食盐生产组织》，《台湾大学文史哲学报》，1975年第24期。
② 〔明〕申时行：《大明会典》卷八，《吏部七·吏役参拨》，明万历内府刻本。
③ 〔明〕周昌晋：《鹾政全书》卷上，《查补盐丁》，明天启活字印本。
④ 〔明〕史起蛰、张榘：《两淮盐法志》卷六，《法制三》，明嘉靖三十年刻本。
⑤ 〔明〕汪砢玉：《古今鹾略》卷六，《利弊》，清抄本。
⑥ 〔明〕史起蛰、张榘：《两淮盐法志》卷六，《法制三》，明嘉靖三十年刻本。
⑦ 〔清〕汪兆璋：《重修中十场志》第四卷，《公署》，清康熙十二年木刻本。
⑧ 〔清〕顾炎武：《天下郡国利病书》，《浙江下·永嘉县·盐课》，稿本。

各治以罪。"①

按例场官有接待往来经过该盐场的官吏之责,接待费用除由盐场官吏筹集外,总催也不能幸免。弘治年间清理盐政大臣彭韶在调查报告中指出,"凡盐司过往公差,牌票下场,及该场官吏、在官人役等费,轮月接替支应"②。为此,朝廷下令全国各盐场,严禁盐场官攒向总催、头目科派,办纳银货,一旦被查出,依法处置。"弘治二年,令盐场官攒如遇分司官吏到场及相识官员经过,科派总催、头目出办银货,答应者计赃,彼此俱罪。……每场置立循环簿二扇,责见役总催每月附写使用数目,于上月终赉送运司递换书写,巡盐御史不时查究。"③不过,总催犯徒罪者,不过罚其于盐场每日煎三斤盐。弘治二年(1489),"令各处盐场总催、灶丁有犯三年、五年徒罪并加役等项,每日令煎盐三斤,通计若干,折作引盐,每一小引追银二钱,类总解京"④。

和里长、粮长类似,灶民对总催一职的态度发生过历史性的转变。起初,虽然总催由场官佥派,不属于朝廷设立的正式行政机构中的一员,不具备官员的正式权威。但其上承场官意志,下达灶民意愿,从中可以攫获不少可利用的资源,故灶民中不乏谋取总催职务者。如两浙灶户既谋充粮长,又谋充总催或头目职务。后朝廷予以禁止。"正统元年九月,令松江华亭、上海二县灶户充粮长者,止办本户盐课,不许谋充总催、头目。"⑤又据冯应京说:"富灶营为总催。"⑥明代中期以后,里甲制度逐渐崩溃,盐场上的团灶制度也是如此。随着盐政的崩溃、私盐的泛滥、国家军费的剧增,灶户深受其害,视总催为畏途,避而远之,甚至逃脱盐场。面对这种状况,场官只能从剩下的灶丁中再强行佥补,这就导致总催屡补屡亡、屡亡屡补的恶性循环。"今盐课出于总催,催有逃缺,课即亏失,故每五年一为佥补,而灶丁渐尽。"⑦有的团由于灶户大量逃亡,户数由一百一十户降至二三十户。至雍正十二年(1734),朝廷下令将各场总催全数裁革。⑧ 总催制度由此被彻底废除,代之而起的是淮南盐场的灶头、灶长制度,淮

---

① 〔明〕朱廷立:《盐政志》卷十,《禁约·李士翱禁约》,明嘉靖刻本。
② 〔明〕周昌晋:《鹾政全书》卷下,《盐碑》,明天启活字印本。
③ 〔明〕申时行:《大明会典》卷三十四,《户部二十一·课程三·盐引式》,明万历内府刻本。
④ 〔明〕申时行:《大明会典》卷三十四,《户部二十一·课程三·盐引式》,明万历内府刻本。
⑤ 〔清〕嵇璜撰:《钦定续文献通考》卷二十,《征榷考二·盐铁矾》,清文渊阁四库全书本。
⑥ 〔明〕潘游龙辑:《康济谱》卷十二,《征榷·霍文敏淮盐利弊议》,明崇祯刻本。
⑦ 〔清〕顾炎武:《天下郡国利病书》,《苏下·盐课》,稿本。
⑧ 〔清〕王世球:《两淮盐法志》卷十七,《场灶三·灶丁》,清乾隆十三年刻本。

北的各圩掌管制度。

(二)灶头、灶长制度

考虑到"场员有听断、催征之事,查察不周"①,雍正五年(1727),应巡盐御史噶尔泰之请,"于通、泰所属各场按灶地、亭锹之繁简,酌设灶长、灶头、巡商、巡役、磨对、走役,又委场商督率稽查"②。于是,在雍正六年(1728),设立灶头、灶长制度。"即于同灶中,选择灶头数人,分户责令承管;又于数灶中,选举一人,统辖各灶头所管煎户。"③选拔灶长、灶头的标准:其一是要居住于灶地;其二是亲自从事煎盐活动;其三是家境殷实;其四是老成,处事稳重。"其灶长、灶头逐加甄别,必住居灶地、日事煎盐而又殷实老成者,方准承充。"④灶头、灶长的基本职责是稽查火伏之数。"稽煎之道设灶头、灶长,专司火伏,每煎丁起煎先赴灶长报明时刻,领取火伏旗牌,悬于灶门,历十二时为一伏火,每伏例得盐一桶一二分至三四分,所谓额□是也,火既止,灶头核其时刻,缴旗牌,灶长即以起止日时填注长单,照火伏额□检点盐数,填注三联印票给煎丁,装运入垣。"⑤此外,灶头、灶长还有稽核盐场人丁,查询盐场是否有匪徒毁坏亭场、火烧草荡、偷窃锅锹等职责。"一面填明大小丁口、悬挂煎篷,责令灶长、灶头稽查,面生可疑之人不许容留在灶,及奸匪掘亭毁井,窃锹烧草等事,严行察拿报究。"⑥

灶头、灶长稽查私盐不力,将被严惩。据乾隆四十三年盐政伊龄阿所说:"有火伏逾时及私添盘锹等弊,即将灶头、灶长照贩私例治罪,其漏报之分司、大使等严参,分别究治。"⑦但灶头、灶长稽查不力的现象依旧很严重。如道光十一年正月,新兼两淮盐政陶澍指出,两淮盐场存在的种种弊端之一就是灶头、灶长纵容私煎。"今本部堂访闻灶丁煎盐运垣有种歇家地户,及掌管人等从中包揽克价,又有垣中掀手需索桶价黑费,差役商斯勒取盐斤,种种名色不可枚举,至于灶户私煎私卖固所当禁,而灶头、灶长则互相容隐挟嫌,则妄为指诬,在场官勤明者何难立予剖断,然相率玩视。"⑧为了鼓励灶头、灶长尽职,朝廷向其提供

---

① 〔清〕单渠、方浚颐:《两淮盐法志》卷三十,《场灶五》,清同治九年扬州书局重刻本。
② 〔清〕王定安:《两淮盐法志》卷三十一,《场灶门》,清光绪三十年刻本。
③ 林振翰编:《淮盐纪要》,商务印书馆,1928年,第38页。
④ 〔清〕王定安:《两淮盐法志》卷三十一,《场灶门》,清光绪三十年刻本。
⑤ 〔清〕王定安:《两淮盐法志》卷十五,《图说门·煎盐图说》,清光绪三十年刻本。
⑥ 〔清〕王定安:《两淮盐法志》卷三十一,《场灶门》,清光绪三十年刻本。
⑦ 〔清〕王定安:《两淮盐法志》卷三十一,《场灶门》,清光绪三十年刻本。
⑧ 〔清〕王定安:《两淮盐法志》卷一百四十二,《优恤门》,清光绪三十年刻本。

工食。"各场灶头、灶长,本为稽煎而设……此辈唯利是图,若不示以赏罚,恐稽煎成具文,而透私习为常事。"①所以自同治六年正月起,"每名每日给银三分"以为鼓励,但以当时的米价计之,只能换得"米升余"②,仅堪饱腹。后来,将工食银涨至银五分,并根据绩效,予以奖赏或扣罚。"查额定凡灶头长人役,原有稽火伏之责。旧章:每名日给工食银五分,按季考核产盐缺溢,溢则全支工食,另加赏银,缺则分别扣罚,仍加责比,法至善也。"③但灶头、灶长仍不实心办事,白白消耗运库钱粮。"头长等工食不减,奖赏有增转,复益领总磨饭食,奏销饭食自运司经承至场书以及灶长、灶头,不以为酬公,辄视为恒产,以运库有限之钱粮而徒饱奸吏奸灶之腹,殊可惜也。夫大吏之于场员,场员之于头长,如身之有臂,臂之有指耳,臂不力,身之咎,指不力,臂之咎,使大吏执法于上,场员奉法于下,不辞劳,不避怨,核其虚糜,除其积弊,庶有豸乎!"④

灶头、灶长设于淮南,淮北则设掌管。二者不同之处在于灶头、灶长是由场员选拔的,掌管则是由垣商私自招募的。"淮北各圩掌管犹淮南各灶头长,名虽异而实同。头长则专司火伏,掌管则督察晒扫,均有稽查透私之责。淮南头长向由场员选充,乃淮北掌管尽归垣商私自招募,既非在官人役,即可来去自由,不特有关政体,且狡黠灶丁往往不遵约束,圩规之坏悉基于此。"光绪三年(1877)十二月,海州分司于宝之奏请将掌管也拉入"在官之役",盐政吴元炳予以批允。"拟请仿照淮南成案,将各圩掌管饬令一律入卯,嗣后即由该管垣商随时选举禀场着充,以专责成,而资钤束。"⑤

(三)保甲制度

雍正六年(1728),盐场模仿州县设立十家保甲,以稽查私盐贩,于是两淮盐场之基层组织由里甲制转换成保甲制。"雍正六年,户部议准,凡州县场司俱令设立十家保甲互相稽查,一有私贩据实首明,并每季出结呈送。倘有私枭未经首出、被旁人告发者,本犯及灶丁照兴贩私盐例治罪;如系寻常兴贩,止治两邻甲长以不首之罪;若大伙窝囤,聚众拒捕者,将首犯及同甲地邻一并连坐。"⑥朝

---

① 〔清〕丁日昌:《淮鹾摘要》卷下,抄本。
② 〔清〕庞际云:《淮南盐法纪略》卷八,清同治十二年淮南书局刻本。
③ 〔清〕王定安:《两淮盐法志》卷三十一,《场灶门》,清光绪三十年刻本。
④ 〔清〕佚名:《两淮鹾务考略》卷二,《收盐之略》,清抄本。
⑤ 〔清〕王定安:《两淮盐法志》卷三十一,《场灶门》,清光绪三十年刻本。
⑥ 〔清〕单渠、方浚颐:《两淮盐法志》卷三十八,《律令二·保甲稽查私贩》,清同治九年扬州书局重刻本。

廷本期望保甲制度能起到"场灶有所稽查,私贩无所托足"①的作用,但据运使朱续晫说,保甲制实施的效果并不理想:"查通、泰、淮属,自奉行保甲以来,虽窃盗无闻,而邻近州县,每有获私之案。此皆由各属场员,勤惰不齐,行之未善,致有透漏。"②署两淮盐政吉庆,认为保甲制度是弭盗、缉私、绥靖民灶之善法,只是没有得到很好执行,于是他于乾隆九年九月令各场编立保甲,命盐运使朱续晫详定条规。朱续晫所定条规内容大致是:以十家为一甲,每甲设一甲长,十甲为一保,每保设一保长,保长、甲长均选拔公举正直、老成服众者承充;凡十家挨编,务须一连居住,不得越户及隔县对户混杂,致难挨查;其每一户姓名并亲丁、男妇若干,童仆若干名口,现办何处引盐,有无执业灶地,第几总,均于牌内逐一开载,给发各户粘贴悬挂于门口。此时,保甲的职责除稽查私盐外,还添加了稽查窝藏盗贼、赌博、私铸及面生可疑之人。

针对之前"场员编查保甲,每多因循疏忽"的现象,署两淮盐政吉庆请求按照地方官议处议叙之例对待失职的场员。

  运使、运同、运判、盐场大使系专管盐务之员,如灶丁贩卖私盐,场大使失于觉察者,革职,知情者,革职,交部治罪;运同、运判失察一次者,降职二级,失察二次者,降职四级,俱留任戴罪缉拏,一年限满,不获仍罚俸一年,各带原降之级缉拏,如又年限已满不获,仍罚俸一年,各带所降之级缉拏,拏获私盐之日,俱准其开复,失察三次者,革职;运使失察一次者,降职一级,失察二次者,降职二级,失察三次者,降职三级,俱留任戴罪缉拏,一年限满无获,罚俸六个月,带原降之级缉拏,如又年限已满,不获仍罚俸六个月,带所降之级缉拏,拏获私盐之日,准其开复,失察四次者,降三级调用。③

但是,盐政普福于乾隆二十一年八月指出,"盐场灶丁例应编排保甲,因向无定限清查之例,每多虚应故事",于是,他请求"于每年冬令产盐较少、官有余

---

① 〔清〕林正青纂:《小海场新志》卷五,《户役志》,载《中国地方志集成·乡镇志专辑17》,江苏古籍出版社,1992年,第211页。
② 〔清〕林正青纂:《小海场新志》卷十七,《场灶三·灶丁》,载《中国地方志集成·乡镇志专辑17》,江苏古籍出版社,1992年,第16页。
③ 〔清〕单渠、方浚颐:《两淮盐法志》卷二十九,《场灶三·灶丁》,清同治九年扬州书局重刻本。

闲之时,清查一次"。① 乾隆四十一年(1776)七月,盐政伊龄阿重申上述清查之例②,由此可知编派保甲之法如同虚设。

此外,还设置磨对,规定每月底将循环二簿轮流缴送磨对,与灶长根单、联票查核。磨对将一月内灶产商收盐数,造册同单票扇送场官核名,汇造总册送运司查考,并同单票簿送分司核对,如有不符,分司就近提讯详究。③

三、盐业官吏的腐败

洪武初年,明太祖朱元璋制定了规范官员、胥吏行为的法律,与盐业相关的内容概括起来:一是地方官府不准擅自插手管理盐业事务,盐务当由盐业机构处理;二是各级盐官若受贿、知情不报、透漏消息、私放盐贩、诡名开中、将捕获私盐占为己有等,将受到笞杖、徒刑,甚至绞刑的惩罚。④ 但是,至明中叶商品经济空前发达,社会经济呈现一片繁荣的景象。经济的繁荣引起社会价值取向的变化,即金钱至上观念的抬头。金钱成为社会各阶层疯狂追逐的目标。盐业机构的各级官员胥吏们都欲壑大张,索贿无厌,法律规定成为具文。

先看看盐业官员。运使总摄两淮盐业运转的全局,职重位高,易于牟利。都御史金学曾指出,"运司,利薮也,商例馈长官金"⑤。嘉靖五年(1526),两淮御史戴金制定了七条禁约,第一条便是"风励属官"。在此条禁约中戴金提到一种现象,即被调任到盐运司衙门为官之人,起初怀着清廉、自洁的想法,深恐自己掉进贪污腐化的泥淖之中,但还是很快利令智昏,为钱财所累。"近来各处士夫,除授迁转,一遇运司衙门,即恐为财赋之累,及至到任,往往失其初心,反为利欲所迷。盖不知负奇器者,不遇盘根错节,无以见其锋芒;有持守者,不处富贵货利,无以见其清操。尔运司诸官务争相濯磨,以正自守。"⑥有的运使只是严格要求自己,洁身自好,但不约束属僚、胥吏,致使他们贪赃枉法、纵容私贩。正如嘉靖六年(1527),两淮御史雷应龙在"戒饬司属"禁约中指出:"运司之职,要在保安灶丁,剔除奸弊。灶丁安,则盐课足,奸弊去,则盐法通。访得往等之官,

---

① 〔清〕单渠、方浚颐:《两淮盐法志》卷二十九,《场灶三·灶丁》,清同治九年扬州书局重刻本。
② 〔清〕单渠、方浚颐:《两淮盐法志》卷二十九,《场灶三·灶丁》,清同治九年扬州书局重刻本。
③ 〔清〕王世球:《两淮盐法志》卷十八,《场灶四,煎晒·附火伏》,清乾隆十三年刻本。
④ 〔明〕申时行:《大明会典》卷三十二,《户部二十·课程二·盐法一》,明万历内府刻本。
⑤ 〔明〕谢肇淛:《福建运司志》卷十三,《奏议志》,明万历四十一年刻本。
⑥ 〔明〕朱廷立:《盐政志》卷十,《禁约·戴金禁约》,明嘉靖刻本。

但以持身之洁,簿书期会之集,便谓之贤。若于此二者少有所歉,即于职业有亏,何足为贤?今后运司掌印,拜佐贰分司官,凡灶丁一切疾苦,本司及各场司所官吏、库皂、弓兵、总催、工脚人等,玩法害人,与商灶盐徒、经纪地主、埠头、铺户等兴贩夹带、截买偷爬等弊,务要留心咨访,小则径自处治,大则呈来施行。"①

两淮有泰州、淮安、通州三个分司,分司官员本是协助运使缉私、催科,但却也常利用职权索取贿赂,受人钱财后自然要为行贿者大开便利之门。御史胡植说:"三分司最近总灶,犹令守之,亲民也。盐场事体,本院专以责成分司,凡官吏之贪索分例、总催之科敛包收、豪灶之私煎擅煮,一切不守禁约者,自今务须指实参问,惩一戒百,俾奸贪栗慄不敢肆放,是克举其职。若含容姑息,甚至接受支应,分例与场官等,宪法能尔迨乎?"②

在盐官系统中,盐场大使虽然地位最低,但却是个肥缺。以致《梅溪丛话》之《陋吏铭》曰:"近日捐官者,辄喜捐盐场大使。"③两淮御史李士翱指出,在收受贿赂后,场官与总催等颠倒黑白:"禁官、总不许颠倒作弊,以致富户反得冒支(赈济银),贫灶不蒙其惠。"④奸猾豪灶、总催等常通过买通盐场官吏以降低户等、规避盐课。嘉靖四年(1525),御史张珩就指出这一点。"若该场官吏受财漏报,坐以枉法赃罪;若豪富之灶,用财买嘱官吏、总催,除重治外,中户增为上户,下户增为中户,上户加倍派盐,或定为总催身役。"⑤两淮都御史王璟指出:"访得各场有等官吏、总催,不恤灶丁艰苦,凡遇一应公务,俱各指称头会箕敛,以虚灶丁。"⑥嘉靖年间,御史杨选在禁约"除重害"一条中指出,盐业官吏被盐枭收买,纵容其私贩,而以缉拿小贩应付差事。"近日申获私贩盐徒俱是二三十斤及六七十斤之下,至于土豪窝藏、张帆执器、巨恶大奸在江淮所最有者,乃不见捉获一起,显是官吏纵容,徒将小民易食度日者以塞责耳。"⑦《大明会典》中以法令的形式严禁总催和场官勾结以向灶户索要常例,这从一个侧面反映了总催向灶户索要常例的事情屡见不鲜。"场官通同总催,科索常例,扰害灶户者,实时

---

① 〔明〕朱廷立:《盐政志》卷十,《禁约·雷应龙禁约》,明嘉靖刻本。
② 〔明〕史起蛰、张榘:《两淮盐法志》卷五,《法制二》,明嘉靖三十年刻本。
③ 参见佐伯富:《清代盐政之研究》,《东洋史研究汇刊》,1956年,第75页。
④ 〔明〕史起蛰、张榘:《两淮盐法志》卷五,《法制二》,明嘉靖三十年刻本。
⑤ 〔明〕史起蛰、张榘:《两淮盐法志》卷五,《法制二》,明嘉靖三十年刻本。
⑥ 〔明〕史起蛰、张榘:《两淮盐法志》卷五,《法制二》,明嘉靖三十年刻本。
⑦ 〔明〕史起蛰、张榘:《两淮盐法志》卷五,《法制二》,明嘉靖三十年刻本。

拏究问黜。"①吴嘉纪在《临场歌》中入木三分地刻画了盐课司大使对灶民肆意蹂躏、贪婪索取、作威作福的丑陋形象,以及灶民面对权势只能忍气吞声的无奈。

豺豹隶狼,新例临场,十日东淘,五日南梁。趋役少迟,场吏大怒,骑马入草,鞭出灶户。东家贳醪,西家割彘,殚力供给,负却公税。后乐前钲,鬼咤人惊,少年大贾,币帛将迎。帛高者止,与笑月下,来日相过,归比折价。答挝未歇,优人喧阗,危笠次第,宾客登筵。堂上高会,门前卖子,盐丁多言,箠折牙齿。②

不但盐官如此,盐业机构中各级胥吏也是如此。如嘉靖时,御史周相指出,总催通过买通管理盐仓的官攒,谎报盐额,以不足额为足额。"总催侵欺廩盐,习以为常者,以其贿嘱官攒,不知其为玩法也。"③又如,御史朱廷立在禁约"防勾科"中说:"积年隶卒假以批票为由,下场诓骗财物。"④还如,嘉靖六年(1527),两淮御史雷应龙所定的七条禁约中,第五条是"防究掣验"。在这一条中,雷应龙提到掣盐之官及其胥吏书算、看秤搭砣之人等藐视法规,弄虚作假,收受贿赂。"掣盐之官,虽经选委,闻近亦有以赃败者。其格眼文移簿,旧法止载余盐数目,其原秤各包总数,俱不开载,本院既已无凭查考,书算人未必不缘是作弊。且访得往时看秤搭砣之人,常轻重其手,以为骗财之计。得钱则秤之重,不得钱则秤之轻。盖由覆验之法,重则独罪商人,轻则不罪各役;重则仍算征,轻者不折补,是以得逞其奸。"⑤再如,御史朱廷立在"慎查盘"禁约中说:"访得淮北商人场下运载引盐,赴安东巡司上堆,听候报数搭单,前此分司官不行到彼查盘,所以巡司官吏通同商人隐匿无引盐包在船,以图俟便乘风走水。"⑥又还如,嘉靖八年(1529),两淮御史朱廷立订立十五条禁约,其中一条有关均平课程。出台这一禁约是因为他察觉到各场冠带义民、散官、豪民等或非法享受优

---

① 〔明〕申时行:《大明会典》卷三十四,《户部二十一·课程三·盐引式》,明万历内府刻本。
② 〔清〕吴嘉纪:《陋轩诗》,《四言古·临场歌》,清康熙元年赖古堂刻增修本。
③ 〔明〕史起蛰、张榘:《两淮盐法志》卷六,《法制三》,明嘉靖三十年刻本。
④ 〔明〕史起蛰、张榘:《两淮盐法志》卷五,《法制二》,明嘉靖三十年刻本。
⑤ 〔明〕朱廷立:《盐政志》卷十,《禁约·雷应龙禁约》,明嘉靖刻本。
⑥ 〔明〕史起蛰、张榘:《两淮盐法志》卷五,《法制二》,明嘉靖三十年刻本。

免之利,或隐匿帮丁,致使贫灶受累,申述无门。他认为这种现象的产生与盐业官吏的受贿纵容有密切的关系。"灶丁有贫富之别,课程无彼此之分。访得各场有等冠带义民及散官名色,假以优免为由,及豪民跟随场官隐占帮丁,希图免课,不无偏累,贫灶屈无伸告。示之,后各场官不许将纳粟等官一概优免,及容留跟随人役隐占。"①又再如,御史李佶在"革包揽"禁约中指出,巡检司的弓兵也是想方设法谋取私利。"安东坝、白塔河各巡检司弓兵俱系积年包揽无籍之徒,官吏情熟不能钤束,任其索取商货,卖放私盐,官盐船过亦要火柴食盐等项,危害多端。"②

下面看看盐业官员胥吏腐败的原因。薄俸是盐官阶层贪污腐败的一个重要原因。受朱元璋节俭意识和藏富于民思想的影响,整个明代官员的俸禄在历史上是偏低的。顾炎武《日知录·俸禄》中指出:"自古官俸之薄,未有如此者。"下面是洪武二十年九月所记载的盐官的月收入情况。

表5 明代盐官的品级和月收入一览表

盐官	品级	月米/石	盐官	品级	月米/石
户部尚书	正二品	61	判官	从六品	8
都御史	正二品	61	监察御史	正七品	7.5
左、右副都御史	正三品	35	经历司经历	从七品	7
左、右侍郎	正三品	35	经历司知事	从八品	6
运使	从三品	26	场仓大使	未入流	无
同知	从四品	21	广盈库大使	未入流	无
提举司提举	从五品	14	盐课司大使	未入流	无
副使	从五品	14	盐课司副使	未入流	无
提举司副提举	正六品	10	批验所大使	未入流	无
户部主事	正六品	10	巡检司巡检	未入流	无

尽管薄俸是造成盐官阶层贪污腐败的原因之一,但并非是说高俸就能养廉。如乾隆年间施行养廉银后,分司运判,俸银岁仅六十两,其养廉银即达二千七百两;监掣同知,俸银八十两,养廉银达二千四百两。③但腐败仍未得到好转,

---

① 〔明〕史起蛰、张榘:《两淮盐法志》卷五,《法制二》,明嘉靖三十年刻本。
② 〔明〕史起蛰、张榘:《两淮盐法志》卷五,《法制二》,明嘉靖三十年刻本。
③ 周庆云:《盐法通志》卷一百四十八,《两淮四十九·经费》,鸿宝斋铅印本,1928年。

最有名的是乾隆三十三年两淮提引案。

原因之二是盐官选拔制度的不合理。尽管曾施行过以进士为副使、判官的盐官选拔制度,但很快就被废止:"照得本司盐课甲于天下,副使、判官等官职,在秤掣官盐、放散赈济、督率课程、禁捕私贩,其任不为不重也。先年吏部三原王尚书因见各运司政弊丛多,题准以二甲进士选副使,三甲进士选判官,及杂以考选前列举人铨补。"①其后,盐政机构官缺逐渐被吏部用来安置声名不佳或才力不济者,盐业机构成为"降处各官之托宿、借差、候升"②之所,以致盐官素质日趋低劣,"非贪饕坏法,则柔懦废事"③。《明熹宗实录》记载,在天启三年(1623),有人上奏皇帝说盐务机构仅仅是"破甑疲老"④的避难所,一个人如果被任命为盐务官员,其名声将立即受到玷污。官府在盐官的选拔和任命当中让人百思不得其解的地方是,对于运使以下的盐官所应具备的资格要求很低。明末崇祯年代的徐光启就此有专门的探讨。他认为盐官的来源大致有四大类:一是通过了科举考试取得做官资格但没有进士及第的官员。二是曾经犯过错误、名声差而被贬谪的官员。三是通过捐资输钱买官当的人,主要是商人。四是很有能力但被贬谪的官员,其中很多人较清廉有好名声。

明末时人徐光启把正盐壅滞、私盐兴盛的原因归结为盐官素质的低下和官府对盐官选拔和任命的错误决策。

> 国家之治财赋,凡出纳、勾稽、巡视、查盘之类至慎矣。独盐法一事,所出入金钱最多,所辖悉富商大贾,其攫取甚易。而所用者如运使以下,皆无阶上进之人,输赀觅利之人,岂非时事之组紕者欤?盖官引之壅,私贩之行,大抵皆盐官为之,而天下盐官之宦橐,皆私贩之余润也。则所浚者皆民膏,所阂者必国课耳。无阶上进者。如运使秩三品,一卑矣;乃一居此职,升迁绝望,凡遇大计,罕获免者。且欲与四、五品之二司讲均礼,而终不可得也。同、副以下又无论已。左迁之官,或以肮脏取尤,或以困衡补过,中

---

① 〔明〕史起蛰、张榘:《两淮盐法志》卷五,《法制二·运使陈暹复铨擢以励官僚议》,明嘉靖三十年刻本。
② 《明熹宗实录》卷三十一,"天启三年二月庚午"条。
③ 《明英宗实录》卷七十六,"正统六年二月癸巳"条。
④ 转自黄仁宇著、阿风等译:《十六世纪明代中国之财政与税收》,生活·读书·新知三联书店,2001年,第288页。

多可用之材,而视此畏途,高飞远举,惟是借径待还,恐不量而入,混淆莫辨也。则彼为此官,任此事者,人尽以墨吏待之,得不以墨吏自待邪?输赀觅利者,运副以下十九皆事例也。自援纳以至拔选,其费巨矣,将以求倍称之息也。集膻既众,前后逼迫,不数月而劣转随之。则此数月之间,不几乎饿狼守庖厨,饥虎牧牢豚哉!即有自好者,百虎狼而一驹虞,无济于事矣。官既若此,则其下吏胥各役,以及豪商奸灶,积牙狡侩,皆假威乘势,恣为蠹贼者也。故曰:凡坏盐法者,皆行盐法之官也。①

总之,国家在两淮分区设场、佥派灶民煎盐、设置职官和组织予以管理,就意味着两淮盐场社会的形成。但在陆地思维的定式认识下,国家长期忽视两淮盐场是一个社会实体的事实,把两淮盐场视为一个可以给国家提供巨额财政收入的盐业生产区域。这种思维定式下的认识突出地表现在以下三个方面。一是正史、盐法志资料中充斥着国家的盐业政策法令、盐课收入、盐业生产状况、缉私防私等内容,鲜有关于盐民生活的记录。二是将灶民拟物化。尽管在法律上盐民属于平民,但在实际中,盐民的社会地位极其低下,盐民甚至未被视为正常的人,而是魑魅之徒。直到清代仍有人持这种认识,如汪玉砢眼中的灶民是"穴居露处,魑魅之与群",滨海之地也是一片荒莽之地,既不适合种植农作物,也不适合发展畜牧业。但令他十分不解和相当震惊的,正是这荒莽之地产"国之大宝"②,正是被斥为魑魅之徒的灶民煮海为盐,每年为国家提供百余万之财政收入。"两淮岁课百余万,安所取之?取之商也。商安所出?出于灶也。以区区海滨荒荡、莽苍之壤,民穴居露处,魑魅之与群,而岁供国家百余万之课。"③康熙《两淮盐法志》中也有类似的认识,其中《灶户谣》中说:"昔之灶户为罪人,今之灶户为顽民,行如鬼蜮力如虎。"三是反映在盐课大使的职责上。明初,盐场仿照州县设职官盐课司大使,盐课司大使就类似州县官。但二者在职责上有不同。明清州县官的职责繁杂。《明史·职官志》中列举明代州县官的职责,有赋役、养老、祀神、贡士、读法、表善良、恤穷孤、稽保甲、严缉捕、听狱讼、致贡等十余项。《惠安政书》中也开列了州县官的一系列职责,按照重要程度依次如

---

① 〔明〕徐光启撰、王重民辑校:《徐光启集》,中华书局,1963年,第257—258页。
② "夫盐,国之大宝也",参见《三国志·魏志》卷二十一,《卫觊传》,百衲本景宋绍熙刊本。
③ 〔明〕汪玉砢:《古今鹾略》卷五,《政令》,清抄本。

下,田土(附屯田)、户口(附清军)、贡赋(附鱼课、盐课)、力役、驿传、巡检、里社、学校、保甲、赈灾等事。《清史稿》里是这样概括清代州县官的全部职责的:"知县掌一县治理,决讼断辟,劝农赈贫,讨猾除奸,兴养立教。凡贡士、读法、养老、祀神,靡所不综。"[1]可知,作为一州一县的行政首脑,明清州县官被要求熟悉当地的各方面条件情况并对其辖区内的一切事情负有责任。而在嘉靖年间盐课司大使仍事简责轻,"所在职掌,恤灶、稽煎、缉私之外,无余事也"[2]。

---

[1] 赵尔巽:《清史稿》,中华书局,1977年,第3357页。
[2] 〔清〕林正青纂:《小海场新志》卷二,《秩官志》,载《中国地方志集成·乡镇志专辑17》,江苏古籍出版社,1992年,第180页。

第二章 两淮盐场社会的分化与宗族的建构

明中叶以来,随着行政组织日渐败坏,灶私日渐盛行,荡地逐渐农垦化,两淮盐场灶户发生分化,其表现是豪强灶户势力兴起和宗族的建构。上述两淮盐场社会的分化现象,打破了两淮盐场旧有的社会秩序和管理格局。

第一节 灶私与荡地农垦化

一、灶私的兴盛

明代,盐税占到国家总税收的一半。"国家财赋,所称盐法居半者,盖岁计所入,止四百万,半属民赋,其半则取给于盐策。"①两淮盐课又占到国家盐课收入的一半。"窃惟国家岁入正赋共四百万有奇,而盐课居其半;各处盐课共二百万有奇,而两淮居其半。"②可以说,"淮课之盈缩,国计盈缩之所系也"③。为防范私盐、保障盐课收入,明王朝制定了完整的法令和制度。但私盐问题贯穿于整个明清时期,是令政府十分头疼的一个问题。私盐的种类很多,依发生的原因,大致可分为两类:一是由邻近的销区越界贩卖的,称为邻私;二是盐场流出来的,包括灶私、商私、枭私、漕私、官私等。④ 本小节关注的是第二类私盐中的灶私。

(一)灶私的表现

灶私是指灶民私自煎盐和卖盐的行为。嘉靖年间,御史周相指出两淮盐场

---

① 〔明〕李汝珍:《户部题行盐法十议疏》,载〔明〕陈子龙《明经世文编》,中华书局,1962年,第5203页。
② 〔明〕陈子龙:《明经世文编》卷四百一十一,《赵司农奏议·两淮超单疏》,明崇祯平露堂刻本。
③ 〔明〕陈子龙:《明经世文编》卷四百一十一,《赵司农奏议·两淮超单疏》,明崇祯平露堂刻本。
④ 徐泓:《明代的私盐》,《台湾大学历史系学报》,1980年第7期。

灶私的几种情况：一是盐民私自将盐藏起来以卖给盐商；二是势豪灶民、总催与盐徒相勾结，协商好由他们在盐场收购私盐，然后由盐徒贩卖，以便从中分利；三是贫穷的灶民受到豪强灶户的逼迫，不得不以所煎之盐抵偿所欠之债。"私家收贮引盐，通同商人卖与添包附带者有之；豪总猾灶交拘大伙盐徒，收积引盐，私自贩卖者有之；或为豪强所逼迫，辄将引盐准作私债者有之。"①

灶私是私盐的源头。洪武初年，国家就对灶私定下了严格的规定：不仅对夹带余盐出场、私煎私卖的灶民处以绞刑，而且对百夫长、两邻灶民知情不报者也要处以连带责任。"各场灶人丁等，除正额盐外，将煎到余盐夹带出场及私煎货卖者，绞。百夫长知情故纵或通同货卖者，同罪。两邻知私煎盐货不首告者，杖一百，充军。"②

尽管如此，盐场私煎的问题一直很严重。两淮灶民生活在狭长的海岸带边，多零散而居，不成聚落，不便集中管理，加大了监察的难度，这便利了灶民卖私盐；同时，淮南盐场所在之海与长江相连，淮北盐场所在之海与黄河相连，这为盐徒私枭提供了便利。"各场绵亘海边一千二百余里……灶户错处，其中或四五家一处，或十数家一处，多散碎，不成聚落。南场所近之海与长江相连，北场所近之海与黄河相连，由海载盐，即可溯江溯河，扬帆直上，最为私贩捷径。"③乾隆五十三年（1788），两淮总督书麟也说出了场私与盐场地理之间的关系。他认为，"淮北自海州各场起，由新安一带至永丰坝，向多私枭囤积运贩。……江苏省淮安、扬州、通州、海州四属地接场灶，私盐最易透漏。安徽省太平、和州、泗州等属与江苏接壤，或陆路可通，或江湖直达，尤为私枭出没之所"④。私盐的高额利润吸引了两淮盐场附近的州县民，他们愿意荒弃农耕，转而长期从盐场贩卖私盐。统治者担心盐徒成群结队，打家劫舍，不仅破坏了盐法，而且扰乱地方治安，留下社会隐患。"且法愈严则利愈大，顽民见利而不见法。淮安顽民数千万家，荒弃农亩，专贩私盐，挟兵副但弩，官司不敢诃问。近年恃众往往为劫，此隙不弥，必贻大患，不止阻坏盐法而已。"⑤"在两淮通、泰、宝应州县，民厌农田，惟射盐利，故山阳之民十五以上，俱习武勇，气复顽悍，死刑不忌，前年流劫

---

① 〔明〕史起蛰、张榘：《两淮盐法志》卷六，《法制三》，明嘉靖三十年刻本。
② 〔明〕申时行：《大明会典》卷三十四，《户部二十一·课程三·盐引式》，明万历内府刻本。
③ 《朱批奏折》（财政类盐务类），两淮盐政全德。
④ 《军机处录副奏折》（财政类盐务项），乾隆五十三年四月十一日，两江总督书麟。
⑤ 〔明〕朱廷立：《盐政志》卷七，《疏议》，明嘉靖刻本。

几致大变。……淮安官军不惟不捕私盐且受饵利,而为护送出境矣。"①

嘉靖时期,刘文节暗指两淮场私存在潜在的广阔市场。"两淮行盐地方,南尽湖广,西抵河南,东尽东海,地方数千里,人民亿万家,所仰食盐只七十万引,飧餐安所取足乎?是无怪乎私盐横溢,而盐价踊贵也。"②万历年间,御史杨选之也认为两淮灶私问题十分严重。他指出,两淮盐场每年可产三百七十万引盐,而上交国家的仅一百四十万,由此可知,每年有近二百三十万引的盐从两淮盐场透漏。"两淮商人正引岁七十万,兼之收买余盐,盖每岁一百四十万小引耳。然灶荡物力,岁可办盐三百万引。自商人收买之外,未闻有停蓄坐待消化者也,即每岁擒获私盐亦必卖与民间。夫以三百万引之余盐,加以七十万引之正课,年年用尽,则两淮行盐地方,岁食三百七十万矣,而顾止以一百四十万小引为岁行,岂非官盐行五分之一,而私盐行五分之四哉。"③上则材料中,将两淮盐商每年代销的七十万引余盐也算成私盐。这是因为余盐买补问题在明代一直备受非议,而其实早在成化年间国家就已经允许商人买补余盐了。故严格意义上讲,是有六成以上的盐以灶私的形式流向市场。

私盐的价格较官盐低得多,如通州的盐价,"出于官者价百,出于灶者价十"④;再如海州的盐价,官盐一斤价银八厘,私盐不及一厘。⑤ 这为私盐赢得了广阔的销售市场,"两淮纲食引地,无论城市村庄食私者十七八"⑥。崇祯年间,户部的毕自严指出,私煎之盐占总盐产量的一半。"沿海场灶,半属私煎,其有以归之引商者能几何?此私贩之源也。"⑦清人曹一士认为,国家根本无法掌控盐业生产量,灶民会突破国家规定的引额,进行额外的再生产。"盐之所产实不可以引额限,于是私贩之弊复丛生。"⑧所以,乾隆年间,朱轼曾在条陈中指出:"欲杜绝私枭,必先清查场灶。"⑨

---

① 〔明〕黄训:《名臣经济录》卷二十三,《户部·两淮盐法议》,清文渊阁四库全书本。
② 〔明〕陈子龙:《明经世文编》卷四百三十一,《刘文节公集·盐政考》,明崇祯平露堂刻本。
③ 〔明〕陈子龙:《明经世文编》卷四百七十四,《两淮盐政议二·盐法议六》,明崇祯平露堂刻本。
④ 〔明〕林云程:《通州志》卷四,《赋役·盐课》,明万历刻本。
⑤ 〔清〕唐仲冕:《嘉庆海州直隶州志》卷十七,《食货考第四·盐课》,清嘉庆十六年刊本。
⑥ 〔清〕包世臣:《安吴四种》卷五,《小倦游阁杂说二》,清同治十一年刻本。
⑦ 〔明〕毕自严:《度支奏议》卷六,《山东司·覆两浙盐院李宗着查奏疏理边引疏》,明崇祯刻本。
⑧ 〔清〕贺长龄:《清经世文编》卷四十九,《户政二十四·盐课上·曹一士盐法论》,清光绪十二年思补楼重校本。
⑨ 周庆云:《盐法通志》卷一,《通例·场产门》,鸿宝斋石印本,1928年。

(二)原因分析

一是宝钞的贬值。洪武初年,灶民办正盐每引四百斤,官府给灶户工本米一石,后改支宝钞。洪武十七年(1384),户部尚书栗恕说:"淮、浙每引,官给工本钞钱二贯五百文;河间、山东、海北,八百文;福建上色者,七百文,下色者,六百文。煎盐之力则一,而工本钞有不同。今拟淮、浙如旧,他处均给二贯。"①洪武年间,银一两当钞三五贯,后来宝钞日渐贬值,至正统年间,钞价贬至银一两当钞千余贯。②至正统十三年(1448),"每钞一贯折钱二文"③。这样宝钞几乎沦为废纸,灶户之工本费也就形同虚设。灶民日常的基本生活需要无法得到满足,只能铤而走险,冒死贩卖私盐,这不是用严刑峻法能解决的问题。詹事霍韬以同情的口吻进一步指出,"今钞一贯,不易粟二升,乃禁绝灶丁勿私卖私盐,是逼之饿以死也"④。

二是余盐政策处理不当。灶民煎制之盐一部分是作为盐课上交给朝廷的,称之为"正盐",另一部分是上交完盐课之后剩余下来的,称之为"余盐"。"余盐者,灶户正课外所余之盐也。"⑤洪武初年,规定灶户生产的余盐由官府收购。"惟余盐不许私卖,有余即给官钞收之,下以资灶户,上以总利权,而均其施。天下食贱盐之利,灶户无余盐之滞,其法极善。"⑥但随着宝钞的急剧贬值,灶户自然不愿意将辛苦生产的余盐卖给官府,余盐收买出现问题。"钞法废,则县官何术以收余盐? 余盐积而无所售,则灶丁困。乃曰挟余盐者绞,货私盐者绞,将能行乎? 行之而必,即灶丁枵腹以毙,不然即为变,行之而不必,欲余盐之利,不为奸人橐中装,不可得也。"⑦又"然既不能讲求古法,以处置余盐,复不能变钞法以补给工本,则贫民何所以仰赖,而不为变,故盐禁愈严,盗贼愈多,此之由也"⑧。

为此,国家出台以米、麦代替宝钞收购余盐的措施。正统二年规定:"令灶

---

① 〔清〕陈寿祺:《福建通志》卷五十四,《盐法》,清同治十年刻本。
② 《明英宗实录》卷十五,"正统元年三月戊子"条。
③ 《明英宗实录》卷一百六十六,"正统十三年五月庚寅"条。
④ 〔明〕史起蛰、张榘:《两淮盐法志》卷六,《法制三》,明嘉靖三十年刻本。
⑤ 〔清〕嵇璜:《续文献通考》卷二十,《征榷考·盐铁》,清文渊阁四库全书本。
⑥ 〔明〕朱廷立:《盐政志》卷七,《疏议》,明嘉靖刻本。
⑦ 〔明〕陈子龙:《皇明经世文编》卷四百六十,《李文节公文集·盐政考》,明崇祯平露堂刻本。
⑧ 〔明〕朱廷立:《盐政志》卷七,《疏议》,明嘉靖刻本。

丁名下,除额内盐银纳官外,所有余盐,就于本场官收,每一小引给与豆麦二斗。"①正统十三年(1448),甚至还大大提高收购余盐的价格,每二百斤余盐的价格,由二斗米麦升为一石米。如两淮巡盐御史蒋诚奏准:"灶户除正额外,若有余盐,送附改场另项受贮,出给通关,每盐二百斤为一引,给与粮米一石食用。"②

虽然国家给灶户开出了优惠的条件,可惜只是具文,反倒为官吏盘剥灶户的余盐提供了借口。所以贫弱的灶户在万般无奈下,仍只能走上私贩之途。如嘉靖时人詹事霍韬指出:"盖当时此令虽出,而米麦无措,故官司徒挟此令,以征取余盐,实不能必行此令,给民米麦。且贫弱灶丁朝有余盐,夕望米麦,不得已,则先从富室称贷米麦,然后加倍偿盐,以出息者有矣。故盐禁愈严,则贫灶愈多,此之由也。"③霍韬进而指出了余盐的尴尬处境:一方面朝廷无力收购;另一方面由商人收购的话,又怕商人乘机影射为奸。结果在"官不能收,商不能买"的情况下,余盐转变成了私盐。"至余盐一节,正统间,将兑粮米收买,此以官收之也,今无羡米矣。弘治间,令守支商收买以补官引,此以商收之也,今又恐其影射为奸矣。夫淮盐七十二万引,余盐至三百万余引,官不能收,商不能买,必归之于私贩矣。"④

余盐逐渐成为灶私的主要来源。围绕着如何处理余盐,各官员间展开了激烈的讨论。有的认为洪武时制定的余盐处理法不可行,不若仿照民户纳粮交赋的原则,灶户在完纳额定盐课后,允许余盐自由买卖。"又司农酌宜变通之术,令各场照民间田赋税例,便其生理。盖民田或本色,或折色,第取其原定之额,羡粟任其所用,莫之禁也。惟场灶既取岁征之价,又禁其通贩,故盐之行愈难,遂至千百为徒,驾船执械,突行拒捕,屡见告矣。非惟不为公家之利,抑且贻地方之害,酿为祸萌,莫甚于此。今为两利,孰若使见丁征银,随地办课,照之民户赋,而羡盐任其他贸易,乃人情之至便,而公法所宜宽也。"⑤霍韬也将灶民和平民作比较,将盐课比作田赋,认为国家对灶丁所产余盐的不准私卖的规定不合

---

① 〔明〕申时行:《大明会典》卷三十四,《户部二十一·课程三·盐法三·盐法通例》,明万历内府刻本。
② 〔明〕王琼:《户部奏议》卷二,《因民情以收盐利》,明正德嘉靖间刻本。
③ 〔明〕史起蛰、张榘:《两淮盐法志》卷六,《法制三》,明嘉靖三十年刻本。
④ 〔明〕潘游龙:《康济谱》卷十二,《征榷·霍文敏淮盐利弊议》,明崇祯刻本。
⑤ 〔明〕陈子龙:《明经世文编》卷二百十五,《承启堂文集·盐法论》,明崇祯平露堂刻本。

乎情理,认为:"国初以两淮卤地授民煎盐,岁收课盐有差,亦犹授民以田而收其赋也。惟盐课条云:凡各灶丁除正额盐外,将煎到余盐夹带出场及私盐货卖者,绞。然则,耕民纳赋租外,将余粟货卖者,绞,可乎?"①

周用考察了以往余盐的政策变化,认为今非昔比,主张开余盐之禁,以变私盐为官盐,这样利国又利灶。"灶丁煎盐办课,即民户种田办粮也。民户办粮,余米听其变易,灶丁办课余盐,乃名私盐。严而禁之,则委弃而已乎?盖国初,煎盐资本尽给在官;其后,稍以余盐准折资本;其后,令人有余盐送官,收买给与米麦。今此法尽废矣,而余盐犹以为私而禁之,奈何不夹带、渗漏、影射引目,令民益私也。私则盐益贱,而官盐益不行;私则兴贩盐徒亡命兴焉;私则官司吏胥生通纵之弊。不如开之便,而余盐价银救之以厉警乏储,令运司解部如故。"②许文简则认为,"官为收鬻,不若听商收买,简易可行"③。最后朝廷规定让盐商在下场支取正盐之余,再出资购买余盐。"自弘治时以余盐补正课,初以偿通课,后令商人纳价输部济边。至嘉靖时,延绥用兵,辽左缺饷,尽发两淮余盐七万九千余引于二边开中。自是余盐行。其始商无定额,未几,两淮增引一百四十余万,每引增余盐二百六十五斤。引价,淮南纳银一两九钱,淮北一两五钱。"④

隆庆年间,庞尚鹏也指出,余盐未被收尽,转变成了私盐,但这已经不是不允许商人收买的结果,而是"商人收买不尽"的后果。"查得私盐横溢,则官盐壅滞,而私贩之所以盛行者,以余盐未尽区处也。盖勤灶数口之家,全资余盐以为岁计,若商人收买不尽,则其势不得不归之私贩矣。"⑤为此,庞尚鹏提出让官府动用割没余银收买未尽之余盐,并让总催掌管收盐和派银之事。

> 每年除正盐并商人收买余盐外,仍有剩数若干,官为收买,其合用盐价请于割没余银内借留十余万,以备支用。……或谓官买余盐,则灶丁与官交易,未免纳盐有转输之难,给银有守候之苦,其何以堪?若转贩于民间,即俄顷立就,绝无留难,虽至愚亦岂肯舍此而趋彼哉?此其说诚然,臣三复

---

① 〔明〕陈子龙:《皇明经世文编》卷一百八十七,《霍文敏公文集三·盐政疏》,明崇祯平露堂刻本。
② 〔明〕何乔远:《名山藏》卷五十五,《盐法记》,明崇祯刻本。
③ 〔明〕陈子龙:《皇明经世文编》卷一百三十七,《许文简公集奏疏·覆议盐法疏》,明崇祯平露堂刻本。
④ 〔清〕傅维鳞:《明书》卷八十一,《食货志一·盐法》,清畿辅丛书本。
⑤ 〔明〕陈子龙:《皇明经世文编》卷三百五十七,《庞中丞摘稿·清理盐法疏·疏通引盐》,明崇祯平露堂刻本。

思之,亦处之未尽其方云。尔查得各场多殷实灶丁,皆习闻盐场之利病,而朝夕与俱者也,今欲于上场佥肆名,中下场各贰名,免其总催等役,责令管买余盐,按月给领官银,授以印信文簿,令其将银自壹钱以上者,皆预先凿定,各照轻重数目另封收贮。①

这个建议难以贯彻执行。早在嘉靖七年(1528),两淮巡盐御史李佶指出官府动用库银买余盐的两难境地。若先给价后收盐的话,不但灶民嫌官价低不乐意领钱,而且有的奸诈灶户拿到钱之后脱逃得无影无踪,经总催转手后又多一层舞弊和盘剥。若先收盐后给价的话,贫灶不能及时拿到钱,迫于养家糊口的压力,可能走上贩卖私盐的道路。

> 窃以官买余盐论之,两淮三十盐场各场相距窎远,各总相距亦然,判官领银万两不能一一亲历,必分给于场官,场官分散于总催,总催征纳于灶户。若先给价而后收盐,则官价已有一定,私价时有低昂,必不肯多领官银,尽出所有,且猾灶得以骗价脱逃,奸总易于捏数作弊,是正课之外又添包赔追并之苦矣。若先纳盐而后纳价,则贫灶煎烧岁无虚日,亦无别产,既以正课完官,止靠余盐度日,水陆有运负之远,衙门有守候之难,官价迟迟不能应手,家口嗷嗷,岂能枵腹,则严禁之余又生深藏转卖之弊矣。②

朝廷大开余盐之利,还将收购余盐之事转嫁到盐商头上,这样做导致盐法大坏。"盐课正额外,所产余盐,丝毫铢两悉属朝廷。既无工本以给灶丁,复令附带以重商贾,亦可见其法之不能行矣。"③又:"法曷弊也?其始也起于司农之变法,其既也坏于权势之争利,其卒也加以余盐之大行。"④

三是征盐课改征折价银。明初规定征收本色盐,灶丁纳课也是纳本色盐。至成化年间,两浙盐场开始实行盐课折银制。其后其他盐区也逐渐开始实行盐课折银制。据《大明会典》所载,弘治年间盐额中折色盐的比例,以福建最高,占

---

① 〔明〕陈子龙:《皇明经世文编》卷三百五十七,《庞中丞摘稿·清理盐法疏·疏通引盐》,明崇祯平露堂刻本。
② 〔明〕朱廷立:《盐政志》卷七,《疏议下·李佶添刷引目疏》,明嘉靖刻本。
③ 〔明〕陈子龙:《皇明经世文编》卷三百六十六,《叶纲斋集·理屯盐》,明崇祯平露堂刻本。
④ 〔明〕陈子龙:《皇明经世文编》卷二百一十五,《承启堂文集二·盐法论》,明崇祯平露堂刻本。

百分之五十五；山东次之，占百分之四十八；海北次之，占百分之三十；长芦又次之，占百分之二十；两淮最少，仅占百分之八点五。① 两淮大概仅限于不产盐或产盐较少的场分，如，"莞渎一场不产盐，每引收折价银五分"。又如，"白驹、西亭俱办本色盐七分，折色三分"②。还有较早对水乡灶户施行折银制。如右都御史马文升奏请，"两淮盐场灶丁，有州县发来者，号为乡户，不谙煎烧，宜每年出银四两完役"③。虽然两淮盐课折银比重小，但折银呼声却至迟在弘治、正德之际就出现，如胡世宁主张："又闻灶丁畏盐难纳，多愿纳银。近年，两浙盐课内将一半折银，民情稍便。……今后淮浙盐课，通令从便折银。……盐丁煎盐，听令自卖，或转卖与商人……灶丁得煎鬻以自富……国家得盐利自多……灶丁益勤于煎。"④

明中叶以来商品经济的快速发展，改变了国家征收赋税的体制，实现由纳实物粮到纳银的转变。正统元年（1436），副都御史周铨的建议被采纳，凡田赋皆准予纳银，其制曰："米麦一石，折银二钱五分，南畿、浙江、江西、湖广、福建、广东、广西米麦共四百余万石，折银百万余两，入内承运库，谓之'金花银'。"⑤至万历九年（1581），一条鞭法通行全国，所有的赋役完成了货币化的过程，改征白银。盐课折银，也是商品经济发展的必然结果。两淮三十个盐场全面施行盐课折银制，是在万历四十五年袁世振推行纲法以后，"令灶户每引折价二钱，收贮库内，名曰'仓盐折价'，自此盐不复入官仓"⑥。

据顺治十三年户部覆准粘本盛的说法，两淮并没有随着纲法的实行而彻底实现盐课改纳折色，这个任务直到清初革去边商后才完成。"明季旧制，两淮有三十场，将草荡经灶户煎盐入仓，谓之仓盐。商人边中海支，故有榜派。今边商裁革，故将灶户仓盐改纳折色，每岁折价银六万八千三百四十九两解部，与旧制不同。"⑦

以上扼要地回顾了一下两淮盐场盐课征收折银的历史脉络。毫无疑问，盐

---

① 徐泓：《明代后期盐业生产组织与生产形态的变迁》，载《沈刚伯先生八秩荣庆论文集》，台北联经出版事业公司，1976年，第395页。
② 〔清〕单渠、方浚颐：《两淮盐法志》卷一，《历代盐法源流考》，清同治九年扬州书局重刻本。
③ 《明宪宗实录》卷二百七十，"成化二十一年九月辛未"条。
④ 〔明〕张萱：《西园闻见录》卷三十五，《户部四·盐法前》，民国哈佛燕京学社印本。
⑤ 〔清〕夏燮：《明通鉴》卷二十二，《纪二十二·英宗》，清同治刻本。
⑥ 〔清〕噶尔泰：《敕修两淮盐法志》卷五，《煎造》，清雍正刻本。
⑦ 〔清〕噶尔泰：《敕修两淮盐法志》卷四，《场灶》，清雍正刻本。

课折银势必会对盐场社会产生影响,也因此文献中存在反对盐课折银的看法。崇祯四年(1631),户部员外郎王珍锡在上言两淮盐政的奏文中,认为盐课折银带来的不良后果之一是灶民可以不从事本职的煎盐工作,这影响到国家的年产盐量,到时盐商买不足盐因,最终会影响到国家的盐课收入。"盐用丁煎,自仓盐改为折价,而每丁该纳盐二百零五斤者,改纳银二钱,故人俱游手而不事本业。"①其他盐场也显示出盐课折银带来的其他诸多不良后果。如正德元年(1506),国子监生沈淮在《盐政疏》中将盐课改折和灶民透漏私盐结合起来考虑,指出盐课改折势必加剧场私问题。"以煎盐为业,不征盐而征银,盐非私鬻,何自而得银哉?"②如嘉靖时人姜准认为,盐课折银让贫困的灶民多经受一层商人的盘剥,生活更为困苦,靠借贷为生,难免最终逃离盐场。"夫灶之所自业者,盐尔。今尽征以折色,称贷倍息,十室九空,往往穷迫逃徙,无以为生。"③如万历《余姚县志》记载,盐课改折带来的后果是吸引了民人窜入灶籍,导致了民田诡寄入灶田。"国初,灶户日夜办盐,候商领支。如商人后期,则盐斤消耗,复办赔纳,最够苦。自彭惠安公议征盐价,而引盐则令商人自买,遂使灶户无煎办之苦,有荡地之利。故其利既数倍于齐民,而其丁亦数倍于旧额。观版籍之内,军匠日绝,灶丁日增,灶户田多,民户田少,盖不惟诡田,而又诡丁也。"④如清人王守基在谈论山东灶务时指出:"皆按丁征盐,每丁征盐二引,每引折交银七分五厘,谓之丁银。无业灶丁糊口维艰,银从何出?"⑤

四是制盐技术的进步。晒盐法的发明是制盐技术史上的一大进步,它肇始于福建盐区。据同治《重刊兴化府志》记载,晒盐法制作的具体流程如下:

> 潮退后,各家就汛地犁取海泥,而垎阜聚之,别坎地为溜池,地下为溜井,各捶矸使光,不至漏水。池底为窍,以通于井,窍内塞以草,复丸土以塞其外。遇天日晴霁,开放所聚泥曝之,务令极干,搬至池中,以海水淋之,水由窍渗洒入井。仍置地为盘,名垎盘,铺以断瓷,分为畦塍,广不过数尺,乃

---

① 〔明〕王圻:《续文献通考》卷二十,《征榷考三》,明万历三十年松江府刻本。
② 〔明〕顾清:《松江府志》卷八,《田赋下·盐课》,明正德七年刊本。
③ 〔明〕姜准撰、蔡克骄点校:《岐海琐谈》,上海社会科学院出版社,2002年,第10页。
④ 〔明〕萧良幹修,〔明〕张元忭、〔明〕孙鑛纂,李能成点校:《万历〈绍兴府志〉点校本》,宁波出版社,2012年,第319页。
⑤ 〔清〕王守基:《盐法议略》,《山东盐务议略》,清滂喜斋丛书本。

运井中水倾注盘中,遇烈日,一夫之力可晒盐二百斤。"①

到明中后期,晒盐法因具备经济、实用、高效的特点而被推广到诸多盐区,但两淮盐区一直仅淮北盐场使用晒盐法。据清人王守基说:"海兰分司所属板浦、中正、临兴三场,盐出于晒,行销淮北,余则皆出于煎,而行销淮南焉。"②有关淮北的晒盐法,嘉庆《两淮盐法志》中记载:"每灶各甃砖石为一池,旭日晴霁,挽坑井所积卤水,渗入池中曝之。……自辰逮申,不烦锅煮之力,即可扫盐。"③

淮北灶民私开盐池,极大地增加了私盐的数量。"查得淮南安丰诸场,盐出于煎烧,必藉用盘铁,淮北白驹诸场,盐出于晒,必藉用池,然盘铁原有定额,池原有定口,非灶户所能私专置造也。今则家家增锹,户户开池,场官畏而不敢问,司官远而不及知,私晒、私煎日增月盛。盖不知私盐之积,将何所纪极也。"④晒盐法加大了稽查的难度。乾隆四十三年(1778),两淮盐政伊龄阿在《酌收买余盐事宜疏》中指出,淮北奸灶私自增添尺寸,或私挖盐池。"查淮北海州分司所属三场,俱系晒盐,向来盐池俱有定额,所铺池砖以及池面大小,亦例有块数,丈尺不许私自增添,近有奸丁展宽池面,暗增砖块,且偷挖土池,私晒渔利,于是淮北之盐亦漫无稽考。"⑤魏源指出,海州分司所属三场——板浦场、中正场、临兴场采用晒盐法,在极大地提高了盐产量的同时,也更易于透漏私盐。"逼临大海,引水晒盐,出产最易,偷漏尤多。"⑥

民国盐政史专家林振翰在综合考察历朝盐法后,指出乾隆、嘉庆以后,盐场发生的重要变化之一是晒盐法的推广,直呼"各省产地已由煎盐时代进为晒盐时代"⑦。这个时代在盐业管理的各个方面对国家提出了新的要求,但国家没有积极顺应这个趋势,制定出更切合实际需要的盐场管理办法。"无如乾嘉以后,各省产地已由煎盐时代进为晒盐时代,而场产之整理,并不应时势之必要,而为

---

① 〔明〕周瑛、黄仲昭:《重刊兴化府志》卷十二,《食货志》,清同治十年重刊本。
② 〔清〕王守基:《盐法议略》,《两淮盐务议略》,清滂喜斋丛书本。
③ 〔清〕单渠、方浚颐:《两淮盐法志》卷一,《历代盐法源流考》,清同治九年扬州书局重刻本。
④ 〔明〕陈子龙:《明经世文编》卷三百五十七,《庞中丞摘稿·清理盐法疏·疏通引盐》,明崇祯平露堂刻本。
⑤ 〔清〕佚名:《皇清奏议》卷六十三,《酌收买余盐事宜疏》,民国影印本。
⑥ 〔清〕魏源:《淮北票盐志略》卷四,《署盐运使俞会同前淮扬道邹筹议淮北试行票盐详》,清道光刻本。
⑦ 转自张小也:《清代私盐问题研究》,社会科学文献出版社,2001年,第184页。

设备。"①国家满足于让商人包税,以便每年从中获取固定的收入,充作财政而已,在盐业的生产、流通、销售方面的管理退缩得很严重,多数省份甚至直接把缉私大权交给盐商,这样的后果是缺乏全盘规划,商人各自以邻为壑,私盐尤其是场私问题十分严重。

> 官厅惟知道责令商人包税,而至场私于不问,多数省份反将缉私大权交诸商人。商人惟知以邻为壑,各人自顾其门户,至于产地之巡稽视为与己无关,但求私盐不侵入我之引地,于愿已足,而省疆吏反以本省私盐侵入邻省为得计。②

五是稽私不力。明清稽查灶私的力量主要有盐课司大使、灶头、灶长、巡商、巡役等。他们有缉私的职责,但在实际中却往往缉私不力。如刘文节指出:"商人避正课之害,不得不借影于私盐。灶户无余盐之利,不得不私卖以聊生。甚者,招致亡命,挟海负险。官兵不敢拒,有司不敢言,卒致官盐日滞,刍粮日匮。名曰召商,实则里中娄人,家无宿舂者也。名曰中盐,实则转贩数手而不知谁之子也。"③庞尚鹏指出对于灶民私自添置锅锹之事,场大使因畏惧而不敢过问。"查得淮南安丰诸场……今则家家增锹,户户开池,场官畏而不敢问,司官远而不及知,私晒、私煎日增月盛,盖不知私盐之积,将何所纪极也。"④崇祯《松江府志》中说出了场大使畏惧的理由。"亭场官位卑,而灶皆土著,或有数世擅其利为豪者,其相使若指臂之痛肿,不能率运动。"⑤

雍正五年(1727),应巡盐御史噶尔泰之请,设立灶头、灶长,其基本职责是稽查火伏之数。但从清乾隆四十三年,朝廷再度下令灶头、灶长严格执行火伏法,严防私自添设盘锹来看,灶头、灶长缉私效果并不理想。乾隆四十三年(1778)六月,户部议覆盐政伊龄阿条奏,"有火伏逾时及私添盘锹等弊,即将灶头、灶长照贩私例治罪,其漏报之分司、大使等严参,分别究治"⑥。灶头、灶长不

---

① 转自张小也:《清代私盐问题研究》,社会科学文献出版社,2001年,第184页。
② 转自张小也:《清代私盐问题研究》,社会科学文献出版社,2001年,第184页。
③ 〔明〕陈子龙:《明经世文编》卷四百三十一,《刘文节公集·盐政考》,明崇祯平露堂刻本。
④ 〔明〕陈子龙:《明经世文编》卷三百五十七,《庞中丞摘稿·清理盐法疏·疏通引盐》,明崇祯平露堂刻本。
⑤ 〔明〕方越贡:《松江府志》卷十四,《盐政》,明崇祯三年刻本。
⑥ 〔清〕王定安:《两淮盐法志》卷三十一,《场灶门》,清光绪三十年刻本。

实心办事,白白消耗运库钱粮。

  头长等工食不减,奖赏有增转,复益领总磨饭食,奏销饭食自运司经承至场书以及灶长、灶头,不以为酬公,辄视为恒产,以运库有限之钱粮而徒饱奸吏奸灶之腹,殊可惜也。夫大吏之于场员,场员之于头长,如身之有臂,臂之有指耳,臂不力,身之咎,指不力,臂之咎,使大吏执法于上,场员奉法于下,不辞劳,不避怨,核其虚糜,除其积弊,庶有豸乎!①

  民国盐政史专家林振翰在综合考察历朝盐法后,指出在缉私,尤其是场私方面,清初国家极为重视,是国家重点管辖的方面,至乾嘉以后,国家在这一方面的兴趣不足,关注的力度明显下降。"于是场私一物,在清初为极大问题,降级后世,反视为无足重轻。"②

  私盐稽查难以深入进行的一个重要原因,是私贩者和透私灶民通同一气。御史刘绎指出,盐民不仅私自卖盐给盐徒,还将盐徒窝藏在家,协助盐徒躲避官府的追查。"两淮运司各场煎盐处所有等盐徒结成群党,车载船装,兵械自备,势甚凶恶,原其所自多,有在场灶家勾引窝藏,然后乃敢。其次则驴驮背负,三五为群,在场亦要窝主,沿途必有歇家。"③乾隆六年(1741)三月,太仆寺少卿鲁国华题称:"各省奸贩私盐,从无买官盐越境成私之理,势必买与灶户之家。此等奸徒暮夜而来,半夜而去,灶户与之饭食,兼备行粮。"④即便私贩者被抓获,他们也不会供出透私者。

  淮扬一带有捉获私盐,批发府厅州县审问者,究所从来,非云米易,即云柴换,非云水次,则云路旁,总无实著。承审官每俱供详报,重者枷责,轻者薄惩而已。总由灶户窝家向与私贩之人通同一气,不得不代为隐讳……私盐被获,从未闻有灶甲连坐……获私而不究从来……则一切清灶之法,皆虚设也。⑤

---

① 〔清〕佚名:《两淮鹾务考略》卷二,《收盐之略》,清抄本。
② 转自张小也:《清代私盐问题研究》,社会科学文献出版社,2001年,第184页。
③ 〔明〕史起蛰、张榘:《两淮盐法志》卷六,《法制三》,明嘉靖三十年刻本。
④ 《刑科题本》违禁类,乾隆七年六月十日,太仆寺少卿鲁国华。
⑤ 〔清〕李澄:《淮鹾备要》卷五,《盐之害》,清道光三年刻本。

六是地理偏僻。御史胡植指出,有些盐场过于偏僻,交通不便,致使盐商不愿赴场买盐,灶民手中之盐卖不出去,只好卖给私盐贩。"各商收买余盐,俱依原派场分随场买补,若或拣择附近场分,或放债收盐,致使本场灶丁余盐无人承受,不得不通盐徒。"①御史朱廷立也指出了同样的问题,若盐商不去边远的盐场收盐的话,那些盐场的灶民若不贩卖私盐,便只好逃亡,这种情况尤其发生在凶荒之年。"(商人)近便场分买补,图省道路工脚之费,以致本场勤灶纵有余盐,商人不肯收买。欲要货卖,又有私盐禁例,是以勤灶既无以供煎,又无以度日,凡遇凶荒,悉多逃亡。"②袁世振说,富安、安丰、梁垛、何垛、东台五场交通便利,盐的质量又好,在江广口岸卖价高,故盐商云集于此,对于偏远的庙湾盐场则不肯前往支取。"支买各有定场。于此场支正盐,即于此场买火盐。乃近年以来,群三十场支盐之商,而并聚于富安、安丰、梁垛、何垛、东台五场。场盐虽欲不贵,其可得乎?彼二十五场者,岂不以盐为业?而正盐则仅支折价,火盐则委弃莫收。如去岁通州分司所申庙湾一场,东南北三仓,所积盐至七百余堆,已榜派者不肯赴支,未榜派者营求不派,欲不卖之私贩,其可得乎?"③清人包世臣也指出淮北的临兴盐场灶私是盐商不愿支买的结果。"淮北临兴一场,产盐最旺,坐落最远,向来无商买,全数济私。"④

七是贫灶养家糊口。制盐是盐民谋生之道,谋生之道遇阻则必然驱其施巧为非。为养家糊口,贫弱灶丁往往走上私煎、私贩之途。"废场之摊赔,余盐之不收,总催之兼并,则贫灶出于不得已,或夹带出场者有之,私煎货卖者有之矣。"⑤按常例,3月到10月是产盐的旺季,11月至来年2月是产盐的淡季。所以,对贫弱灶民来说,寒冬是很难熬的时节。无奈之下,他们会将商人预付买盐的钱预先支用,至次年无以度日,往往违禁贩卖余盐。如嘉庆五年(1800),江苏按察使张师诚指出:"江省私盐充斥,以淮扬为最……缘各场灶户穷者居多,商人每于寒冬先给钱文,次年灶户陆续缴盐,而灶户所领之价,寒冬用去,次年无

---

① 〔明〕史起蛰、张榘:《两淮盐法志》卷六,《法制三》,明嘉靖三十年刻本。
② 〔明〕史起蛰、张榘:《两淮盐法志》卷六,《法制三》,明嘉靖三十年刻本。
③ 〔明〕陈子龙:《明经世文编》卷四百七十四,《盐法议四·两淮盐政疏理成编》,明崇祯平露堂刻本。
④ 〔清〕包世臣:《安吴四种》卷五,《小倦游阁杂说二》,清同治十一年刻本。
⑤ 〔清〕杨潮观:《治平汇要》卷五,《盐政》,清雍正七年文聚楼刻本。

以度日,即将余盐私卖。"①或如乾隆三十三年两淮盐政尤拔世所说,两淮灶民在冬天不能糊口时,尽管淡季不宜产盐,事倍功半,仍会从事煎晒活动,私自出售。②

乾隆时期小海场大使林正青以充满鄙视的语气指出,滨海盐场与传统意义上的士农工商相比,是更为原始和初级的社会形态类型,滨海盐场社会的法则是强者欺凌弱者,故此处是难以治理之地,盐民多为盐徒私枭。

  四民乐业,王道化成。滨海求民于四之中,无有也。市无书肆,大家无藏书,师友无传习,目未睹十三经、二十一史之书、秦汉唐宋之文,则士难乎为士矣。广斥弥漫,不生五谷,耕耨耒耜之苦,人未之习也。不特奇技淫巧,目所未睹,即寻常操作土木、陶冶亦寥寥数辈,至于挟资斧以得赢余,人所乐趋,又苦于无力。其擅煮海之利,又系徽、西大姓,而土著则绝无而仅有也。四民之外,复何事哉? 强凌弱,众暴寡,相聚为私枭矣。③

既往学者在探讨盐民私煎、私贩问题时,往往强调灶民的动机是为了生计,这固然是原因之一,但更具决定性的因素是市场,市场推动力的作用被低估。明中后期商品经济的繁荣冲击了盐场社会,市场作用下的商品交换带来的巨额利润是导致盐场社会贫富分化的重要原因。

二、荡地的农垦化

明清时期虽有开发利用沿海荡地的政策,如国家强制性组织军户屯垦④,但总体上说,国家对沿海国土资源是严密控制的,尤其是严令禁止盐业灶荡的开垦。但事实上,明清时期盐业灶荡被广泛地开垦为农田。大量的荡地被开垦为农田,引发盐场社会经济结构的变化,即由盐业向盐业和农业并举的方向转变,这是构成盐场社会变迁的重要组成部分。

---

  ① 《朱批奏折》(财政类盐务项),嘉庆五年八月十三日,江苏按察使张师诚。
  ② 《宫中档乾隆朝奏折》,乾隆三十三年十一月,两淮盐政尤拔世。
  ③ 〔清〕林正青纂:《小海场新志》卷八,《风俗志》,载《中国地方志集成·乡镇志专辑17》,江苏古籍出版社,1992年,第230页。
  ④ 刘淼:《明清沿海荡地屯垦的考察》,《中国农史》,1996年第1期。

(一) 荡地农垦化的表现

草荡是朝廷划拨给盐场灶民以提供煎盐燃料之用。洪武时期，官府允许灶民自由开垦。"明初，仍宋元旧制，所以优恤灶户者甚厚，给草荡以供樵采，堪耕者许开垦。"① 后来，朝廷严禁荡地开垦。若场员稽查失职的话，要受到相应的惩罚。"江苏泰州属各场海滩荡地，原为蓄草煎盐，无论堤内堤外，概禁开垦，场员不时履勘，具结通报，如查有续垦地亩，将该地户按律究治，该分司场员自行查出者免议，别经发觉者将失察之该场员计亩处分，一亩以上记大过一次，五亩以上罚俸一年，十亩以上降一级留任，明知故纵者革职，审有贿纵，计赃治罪，分司不行揭报，计案处分，每一案计过一次，三案以上者罚俸一年，十案以上者降一级留任，故纵者亦革职。"②

但万历年间，庙湾场草荡开垦达九万九千二百余亩，尽管国家对已开垦之荡地予以升科，但仍无法禁止，法律条文丧失约束力，成了具文。

> 诸场煎盐柴地，旧来官为分拨，初非灶户己业，故宋代禁治豪民不许典卖，亦不许人租庸开耕。明弘治间，始开报升科。万历间庙湾场开至九万九千二百余亩，草荡日促，盐无从煎，因定每亩升科四分，不愿纳租者则还为荡。清顺治十三年，始行清丈。康熙间升科有差，定例民人不准典买灶地，灶民不准私自开垦，荡草不准出境，皆为煎盐计也。③

灶民私自开垦草荡的现象非但禁而不止，而且风气愈演愈烈。万历三十四年(1606)，督理两淮盐课御史乔应甲奉命巡视各盐场后，对盐场私垦速度之快、面积之广深为震惊和担忧。"今查扬州荡地，庙湾一场开至九万九千二百余亩。一场如此，则三十场知。况延袤千有余里，即可比拟三十郡县。……不知何年由何人私垦成田。初则数亩，渐至数顷，而今计百千万不可数计。"④ 灶地被私垦以种植棉花等经济作物。据明末徐光启的观察，"海上官民军灶，垦田几二百万

---

① 〔清〕阎镇珩:《六典通考》卷九十三,《市政考·盐政》,清光绪刻本。
② 〔清〕单渠、方浚颐:《两淮盐法志》卷三十九,《律令三·考成·稽查场地荡草》,清同治九年扬州书局重刻本。
③ 〔清〕冯观民:《阜宁县志》卷五,《财政志·盐法》,清抄本。
④ 《明神宗实录》卷四百一十七,"万历三十四年正月甲申"条。

亩,大半种棉,当不下百万亩"①。

徐光启在试图于淮浙推行晒盐法时,指出了一个严重的事实,即淮浙产盐地区灶荡被大量开垦为稻田,这导致煎盐草薪供应量减少且提高了草薪的价格,而且国家禁垦的政策也很难真正落实,这样对国家很不利。于是,他主张采用晒盐法,这样的话,制盐不需要草薪,荡地被私垦就不构成问题,而且还有利于稽查灶荡升科的情况,给国家带来更多的课税。

> 晒盐之利有五:……其二,淮浙之地,民居既繁,薪价倍贵,近又有垦灶荡为稻田者,薪亦不给。或欲禁民开垦,亦属难行。今既不用煎熬,所省柴薪无数,价值倍贱,江淮浙直民灶,咸被其利。其三,两淮灶荡延袤二百里,以顷计者四万二千有奇,可当注意大郡也。两浙次之。昔年分给灶户,皆令樵采,以供煎办。今兼并者多有开垦成熟者,若成盐不用薪火,即可尽垦为田。尽数丈量,依则起科,就有斥卤,照法折算,方之给荡煎办、上仓鬻商者,所入倍蓰。其近来给帖升租、隐匿营私者,亦无所容矣。其果否兼并,亦因丈量起科,可核实归正也。②

乾隆九年(1744)九月,署盐政吉庆,"以两淮盐斤不外晒扫煎熬,而煎盐必资荡草,草多则煎办有具,盐自丰盈,是以草荡禁垦,乃敦本澄源之良法。今闻各该场灶竟有将草荡私垦为田,殊违定制,行司查禁"③。

对于盐场灶民私自开垦草荡,朝廷一开始是严令禁止,后来是严禁、升科两种途径同时并举。就荡地私垦的态度上有的官员主张永禁,有的主张升科,国家的政策也是反反复复。至正德年间,开始对已开耕的荡地施行"升科纳粮"制,这是面对灶民私自开垦荡地的现象的无奈之举,从某种程度上说,使得灶民私垦荡地合法化。

至嘉、万时期,开耕荡地日益普遍化。吏部尚书许瓒,对荡地持放垦的态度,主张荡地开垦三年后开始升科。"荡地原无正赋,且淹没不常,非岁稔之区。

---

① 〔明〕徐光启:《农政全书》卷三十五,《蚕桑广类》,明崇祯平露堂本。
② 〔明〕徐光启撰、王重民辑校:《徐光启集》,中华书局,1963年,第260—261页。
③ 〔清〕单渠、方浚颐:《两淮盐法志》卷二十七,《场灶一·草荡》,清同治九年扬州书局重刻本。

其已入赋额者勿论,余悉任其开耕,俟三年后耕获有常,始开报起科。"①御史朱廷立对于荡地的处理态度则不同。他主张由场官清理并拨给灶民荡地,余下的允许开垦升科。

  盐法莫先于恤灶,恤灶莫先于兴利,利非取我之有以兴之也,因彼之利而利之,则其惠也为不费,而后之受利也,为无穷矣。……迩来海潮平定,苇草长茂,供煎之外,余可以耕,但各灶畏惧私垦之禁,莫敢开耕,其煎剩苇草,徒尔腐积,不敢伐卖,冬暮举为猎火焚烧,夫以有用之产,而置之无用,不无可惜,欲耕之民,而驱之不耕,诚所未安。合无,行运司转行三分司官,亲诣各场,原额草荡,清查丈量,查照额课,每盐一引,拨与若干蓄草,以供煎烧,其余荡地仍照丁分给,定立界址,造册在官。如有力愿开耕者,即赴该分司告报亩数,附册给帖执照,照例免其三年之租,仍从宽。每亩肥厚者科租米一斗,硗薄者五升,纳于该场仓内,以备赈济,年终运司汇造文册缴部查考。其无力不愿开垦者,亦听其便照旧蓄草易米度日。②

  又:如有临荡富民、猾灶越占侵夺者,问拟如律,草荡给主,花利入官,如此庶人无遗力,地无遗利,而灶丁无复逃移之患矣。③

  灶地升科使得荡地的性质等同于民田。"荡地历年升科,性质同于民田。"④同治《两淮盐法志》中指出,两淮盐场"版籍灶户并不尽业盐","煎盐亭场亦不尽灶业"。⑤且灶地升科为灶地私垦提供了合法性的依据,致使灶地被更广泛地开垦。天启五年(1625),徐光国指出小海场已由煎盐改变成种植农作物。"此小海介在海滨,虽云斥卤,然筹国经边,盐课是赖。乃今则灶不筑亭,场商不入支买,额课取办他场,则煎晒之区十八为嘉禾茅草矣。"⑥

  草荡大规模地被开垦,不利于盐业生产,但这股趋势难以遏制,至乾隆年间

---

① 〔清〕王世球:《两淮盐法志》卷十六,《场灶·草荡》,清乾隆十三年刻本。
② 〔明〕史起蛰、张榘:《两淮盐法志》卷六,《法制三》,明嘉靖三十年刻本。
③ 〔清〕汪兆璋:《重修中十场志》第四卷,《公署》,清康熙十二年木刻本。
④ 焦忠祖、庞友兰:《阜宁县新志》,载《中国地方志集成·江苏府县志辑60》,上海古籍出版社,1991年,第135页。
⑤ 〔清〕单渠、方浚颐:《两淮盐法志》卷二十七,《场灶一·草荡》,清同治九年扬州书局重刻本。
⑥ 〔清〕林正青纂:《小海场新志》,《序》,载《中国地方志集成·乡镇志专辑17》,江苏古籍出版社,1992年,第164页。

范公堤外有 6404 顷 5 亩的草荡被开垦为熟地,乾隆二十六年(1761),为保护盐业生产,江苏巡抚陈宏谋等对开垦的荡地进行放荒,其中规定"伍祐一场全行放荒"①。

开垦荡地属于违法的行为,但对于已经开垦的荡地,国家往往是对既定事实予以承认,采取升科的办法以保障经济利益。在场官的放水下,民灶私自开垦荡地国家并不知情,除非民灶间因争夺垦荡而酿成纷争,甚至械斗,朝廷才知情。如光绪二十五年(1845),新兴、伍祐两场民灶便是如此,结果民灶均未从中受益。"光绪二十五年,新兴、伍祐两场已垦之田,民灶争,酿成械斗。道员蒯光典奉委查办。以所争之田本系公产,丈明亩数,区分四等,令各业户缴价升科。计上则熟田每亩定价二千四百文,另加经费二成以资办公,尚有不敷在于缴存地价内提取十分之一,随案支销。其时民灶相安,办理已著成效。"②荡产、灶产被州县民私自开垦,或报价升科,使灶民的领垦权受到侵害,说经过蒯光典查办后民灶相安,是不符合事实的,因为两年后发生了更激烈的争斗。尽管小海场的灶地被开垦为农田,但报垦的人很少,因为灶民存在顾虑。

> 盐场专以产草供煎,定例不许开垦,本场近水之乡间有垦种二麦,亦灶下私情,不敢公然报垦。一恐违定例,一恐潮水骤长,仍然草宅,不能常据为麦田也。又本场从无水田,间有种稻,则系籼稻,种在高地,听其生长,收成甚薄。故由单内无报垦之田,大抵灶情以草之丰啬、盐之旺歉,计岁之丰俭,而麦、苗俱非所急也。③

滨海盐场民灶杂居,易起纷争。盐城运盐河东新长出一片沙滩,为邑民集体樵薪放牧之地。万历年间,奸灶唐诵、王仿纠集党徒企图霸占之,进行农垦,这引起邑民的不满和抗争,最后盐官王廉妥善地处理了这起民灶纠纷。

---

① 胡应庚:《盐城续志校补》卷一,《校补》,载《中国地方志集成·江苏府县志辑 59》,江苏古籍出版社,1991 年,第 478 页。
② 胡应庚:《盐城续志校补》卷一,《校补》,载《中国地方志集成·江苏府县志辑 59》,江苏古籍出版社,1991 年,第 478 页。
③ 〔清〕林正青纂:《小海场新志》卷一,《地理志·河道总论》,载《中国地方志集成·乡镇志专辑 17》,江苏古籍出版社,1992 年,第 177 页。

运盐河东地曰海滩,宣庙时远汐沙淤所致。……为邑樵牧薮,取无禁,用不竭也。万历乙亥,奸灶唐诵、王仿者,诡计侵车,一时鼎沸,鹾使王公廉得其状,械击,三月,置之驿,其党杖罚有差。叠府运二志,复其故界,树堠永遵守。①

朝廷三令五申严禁私垦荡地。"两淮范堤内外蓄草荡地,灶户有图利私垦、致碍淋煎者,照盗耕官田律治罪。凡盗耕种他人田者一亩以下笞三十,每五亩加一等罪,止杖八十,强者各加一等,系官者各又加二等,化利归官给主。失察之场员查参议处。乾隆十年以前旧垦地亩不在禁例。"②但是,灶地私垦现象禁而不止。

(二)原因分析

明清时期荡地禁垦至放垦的历史发展过程,说明朝廷与沿海灶民各自追求的荡地利益是不同的。朝廷追求盐利,相应要求荡地以生长柴草为主;而灶民垦种荡地,乃是广种花生、豆类、桑等经济作物,追求荡地的综合种植收益。朝廷重在维持户役旧制,把滨海灶民束缚在官拨荡地上;而灶户为的是建立自己的经济,以摆脱朝廷的控制。可以说,明清两代盐业荡地禁垦不止,灶户私垦日众的原因,即在于此。③ 以上是刘淼的观点,笔者认为这一说法有其合理性,但并非是唯一的原因。荡地私垦的另一个原因是海岸线的东移。"明以前之灶地,多在范堤以西,其范堤以东与引地毗连者曰樵地,为古昔灶民公樵牧之地,例禁私人垦占。其实明季已多垦辟,清初额荡复多垦熟,亭亦下移,而堤西之旧灶报废。"④两淮通州分司所属各场荡地在范公堤内者多被开垦。"通州分司所属各场荡地,坐落范堤内外,堤内不通潮水,不能煎烧,开垦者多;堤外多系草荡,开垦者少。"⑤

荡地农垦化不仅导致两淮盐场社会经济结构的变迁,还带来社会结构的变

---

① 〔清〕陈玉树、龙继栋:《盐城县志》卷十五,《艺文志上·文一·邑侯孙公禁垦海滩德政碑记》,载《中国地方志集成·江苏府县志辑59》,江苏古籍出版社,1991年,第289—290页。
② 〔清〕单渠、方浚颐:《两淮盐法志》卷三十八,《律令二·垦种荡地》,清同治九年扬州书局重刻本。
③ 刘淼:《明清沿海荡地的开发》,汕头大学出版社,1996年,第72—73页。
④ 李恭简:《续修兴化县志》,载《中国地方志集成·江苏府县志辑》,江苏古籍出版社,1991年,第470页。
⑤ 〔清〕佚名:《两淮鹾务考略》卷一,《产盐之略》,清抄本。

迁。正如同治《两淮盐法志》中指出，两淮盐场"版籍灶户并不尽业盐"，"煎盐亭场亦不尽灶业"。① 荡地农垦化还带来一些不良的影响，如破坏了范公堤的正常泄水御潮的功能。盐民在范公堤外开垦荡地为农田后，为了防止内河之水通过范公堤闸进行排泄时损害农田，而私自用泥土填塞范公堤的闸门。"范堤闸工泄内河之水，御海口之潮，利在随时启闭，向因奸民垦种堤外荡地，不利过水，用土填实，一遇河水盛涨，则下河一带为鱼鳖矣。今禁甚严，而民或干令，工屡坏，而岁或失修，非法也。"②

文献中对荡地农垦化大多持批判的态度，实际上，荡地农垦化的过程也是沿海荡地开发利用的过程，也是历史发展的大势所趋，这一趋势一直延续到清末民初。国家不顾地方社会发展趋势，严令禁止，结果禁而不止，愈禁愈烈的事实表明，国家对盐业生产的控制力在削弱，同时又加速了国家从盐业生产领域逐渐退出的过程。

第二节 豪灶的兴起

文献中有许多关于灶民之苦的记述。如北宋早期著名词人柳永担任过浙江定海晓峰盐场的监督官，故对盐民生活比较了解。他在任期间写下一首名叫《煮海歌》的诗，这首诗反映出不事耕织的盐民以"煮海"为业，生活过得异常艰辛。

煮海之民何所营？妇无蚕织夫无耕。衣食之源何寥落？牢盆煮就汝输征。年年春夏潮盈浦，潮退刮泥成岛屿；风干日曝盐味加，始灌潮波增成卤。卤浓盐淡未得闲，采樵深入无穷山；豹踪虎迹不敢避，朝阳出去夕阳还。船载肩擎未遑歇，投入巨灶炎炎热；晨烧暮烁堆积高，才得波涛变为雪。自从潴卤至飞霜，无非假货充粮粮；秤入官中充微值，一缗往往十缗偿。周而复始无休息，官租未了私租逼；驱妻逐子课工程，虽作人形俱菜色。煮海之民何苦辛，安得母富子不贫。本期一物不失所，愿广皇仁到海滨。甲兵净洗征输辍，君有余财罢盐铁。太平相业尔惟盐，化作夏商周时节。③

---

① 〔清〕单渠、方浚颐：《两淮盐法志》卷二十七，《场灶一·草荡》，清同治九年扬州书局重刻本。
② 〔清〕佚名：《两淮鹾务考略》卷一，《产盐之略》，清抄本。
③ 吴庆峰编：《历代叙事诗赏析》，明天出版社，1990年，第213页。

又如，元代著名画家、诗人、书法家王冕创作了一首名叫《伤亭户》的诗：

清晨度东关，薄莫曹娥宿。草床未成眠，忽起西邻哭。敲门问野老，谓是盐亭族。大儿去采薪，投身归虎腹。小儿出起土，冲恶入鬼箓。课额日以增，官吏日以酷。不为公所干，惟务私所欲。田关供给尽，醝数屡不足。前夜总催骂，昨日场胥督。今朝分运来，鞭笞更残毒。灶下无尺草，瓮中无粒粟。旦夕不可度，久世亦何福？夜永声语冷，幽咽向古木。天明风启门，僵尸挂荒屋。①

诗人以平实质朴之笔，向人们展现了一幅盐户生活的真实图景。起篇数句写途中投宿，夜闻哭声，从而引发野老倾诉全家的不幸遭遇。出自野老之口的桩桩件件充满血泪的控诉，让人为之心寒、为之动情。结尾四句，以冷峻之笔出之，表达了诗人对盐户苦难的深切同情。

还如，明弘治元年(1488)，刑部右侍郎彭韶被任命为都察院左佥都御史，奉旨清理两浙盐法。次年八月，在亲自勘察盐场之后，彭韶发出"庶民之中，灶户尤苦"的感慨，并且他将目睹的盐民的苦难生活绘制成八幅图画（分别是《草荡图》《淋卤图》《煎盐图》《放盐图》《盐场图》《山场图》《征盐图》《追赔图》），各配上一首诗，进呈给了皇帝，这便是著名的《两浙盐场图咏》。在此图咏中，彭韶详细地阐述了盐民所遭受的居食、蓄薪、淋卤、煎办、征盐、赔盐等六种苦难：

庶民之中，灶户尤苦，惜乎古今未有图咏，臣近履盐场，始识其概，海盐煎熬，全资灶户，虽有分业涂荡，然粮食不充，安息无所，未免预借他人，税余悉还债主，艰苦难以言尽。小屋数椽，不蔽风雨，粗粟粝饭，不能饱餐，此居食之苦也；山荡渺漫，人偷物贱，欲守无人，不守无薪，此蓄薪之苦也；晒淋之时举家登场，刮泥吸海，下汗如雨，隆冬砭骨亦必为之，此淋卤之苦也；煎煮之时烧灼熏蒸，蓬头垢面不似人形，酷暑如汤亦不敢离，此煎办之苦也；寒暑阴晴，日有课程，前者未足后者又来，此征盐之苦也；客商到场，无

---

① 〔清〕顾嗣立：《元诗选》二集卷十八，《伤亭户》，清文渊阁四库全书本。

盐抵价者,百般逼辱,举家忧惶,此赔盐之苦也。臣今将两浙盐场景物事情略分八节,各绘为图,每各述以诗,装册上进,庶几目击贫灶之迹。①

再如,明末清初著名遗民诗人吴嘉纪,生活在东台县安丰盐场,故他对滨海盐民的生活相当了解,在他创作的《陋轩诗》中就有不少诗是反映灶民生活的。其中最脍炙人口的是《绝句》:

场东卑狭海氓房,
六月煎盐如在汤。
走出门前炎日里,
偷闲一刻是乘凉。②

这首诗不但描写了灶户恶劣的居住条件,而且还交代了灶民煎盐需忍受毒辣的夏日与炽烈的灶火的双重煎熬,反映灶民过得极为悲惨。

诸如上述的文献记载易于使读者只要一提到盐民头脑中浮现的便是灶民受苦受难的画面。这可能是大多数涉及盐民的论著都过分强调盐民之苦的一个重要原因。过分强调盐民之苦的说法,本身的前提是将所有盐民视为一个整体,笼统地加以论述。其实盐民之间也存在贫富之别。

一、兴起的表现

豪强势力在两淮盐场的崛起,主要表现在以下几个方面,即广占灶荡、侵占民田、规避赋役、雇佣民灶煎盐贩私。

一是广占灶荡。盐场荡地由官府"计丁分拨",每丁所能分到的荡地取决于其所认办的盐课额。原则上讲,荡地属官地的一种,产权归朝廷所有,管理权则归盐场盐课司,灶丁有使用权而无处置权、继承权。《元典章》指出从宋元以来盐场就出现典卖、租佃、冒占荡地的现象。

> 诸场煎盐柴地,旧来官为分拨,初非灶户己业。亡宋时,禁治豪民不得

---

① 〔明〕徐昌治:《昭代芳摹》卷二十二,《孝宗敬皇帝》,明崇祯九年徐氏知问斋刻本。
② 〔清〕吴嘉纪:《陋轩诗》,《七言古·绝句》,清康熙元年赖古堂刻增修本。

典卖,亦不许人租佃开耕。今知各场富上灶户,往往多余冒占,贫穷之人,内多买柴煎盐,私相典卖,开耕租田,一切无禁。①

贫弱灶户典卖煎盐柴薪供应地,解了燃眉之急,却易于使日后的生活陷入窘迫之境。富裕灶户在荡地的买卖交易中日渐积累财富,这不利于盐场社会的安定。明朝建立之后,恢复荡地按丁分拨、五年清审一次的成例;严禁典卖、租佃、冒占荡地,规定商人、附近州县民人不得侵占荡地,即便本场本总的灶民之间也不得相互买卖荡地。

> 盐场灶荡,自昔按丁分给,原属安置卤丁,为煎盐办课之地,旧制灶户按荡完纳本色引盐,五年一次清审,削除故绝,佥补新丁,不但不许商夺灶利,民占灶业,即本场本总之灶,非逢清审,亦不得私相授受。②

至明中叶,国家的禁令很快被打破。国子生沈淮在《盐政疏》中指出,两浙盐场的草荡至正统元年已为总催、豪右侵占,开垦为田。"旧法灶户皆有附近草荡以供煎盐柴薪,约计所收价值可抵今一丁盐课之半,其后场司以灶丁屡易不复拨与,俱为总催豪右侵占,或开垦成田,收利入己,仍于各灶名下征收全丁额盐。夫既无工本,又无柴薪,使灶丁白撰输盐,立法初意岂若是耶?"③沈淮进一步指出,盐场灰场也被侵占,灶丁无摊晒之场,只好出资租借。"又闻各场灶户多无灰场,往往入租于人始得摊晒。夫灰场者,产盐根木,与草荡皆丁之命脉也。"④至景泰二年(1451),户部指出盐场豪强兼并荡地的现象已经很普遍。"各处盐场原有山场滩荡,供采柴薪烧盐,近年多被权豪侵占。"⑤成化二十一年(1485),南京江南道御史邹霖指出,"灶户芦场草荡,亦为富豪所据"⑥。

正德六年(1511),朝廷下令严禁侵占盐场草场,并要求盐运司承担起稽查侵占草荡的职责。"如侵占草场,运司行文提问,有司无得坐视。"⑦规定,"附近

---

① 〔元〕佚名:《元典章》卷二十二,《户部八·盐课·新降盐法事理》,元刻本。
② 〔清〕单渠、方浚颐:《两淮盐法志》卷二十七,《场灶一·草荡》,清同治九年扬州书局重刻本。
③ 〔清〕延丰:《重修两浙盐法志》卷二十七,《艺文一·条盐政疏》,清同治十三年刊本。
④ 〔清〕延丰:《重修两浙盐法志》卷二十七,《艺文一·条盐政疏》,清同治十三年刊本。
⑤ 《明英宗实录》卷二百七,"景泰二年八月己巳"条。
⑥ 《明宪宗实录》卷二百六十三,"成化二十一年三月己丑"条。
⑦ 〔明〕陈仁锡:《皇明世法录》卷二十八,《盐法·凡优处灶丁》,明崇祯刻本。

州县人民,如匿藏灶丁,侵占草荡,运司行文提问,而有司坐视者,有罪人犯,听巡盐御史查提问拟,州县官一体参究"①。就两淮盐场而言,至正德九年(1514),盐运司作出的处理办法是:限令豪民三个月内自首,若是豪民无偿占有,朝廷不追究其罪行,也不追征其所得花利,将其所占之荡地分拨给灶户;若属于典卖,又分买主收回成本与还未收回成本两种情况,前一种情况直接归还卖者,后一种情况让卖者赎回。无视朝廷法规,逾期不自首者,查出后一部分归还灶民,其余入官。"正德九年,题准滩荡为豪民所有,限三个月以内,中间有能自首改正者,与免本罪,并免追征递年花利,拨与灶户樵薪煎盐,果有典当等,足花利亦归原主,若年限尚浅,花利未足,认还价银取赎;若过限恃顽,仍复侵占,就将所侵滩荡逐一丈量,除有主拨给外,余剩者免追花利入官,已经通行去后夫何。"②同年,两浙巡盐御史师存智指出,朝廷法令在两浙盐场也是具文。灶户的滩场被豪强千方百计兼并侵占。"灶户所管滩场,每为豪强或以近而侵占,或以债而准折,或强夺为产业,为开垦为田园,遂使煮灶为赘,煎盐失利。……奸顽视为寻常,官攒被其连累,运司莫敢谁何。"③两浙嘉兴芦沥场的灶户方达开、陈有等指出,"樵柴灶荡为豪强兼并成田,缺柴煎办"④。

至嘉靖年间,两淮盐场豪民侵占草荡之势有增无减。"近年以来,侵占益多,甚至妄作民田,诡认税粮,若为己业者有之,是豪民种无盐之荡,灶民办无荡之盐,日复一日,灶丁日促,草荡日减。"⑤御史齐宗道特别指出泰州分司栟茶等场侵占现象尤为严重:"先年草荡广阔,煎烧有余,后被近荡豪民通同奸灶侵占隐匿,为弊多端,而泰州分司栟茶等场尤为最甚。"⑥嘉靖十三年(1534),严查豪强侵占荡地和灶民私自买卖荡地的问题。"为豪强所侵,或转相贸易……宜清查还官……分给各灶。"⑦嘉靖年间,御史周相指出,在两淮盐场社会灶户之间因草荡之争易于发生纠纷,而豪强灶民常霸占贫灶的草荡。"草荡多因年久墩界不明,互相侵夺,彼其典卖告订不息因而奏扰者,或傍灶豪民多将灶荡影射有

---

① 〔明〕申时行:《大明会典》卷三十四,《户部二十一·课程三·盐引式》,明万历内府刻本。
② 〔明〕史起蛰、张榘:《两淮盐法志》卷六,《法制三》,明嘉靖三十年刻本。
③ 〔清〕延丰:《重修两浙盐法志》卷二十七,《艺文一·修举盐法疏》,清同治十三年刊本。
④ 〔明〕徐元旸:《剂和悃诚》,《两浙都转运盐使司嘉兴分司为出巡事》,明万历三十七年徐氏幕宾陆珠刻本。
⑤ 〔明〕史起蛰、张榘:《两淮盐法志》卷六,《法制三》,明嘉靖三十年刻本。
⑥ 〔明〕史起蛰、张榘:《两淮盐法志》卷六,《法制三》,明嘉靖三十年刻本。
⑦ 《明世宗实录》卷一百六十六,"嘉靖十三年八月癸丑"条。

司,作为民田混占开垦起业者,贫富不均,灶役偏累。"①豪强不仅霸占本场的草荡,甚至觊觎邻边他场的草荡。王宸出自安丰巨族王氏,因成功地处理一桩草荡纠纷而著名,被载入史籍。"王宸,本场草荡旧疆,为梁垛所侵,身控当道,遂正。"②

据《王心斋先生年谱》记载,嘉靖十七年(1538),时年五十六岁的王艮协助官府在安丰场境内开展均平灶产之事。因为安丰盐场的荡地被豪富之灶霸占,致使贫灶失业,这一不公平的现象持续的时间长达几十年,直至王艮得到运佐王某和州守陈某的赏识后才得以解决。"时安丰场灶产不均,贫者多失业,奏请摊平,几十年不决。会运佐王公、州守陈公共理其事,乃造先生谋,先生竭心经画三,公喜得策,一均之而事定,民至今乐业。"③对于王艮如何建言,日本所藏《王心斋全集》中有详细的记载:

  先生建议曰:"裂土封疆,王者之作也。均分草荡,裂土之事也。其事体虽有大小之殊,而于经界受业则一也。是故均分草荡,必先定经界。经界有定,则坐落分明。上有册下给票,上有图下守业,后虽日久,再无紊乱矣。盖经界不定,则坐落不明,上下皆无凭据,随分随乱,以致争讼。是致民之讼,由于作事谋始不详,可不慎与?"④

地方官员向王艮求均平灶产之良策之事,背后反映出在打压豪强侵占贫灶荡地之事上地方官员积极寻求地方势力的支持,而官府之所以选择王艮,除王艮个人在地方上的影响力外,更在于其心学所追求的仁孝与官方教化的意识不谋而合。

万历时人庞尚鹏在《清理盐法疏》中说:"豪富者……于一切有利处所,或占为田,或占为庄,此富者所以日富也。其贫弱灶户业无片田,荡无寸沙,既无别项规利,不免照丁办课,催征之急,不至卖鬻,逃亡未已也。"⑤在朝廷政令执行得

---

① 〔明〕史起蛰、张榘:《两淮盐法志》卷六,《法制三》,明嘉靖三十年刻本。
② 〔清〕汪兆璋:《重修中十场志》第六卷,《人物·理学·尚义》,清康熙十二年木刻本。
③ 〔明〕袁承业编校:《明儒王心斋先生遗集》卷三,《王心斋先生年谱》,清宣统二年东台袁氏铅印本。
④ 《王心斋全集》卷一,《王艮年谱》,日本孝明天皇嘉永元年(1846)刻本。
⑤ 〔明〕陈子龙:《明经世文编》卷三百五十七,《庞中丞摘稿·题为厘宿弊以均赋役事均民灶徭役》,明崇祯平露堂刻本。

较为严格时,或某些盐官较清廉公正时,能追查出一部分荡地。如万历三十三年(1605),灶民朱宾倡率刘永青等,呈请盐院清查均荡,后在盐院的努力下,"内有豪强兼并者,吐出四百引,给荡十三亩六分五厘,自是小灶享均荡之利,总催免包赔之苦"①。明人黄道周指出,总催兼并贫弱灶户的亭场和草荡。"灶户场荡为总催者兼并。……于是灶户重困,逃亡者比比。"②朝廷所谓清查荡地、清审灶丁之举,流于形式,场官根本不敢过问。

> 每遇五年清丁、清荡之期,名为清丁矣,单丁独户卒未尝豁也;清荡矣,豪强兼并卒莫之问也。盖灶户之清丁荡非如有司编审之法,委官清理不过责成于场官,场官不过听命于场霸、团保、攒书,皆因缘为奸,滋狡兔之三窟者耳。其豪有力者,人人得遂其影射之,私寂不复言,而其敢怒而不敢言者,皆疲癃愚懦之灶丁,必不能自达其隐者也。臣锐意欲一清理之,而不值清丁清荡之期,行之恐滋多事,辄复中止,此臣之所隐痛于心者也。③

不断有官员提出要重新分拨草荡、亭场,但作为既得利益者的豪强、总催等岂肯轻易出让,他们百般阻挠,使重新划拨草荡、亭场之举不了了之。"乞委所司追取宣德、正统以来草荡旧数,踏勘明白,照丁拨派,明立界限,以防侵夺,灶户无灰场者,官为处置给与,无使重纳私租。夫有米以为之工本,有荡以给其柴薪,而摊场又无纳租之累,如此而流亡不归,盐课不充,无是理也。"④朝廷限制荡地的交易,"其原因,无非是为了保障有一定量的官拨草荡为煎盐业提供燃料而已"⑤。这个原因有一定的说服力,但不够全面和深入,其更深层次的原因是朝廷为了抑制地方豪强,保护贫弱灶民。

富豪灶民中有一类人被称为草户或荡户,他们不以煎盐为业,而是专以贩草牟利,例如乾隆年间,庙湾场之灶户即不煎盐,"专以贩草渔利"⑥。其后,草价昂贵,草户获利甚多,人多趋之。"向来金沙草少,灶户购买西亭余草,荡户往

---

① 〔清〕汪兆璋:《重修中十场志》第四卷,《公署》,清康熙十二年木刻本。
② 〔明〕黄道周:《博物典汇》卷十四,《国朝盐法》,明崇祯八年抄本。
③ 〔清〕延丰:《重修两浙盐法志》卷二十八,《艺文二·永宽商灶疏》,同治十三年刊本。
④ 〔清〕延丰:《重修两浙盐法志》卷二十七,《艺文一·修举盐法疏》,同治十三年刊本。
⑤ 刘淼:《明清沿海荡地开发研究》,汕头大学出版社,1996年,第230页。
⑥ 〔清〕王定安:《两淮盐法志》卷二十六,《场灶门》,清光绪三十年刻本。

往牟利居奇。"①草商强占草荡,致使灶民缺乏草薪煎盐。"崇子璞,光绪末,任刘庄大使,时各灶煎数微末,每逢火伏卯期,皆向草堰煎丁买私缴公,灶民苦之,子璞沥陈宪,并述港东严家环被草商强占情形,运宪委令分司实地履勘明,令拨地归刘,移筅就煎是役也。"②

二是侵占民田。灶户中的富豪者,不仅侵占贫弱灶民的灶地,还置买附近州县民人的田地,这给州县治理带来麻烦,如,嘉靖三十六年(1557),兴化县知县胡顺华指出:"(该县)土瘠民贫,差繁赋重,兼以灶户置买民田,不复应当科差,以致小民独累,其害有不可胜言者。"③又如,"据扬州府泰州申据,民人卢璇、杨澜等告称……本州田地多被侵买,以致民穷灶富"④。嘉靖二十八年(1549),御史陈其学指出,"田荡交畛,民灶递奸"⑤。

富豪的灶民乐于购买附近州县民人的田地,这和朝廷优恤灶民的一项政策有关。弘治二年(1489),行"计丁免田法",凡灶户应办全课,"二十、三十丁以上者,通户优免",其余"每丁贴与私丁三丁,除田二十五亩,免其差徭、夫马"⑥。嘉靖二十四年(1545),御史齐宗道指出奸猾灶丁滥用国家对灶民的优免条例,购置民田以充灶民,以享受优免差徭的特权,所以他规定嘉靖元年以后,灶民购买民田的话,需与民人一体办纳粮差。"除灶户祖遗田粮,并灶买灶田,照旧优免外,近年置买民田,自嘉靖元年始俱与民一体办纳(粮差),嘉靖元年以前,不系真正买置民田,勿得一例编派。"⑦《明世宗实录》中也记载了巡盐御史齐宗道的奏疏:"灶户之田系祖遗或买自灶户者,方许优免;其近年买自民田者,与州县人民一体办纳正办粮差,止免金头。"⑧

三是规避徭赋役。富灶规避赋役的途径之一是诡寄田产。明代役法有正、杂二役。正役即夏税秋粮二税;杂役即杂泛差役,因事编金,名目繁多,轻重不

---

① 〔清〕邱标纂:《两淮通州金沙场志》,载《中国地方志集成·乡镇志专辑16》,江苏古籍出版社,1992年,第619页。
② 李恭简:《续修兴化县志》,载《中国地方志集成·江苏府县志辑》,江苏古籍出版社,1991年,第594页。
③ 转自徐泓:《明代盐场的阶层分化与盐业生产形态的变迁》,《南开史学》,2019年第2期。
④ 〔明〕陈子龙:《明经世文编》卷一百六十九,《漕抚奏议·地方疏·防水栽役》,明崇祯平露堂刻本。
⑤ 〔明〕史起蛰、张榘:《两淮盐法志》卷五,《法制二》,明嘉靖三十年刻本。
⑥ 《明孝宗实录》卷二十九,"弘治二年八月辛卯"条。
⑦ 〔明〕史起蛰、张榘:《两淮盐法志》卷五,《法制二》,明嘉靖三十年刻本。
⑧ 《明世宗实录》卷三百四,"嘉靖二十四年十月戊申"条。

同。灶户杂役为朝廷优免。如洪武十七年十二月下令蠲灶户杂役。① 但事实上,有司常金派灶民办理杂役。许讃在《覆盐去事宜疏》中指出,"灶户各有盐课,而有司概以徭役苦之"②。两淮都转运盐使司判官杨陵奏:"本司所属富安等二十九场盐课司,岁办小引盐七十万五千一百八十引,灶户每丁岁纳盐二十引,引重二百斤,每岁煎办春夏秋三时,遇天开霁,晒灰取卤,趁时烧熬,冬寒则采薪草以备来岁之用,灶丁老幼岁无宁时,洪武间例凡灶户杂役,永乐初又申明旧章,优免如例,比来有司概令养马当差,不获安业,以致盐课日亏,累及官民,乞申饬所司,遵洪武、永乐旧例优免,庶民无重役,盐课可足。"③弘治十八年(1505),议准"办纳盐课灶丁,一丁至三丁者,每丁免田七十亩;四丁至六丁,每丁免田六十亩;七丁至十丁,每丁免田五十亩;十丁至十五丁,每丁免田四十亩;十六丁至十九丁,每丁免田三十亩;二十丁至三十丁以上者全户优免。中间谈免之外,若有多余田亩,方许派差。如有将田准丁办盐者,一体照数除免,其有丁无田者,不许他人将田请寄户下影射差役,违者问罪,照例充灶"④。这一规定本意是体恤灶民煎盐之苦,但容易被奸猾灶民所利用。如福建盐区存在贫灶私通盐场附近的富豪,以帮助富灶诡寄田产的现象。"盐场灶丁有田粮者照丁优免,往往奸顽富户私通贫灶,嘱托飞诡田亩在户,幸求优免,俾小灶徒负有田之虚名,富豪反受免田之实惠,宜于造册之年查吊灶黄二册,及该都畾里书、总催、灶丁人等到官,查有前项诡寄,照册改正当差,其实受灶田仍照优免,庶差役均而诡寄息也。"⑤

奸猾的富灶诡寄田产的现象不仅在福建盐场社会存在,两淮盐场社会也是如此。明人许讃便反对两淮盐场富豪灶民将购买的民田诡寄于灶田之内。"灶户各有盐课,而有司概以徭役苦之。宜照先年事例,编派差徭。间有买卖民田者,听其自输正赋。其有奸灶私射诡寄等弊。有司一体查究。"⑥嘉靖年间,御史陈某指出,不仅富灶诡寄田产,贫灶也是设法诡寄田产。

---

① 〔清〕嵇璜:《续文献通考》卷二十,《征榷考》,清文渊阁四库全书本。
② 〔明〕陈子龙:《明经世文编》卷一百三十七,《许文简公奏疏·复盐去事宜疏》,明崇祯平露堂刻本。
③ 《明宣宗实录》卷三十三,"宣德二年十一月丙申"条。
④ 〔明〕申时行:《大明会典》卷三十四,《户部二十一·课程三·盐法三》,明万历内府刻本。
⑤ 〔明〕周昌晋:《鹾政全书》卷上,《清覆诡寄》,明天启活字印本。
⑥ 〔明〕陈子龙:《明经世文编》卷一百三十七,《许文简公集奏疏·覆盐去事宜疏》,明崇祯平露堂刻本。

近年以来,诡寄之弊,不在二三十丁以上富灶之家,反在数丁以下穷户之内。或小灶明受亲戚嘱托而容寄在户者有之;里书受人私贿及将豪富官军承买灶田,不行过割者有之;或灶买灶田,仍存原户以壳优免之数者有之;或田多富民,因其灶户办盐人丁,一丁免田二十五亩,而每户诡寄田一二十亩,或三四十亩者有之,一遇编佥、均徭、水马等差,有司验其丁田俱免,致使小灶徒负有田之虚名,富豪反受免田之实惠,其弊多端,不能悉举。①

富灶规避徭役田赋的另一条途径是通过买通场官篡改户等。盐运使吕本将灶户分则,意义可谓深远,它能防止灶户间的迅速贫富分化,维护盐场的社会秩序。"旧额,盐输官以四百斤为一引,官给工本米一石,又准米价低昂,听钱钞兼支,以资灶民,然其间有丁产少而盐额多者为覆,非均也。臣谨于各道分司,即盐场所属地方,验丁产多寡,地力有无,官田草荡,除豁免科外,他薪卤所宜,得量地分则,较一而均平之。"②朝廷所佥灶民中,有贫富之别,所以在编审灶民户口时,国家将灶民户口分为上、中、下三个等级,不同等级的灶户所办纳的盐课不相同。嘉靖四年(1525),御史张珩指出:"见在人丁若干,每总分为上中下三等,若场分人丁多者,上户独办盐二十小引,中户二丁共办二十小引,下户三丁共办二十小引。场分人丁少者,上户独办盐二十小引,中户三丁共办盐四十小引,下户二丁共办盐二十小引。"③但他指出富灶往往通过买通场官篡改户等,于是下令予以严惩,"若该场官吏受财漏报,坐以枉法赃罪,若豪富之灶,用财买嘱官吏、总催,除重治外,中户增为上户,下户增为中户,上户加倍派盐,或定为总催身役"④。

万历四十二年(1614),湖邑生赵志奎、倪维城、赵志守等指出盐场社会的赋役和课赋严重不均,豪强灶户为所欲为,成为盐场社会一霸。"本场豪户荡连千顷而反漏役,小灶苦无立锥而竟陷催惟。是役不照荡,则卖上卖下,只供场霸之

---

① 〔明〕史起蛰、张榘:《两淮盐法志》卷六,《法制三》,明嘉靖三十年刻本。
② 〔清〕傅维鳞:《明书》卷八十一,《食货志一·盐法》,清畿辅丛书本。
③ 〔明〕史起蛰、张榘:《两淮盐法志》卷五,《法制二》,明嘉靖三十年刻本。
④ 〔明〕史起蛰、张榘:《两淮盐法志》卷五,《法制二》,明嘉靖三十年刻本。

需求。荡不着役,则派东派西,悉凭团书之出入,谬沿照丁给荡之名,竟失因荡役灶之本意。"①《古今鹾略》一书中指出豪强灶户兼并盐场荡地反而纳课少,贫灶荡地被兼并反而纳课多的现象,这和盐课改征白银有关。

  成化时,都御史彭韶改议水乡灶尽归民役,水乡草荡亦给派滨灶,折色银亦照丁派征,荡不起科,而催征之役影撼无形之殷寔,遂开豪户兼并、积役、横科小灶之渐矣。……嘉靖间,将本色俱征折银,于是有总催催课解司给商买补,灶丁之困亦自总催甚。场荡为豪强兼并,盐课为团书干没,奸者创为照丁佥催之说,既将小灶本名、荒熟荡与总催抵退丁课,而小灶惧该催扳役更出丁银,重科繁费,鬻妻卖子,以填沟壑矣。②

  刘淼将盐课折银制与盐场富灶经济联系起来考虑,认为"盐课折银制的推移,反而促使富灶经济的成长"③。这一观点富有启发意义,可惜未做进一步的阐述。盐场灶民有贫富之分,贫富差距从明中叶开始越拉越大。盐课征收本色盐的制度是和灶民聚团公煎、稽核火伏等制度结合在一起的,改征折价银之后,相关的制度也随之难以运行,故富灶利用盐课折银制度,摆脱团煎法、稽查火伏等制度的束缚,或私垦荡地,或私煎私贩,累积出更多的财富。

  有钱有势的灶户勾结官吏,利用优免的法令,逃脱赋役的负担;穷苦无依的灶户不但得不到优免的好处,反而"一身两役,赋外加赋","由是豪强者以计免,而贫弱愈困"。④ 其结果,贫穷亭户的生活更加穷乏,从而加剧了盐场的阶层分化。

  四是雇佣民灶煎盐贩私。在《西园闻见录》中,季存文在论述应对盐场富厚之灶民严征课税时,指出他们科敛穷灶的余盐,占为己有,这样发展的后果是富裕者变得更加富裕,贫穷者变得更加贫穷。"灶民之身家富厚者,则必严国课之征,除隐财之弊,如人丁众者,必析户办盐,如民间当差之例,其有逃散者,必令其代纳以充国课,此非独薄于富灶也。灶民居场虽至富者,不过充总催之役而已,催足盐之外,甚有敛穷灶之余盐入为己有,以罔厚利,是使富者益富,贫者益

---

① 〔明〕汪砢玉:《古今鹾略》卷六,《利弊》,清抄本。
② 〔明〕汪砢玉:《古今鹾略》卷六,《利弊》,清抄本。
③ 刘淼:《明代盐业经济研究》,汕头大学出版社,1996年,第220页。
④ 〔清〕黄掌纶:《长芦盐法志》,《附编授证》,清嘉庆刻本。

贫,似非公平之体也。"①弘治年间,两淮巡盐御史史载德指出,为了生存,贫弱灶民迫于无奈,或逃离盐场,躲避到附近的州县在大户之家做佣工,养不活儿子后便将其卖给豪民充当义男;或潜逃至别的盐场,受富豪灶民招募成为佣工。无论是上述哪一种情况,均违反国家的法律,所以朝廷下令捉拿之并遣还至原来盐场,但在执行的过程中,官员因被豪猾灶民买通而敷衍塞责。针对这种现象,史载德下令加大惩罚的力度。

  或躲避邻近州、县,投托大户之家佣工者有之;或将携出幼男,卖与豪民作义男者有之;或潜往别场雇与富灶佣作者亦有之。此等逃窜,总以三十场计之,不下万数。间有访知下落,移文拘取,多被豪猾灶民贿嘱,所司往往破调占吝不发……今后若有窝藏逃灶在家佣工,乞养作为义男家人者,限三个月以内赴司,在官司具首发遣与免本罪,如仍前隐蔽窝藏乞养者,或挨访得出,或被人首发,灶户民人名下俱追本灶三年正课价银。②
  市中之佣者,率多灶间人,胼足胝手,殊不惮劳。③

但这并没有阻止贫穷灶民沦为富裕灶民佣工的过程。明末,陈邦经在《盐政》中说,富灶利用经济上的优势,雇佣贫灶煎盐,这导致盐场私盐量的增多、私盐贩卖现象的恶化。沦为雇工的贫弱灶民生活较以前更为悲惨。"灶户煎盐为业,盘锹而外无余产,多贷场商以资工本。……煎丁受雇于灶户,栖止海滩,烟熏日炙,无间寒暑,其苦百倍于穷黎。"④

二、兴起的影响

豪强灶户的兴起给盐场社会带来一些不良的影响。

一是加剧了两淮盐场贫富分化现象,财富日益集中到少数富裕者手中。明成化、弘治时,淮浙盐区已出现"富者十无一二,贫者十常八九"⑤。弘治时,彭

---

① 〔明〕张萱:《西园闻见录》卷三十六,《户部五·盐法后》,民国哈佛燕京学社印本。
② 〔明〕史起蛰、张榘:《两淮盐法志》卷六,《法制三》,明嘉靖三十年刻本。
③ 〔明〕张萱:《西园闻见录》卷三十六,《户部五·盐法后》,民国哈佛燕京学社印本。
④ 〔清〕陶澍:《陶文毅公全集》卷十四,《奏稿·议覆地方官筹款运盐及按户派销之法断不可行折子》,清道光刻本。
⑤ 〔明〕史起蛰、张榘:《两淮盐法志》卷六,《法制三》,明嘉靖三十年刻本。

韶说:"豪强灶户,田亩千余,人丁百十。"①章懋说,贫穷灶户"分业荡然,乞贷为活"②。同治《两淮盐法志》中记载,安丰场一周姓灶户,见"一佃户碎其主人锅镢,将鬻子","遂贷钱为之偿"。③ 由此可知,贫富灶户间形成债务关系,致使富灶的社会地位逐渐上升,贫灶则反之。

二是加剧了贩卖私盐。詹事霍韬指出,国家的盐禁越严,私盐的利润愈高。豪灶招徕附近贫民替他煎盐,贩卖私盐,从而获取高额利润。"贫民卖私盐,人即捕获;富室卖私,盐官亦容隐。故贫灶余盐必藉富室,乃得私卖,富室豪民挟海负险,多招贫民,广占卤地,煎盐私卖,富敌王侯,故盐禁愈来严,富室愈横,此之由也。"④御史蓝章指出,豪灶私煎私贩以进一步增加财富。"近年以来,豪灶有私立十数灶者,七八灶者,私煎私贩各无忌惮。"⑤

三是助长恃强凌弱之社会风气。御史戴金指出,通州和淮安两分司所辖盐场民风强悍,恃强凌弱之事常有发生。"通州、淮安二处所属诸场俱各附近海滨,沿袤千里,土旷俗野,强悍成风,众寡相凌,视为常事,况利之所在,人所易乎。"⑥

四是影响盐商的正常支盐。总催与富灶等盐场的上层人物,日益加强对盐业生产的控制。他们不但干没贫灶的盐课,而且与分司官、场官勾结,"尽以场盐鬻之私贩"⑦。内商前往关支时,"辄称无盐,每千引或给四五百引,或以不堪物货抵偿",商人恐违限,"不得不贵买,以足榜派之数"⑧。

五是外来流民的进入给盐场的治安带来麻烦。如御史洪垣指出,富灶为私煎招募流民入场后,盐徒抢劫之事层出不穷,所以,他下令禁毁私置的锅镢,清散流民。"各场富灶兴贩人等或招流民,私置锅镢煎者,或散派食米立限完销送纳,或散开河遇夜拽船装载,致惹盐徒因而往来劫夺,深为民害。……所置锅镢查毁入官,听凭给济,所有招来流民及牵头家丁余丁尽数清出。"⑨

六是富豪灶民腐化场官,加剧盐场社会秩序的破坏。场官收受富豪灶民的

---

① 〔明〕张萱:《西园闻见录》卷三十五,《户部四·盐法前》,民国哈佛燕京学社印本。
② 〔清〕傅维鳞:《明书》卷八十一,《食货志一·盐法》,清畿辅丛书本。
③ 〔清〕单渠、方浚颐:《两淮盐法志》卷四十三,《人物一》,清同治九年扬州书局重刻本。
④ 〔明〕史起蛰、张榘:《两淮盐法志》卷六,《法制三》,明嘉靖三十年刻本。
⑤ 〔明〕史起蛰、张榘:《两淮盐法志》卷六,《法制三》,明嘉靖三十年刻本。
⑥ 〔明〕史起蛰、张榘:《两淮盐法志》卷六,《法制三》,明嘉靖三十年刻本。
⑦ 〔清〕王定安:《两淮盐法志》卷一百五十四,《杂纪门·李汝华奏盐政五议》,清光绪三十年刻本。
⑧ 〔清〕王定安:《两淮盐法志》卷一百五十四,《杂纪门·李汝华奏盐政五议》,清光绪三十年刻本。
⑨ 〔明〕史起蛰、张榘:《两淮盐法志》卷五,《法制二》,明嘉靖三十年刻本。

贿赂后，纵容他们在盐场为非作歹。如季存文曰："然又闻灶民之富者，交结本官场，以营己私，贪官亦利其馈送，乐与之处，凡所指使，无敢不从，此不惟体统甚亵，亦且流弊无穷。"①御史周相指出两淮盐场存在很多弊端：

> 两淮盐场宿弊，丁强者办课少，丁消者办课多；课多者，草荡不足，课少者，草荡有余。不宁惟是，又有先册隐漏不报办盐者；有先不成丁今已出幼而空闲者，或避重就轻，改名异姓，与人为义男者，或出赘而为婚，投靠而为仆者；有豪民、猾灶容留，强徒私鬻私贩者；又有年老残疾颠连无告未获开除者。②

总之，明中叶以来，两淮豪强灶户逐渐兴起，体现了盐场社会灶民之间的不断分化，反映了两淮盐场社会的变迁。《灶户谣》这首诗反映豪灶不把官吏放在眼里，他们甚至会辱骂、殴打盐商和盐场胥吏等。"世人不识灶户之刁顽，颠倒黑白如转环。……灶户逢商恣呼喝。招要恶党随成群，捉去商人供剽割。手持木棍长齐眉，不顾王章肆鞭挞。血流被体无完肤，但有速死宁望活？逼得主人学孟尝，不俟冯驩代旋斡。惊动场官升屋救，隔墙抛出寻丈阔。可怜生死在须臾，彼尚洋洋须自挢。一灶唱于十唱喁，三十盐场纷扰耗。怪事如斯真隐患，我欲到处空中书。"③

第三节　总催的舞弊

一、舞弊的表现

文献记载中充斥着总催营私舞弊的诸多伎俩，总催残忍、恶毒、不法、贪婪、势利的形象跃然纸上，显得面目可憎。

（一）在对待灶民上

一是兼并灶民的亭场和草荡。明嘉靖时人陆深在詹事任上，上书陈奏两淮盐场诸多弊病时，特别列举总催的恶劣行径。他指出总催违禁兼并贫弱灶丁的

---

① 〔明〕张萱：《西园闻见录》卷三十六，《户部五·盐法后》，民国哈佛燕京学社印本。
② 〔明〕史起蛰、张榘：《两淮盐法志》卷五，《法制二》，明嘉靖三十年刻本。
③ 〔清〕谢开宠：《两淮盐法志》卷二十八，《艺文四》，清康熙二十二年刻本。

亭场和草荡,致使丧失生产资料的灶丁沦为总催家的佣工,盐法遭到破坏。"夫欲晒土,必有摊场;欲煮卤,必有草荡。今之场荡,悉为总催者所并,而盐课又为总催者所欺,灶丁不过总催家一佣工而已。煎煮之法,名存实亡。"①此外,明人黄道周也指出总催兼并贫弱灶户的亭场和草荡的情况。"灶户场荡为总催者兼并……于是灶户重困,逃亡者比比。"②明人杨鹤指出,总催、豪强将兼并而来的亭场、草荡开垦为田以谋利,而丧失这些基本生产资料的灶丁,日子过得相当悲惨。"祖制每丁煎盐给有灰场以资摊晒,有草荡以供樵采,草荡所收之值岁可抵一丁盐课之半,不称苦也。其后贫富不齐,力不能煎办穷者,糊其口于四方。场荡没入于总催、豪右之手,或开垦成田,收利入己,犹于各灶名下征收全丁课银,曰此额课也。即转徙他乡而课必不可免。故有卖妻鬻子以偿课者,有终身不娶,有生子溺死,恐贻灶丁之累者。穷灶之苦尚忍言哉?"③相应地,国家的盐课收入也失去保障。"盐办于灶,灶依于场,场之既去,草从何生?草既不生,盐从何出?"④

二是招募灶民煎盐和贩私。洪武初规定,灶丁夹带余盐出场或私自煎盐,总催知情不报,甚或通同贩卖的话,亦属犯罪行为,法律将追究其责任。"凡盐场灶丁人等,除岁办正额盐外,夹带余盐出场及私煎盐货卖者,同私盐法,该管总催知情故纵及通同货卖者,与犯人同罪。"⑤明弘治年间,章懋在《睹盐事利弊书》中指出,总催违禁招募灶丁为其煎盐、贩私,"煎盐既多,私卖者广,凡诸灶丁,尽其家佣"⑥。万历时人李廷机指出,草荡、盐课为总催兼并吞没后,贫弱灶丁或继续留在盐场替总催煎盐,或是逃亡他处。"灶丁之困,自总催始也。场荡归其并兼,盐课为之干没,灶丁不过总催家一佣工而已。分业荡然,乞贷为生,欲无逃亡,不可得也。"⑦

三是扣取灶民的赈济银。盐场有"随盐赈济"的做法。"随盐赈济"是根据办盐的多寡发给灶丁赈济银两。但据嘉靖四年御史张珩的奏疏可知,总催不在

---

① 〔明〕陈子龙:《皇明经世文编》卷一百五十五,《陆裕公文集·拟处置盐法事宜状》,明崇祯平露堂刻本。
② 〔明〕黄道周:《博物典汇》卷十四,《国朝盐法》,明崇祯八年抄本。
③ 〔清〕延丰:《重修两浙盐法志》卷二十八,《艺文二·永宽商灶疏》,清同治十三年刊本。
④ 《明神宗实录》卷四四七,"万历三十四年"条。
⑤ 〔清〕朱轼:《大明律集解附例》卷八,《户律·课程·盐法一十二条》,清雍正内府刻本。
⑥ 〔明〕张萱:《西园闻见录》卷三十五,《户部四·盐法前》,民国哈佛燕京学社印本。
⑦ 〔明〕陈子龙:《明经世文编》卷四百六十,《李文节公文集·盐政考》,明崇祯平露堂刻本。

其中。"每场除总催不赈外,其余不论产盐厚薄,人丁多寡,办盐十引者,给与十引赈银,办盐五引者,给与五引赈银,办盐多寡,随盐赈济。"①嘉靖十八年(1539),御史吴悌指出总催扣取分司分发给灶丁的赈济银,为此,他下令银匠将银子打碎成散银,包封后填写姓名和加盖印章,再分发给各灶丁。"开运司赈银,每年俱令总催领回给散,致有扣取。仰司但遇给时,将银预期支出,督令银匠斩凿,每丁一名,止许一块,称兑明白,各令包封,填写姓名在上,仍每总加一护封,用印衿记,呈请本院委官照包给散。"②至明万历年间,叶向高仍指出总催作为盐场的豪强势力,不但兼并亭场、草荡,还吞没官府发给灶民的赈济银两。"总催之害兴,摊场草荡,半为兼并;赈济官银,全被干没。分产凋零,佣奴服役,是法以豪强弊也。"③

四是假公务之名向灶户索要钱财。《大明会典》中以法令的形式严禁总催和场官勾结以向灶户索要常例,这从一个侧面反映了总催向灶户索要常例的事情屡见不鲜。④ 景泰、正统年间,周忱指出两浙盐区松江盐场存在总催巧取豪夺现象。"松江盐场总催头目一年一代,中间富实良善者少,贫难刻薄者多,催纳之际巧生事端,百计朘削,以致灶丁不能安业,流移转徙,职此之由。"⑤两淮也是如此。明嘉靖时人御史朱廷立指出,总催常常打着官府衙门的旗号,向灶民索要钱财,危害一方。"毋令积年隶卒假以批票为由,下场诓骗财物,及豪恶总催假以衙门使用为由,多方科敛。"⑥另外,明嘉靖时人都御史王璟也指出,总催假借公务之便,乘机向灶丁科敛钱财。"访得各场有等官吏、总催,不恤灶丁艰苦,凡遇一应公务,俱各指称头会箕敛,以虚灶丁。"⑦

五是强行包揽盐课、灶粮。明嘉靖时人御史雷应龙,指出总催种种营私舞弊的伎俩:不允许灶丁亲自纳盐,强行包揽盐课,贱卖灶丁的盐课以获取差价;通同官吏,虚报盐课;在盐课中杂以泥土凑数等。"各场有等奸顽总催不容甲下灶丁亲自纳盐,用强包揽,多收银价,却贱卖盐斤;上纳又有通同官吏,将盐包与总催虚出本簿;又或折收价银入己,插和泥土凑数;又多将盐收至八分,即报作

---

① 〔明〕史起蛰、张榘:《两淮盐法志》卷五,《法制二》,明嘉靖三十年刻本。
② 〔明〕史起蛰、张榘:《两淮盐法志》卷五,《法制二》,明嘉靖三十年刻本。
③ 〔明〕叶向高:《苍霞草》卷二十,《盐政考》,明万历刻本。
④ 〔明〕申时行:《大明会典》卷三十四,《户部二十一·课程三·盐引式》,明万历内府刻本。
⑤ 〔明〕陈子龙:《明经世文编》卷二十二,《周文襄公集·起灭词讼疏》,明崇祯平露堂刻本。
⑥ 〔明〕史起蛰、张榘:《两淮盐法志》卷五,《法制二》,明嘉靖三十年刻本。
⑦ 〔明〕史起蛰、张榘:《两淮盐法志》卷五,《法制二》,明嘉靖三十年刻本。

完,虚出通关。"①明嘉靖时人御史胡植,也指出总催的种种不法行为,如侵渔盐课,不允许灶丁纳本色盐,而是向灶丁收纳钱银,致使灶丁被迫违禁贩卖私盐。为此,他奏请让灶户亲自上纳本色盐,严禁总催包揽。"节年盐课多被总催侵渔,不分本、折,止敛钱财,或虚出通关罔上,或将货物捎商,通同官攒,为弊非一。今后盐课除例应征收折色外,俱要花户亲诣该场上纳本色,总催不得一概登门横敛。"②一般来说,盐场上发生的民事纠纷通常是由盐场大使处理。但为遏制盐场总催强行征收灶民钱粮之事的发生,明嘉靖时人御史杨选,下令由运司直接接管处理此类事件,"今后如有总催侵欺、经收钱粮,居民诓骗商本,花户拖欠应办盐课久不完纳者,运司并与准理"③。灶民除纳盐课外,还有纳灶粮的义务。一开始灶粮与民粮是分开征收的,后来改为一并征收后,弊病百出。如魏公辅指出,房吏、胥利、灶总等侵吞民灶所纳税粮,中饱私囊,相互勾结又相互推诿责任,致使民灶饱受重纳等苦。

  煮海充边亭,正供所在;至居工食毛,厥有常赋。独灶粮民带,征于民里,为十场剥床之灾,其深根蒂固,不可不为拔也。其始以种粮房吏、胥利、灶总之火耗而窟穴,乃成总灶利,小灶之余羡,而弊窦日滋。至于奸吏侵盗,则借解民里;灶总干没,则负累小灶,棰楚囹圄,洗家荡产,流毒已十余。迩以刘职方力主分征之议,徐司理痛清影射之奸,民灶两更,诚为便计,故百姓歌于市,民灶舞于途。然而称不便者,奸总包揽不能,汙胥窟奇不得,独未贴心耳,独是又在当事者加意焉,无为若辈所摇耳。昔州守者刘东光议曰:属微于分司,责催比于场官,领解灶额于泰州,一仿如皋故事,则官司民灶俱利,催科国计两得矣,此又今日一左券哉。④

  六是侵占灶民余盐。季存文指出总催侵占穷灶之余盐,变卖图利。"灶民居场虽至富者,不过充总催之役而已,催足盐之外,甚有敛穷灶之余盐入为己有,以罔厚利,是使富者益富,贫者益贫,似非公平之体也。"⑤

---

① 〔明〕史起蛰、张榘:《两淮盐法志》卷五,《法制二》,明嘉靖三十年刻本。
② 〔明〕史起蛰、张榘:《两淮盐法志》卷五,《法制二》,明嘉靖三十年刻本。
③ 〔明〕史起蛰、张榘:《两淮盐法志》卷五,《法制二》,明嘉靖三十年刻本。
④ 〔清〕汪兆璋:《重修中十场志》第四卷,《公署》,清康熙十二年木刻本。
⑤ 〔明〕张萱撰:《西园闻见录》卷三十六,《户部五·盐法后》,民国哈佛燕京学社印本。

七是凌辱灶丁。如至正年间,袁知周的父亲被总催虐待致死。"袁知周,泰州人,父敬夫,盐丁,为总催虐死,知周誓复仇,寝苫枕块,阴佩刀,伺间者六年,后仇为他人所杀,乃以刀弃之郊,事闻,诏旌之。"①《重修中十场志》中有更详细的记载:"袁知周,字道济,善医,父敬夫役盐丁,为总催刘正二虐死,智周痛之,誓为复仇,阴佩刀伺间者六年,会正二见杀于他人,适逢时乱,有司禁持兵,乃投刀于沟中,州守赵子威上其事,王元吉做《袁孝子佩刀歌》。"②《伤亭户》用诗歌的形式刻画了总催、场胥等刻薄、无情的丑陋嘴脸,最后描写了灶丁走向死路的无奈。

清晨度东关,薄莫曹娥宿。草床未成眠,忽起西邻哭。敲门问野老,谓是盐亭族。大儿去采薪,投身归虎腹。小儿出起土,冲恶入鬼箓。课额日以增,官吏日以酷。不为公所干,惟务私所欲。田关供给尽,醝数屡不足。前夜总催骂,昨日场胥督。今朝分运来,鞭笞更残毒。灶下无尺草,瓮中无粒粟。旦夕不可度,久世亦何福?夜永声语冷,幽咽向古木。天明风启门,僵尸挂荒屋。③

八是科敛犯罪的小灶。明政府规定,盐场灶丁若犯徒罪以上,可以通过输纳米麦等赎罪。如,宣德十年(1435),"令灶户犯该徒罪、有力者,准纳米赎罪"④。又如,弘治二年(1489),"令各处灶户,犯徒罪以上、审有力并干碍盐法囚犯,杖徒以上,该纳米赎罪者,俱发所在仓场,照罪上纳米谷,及入官船只头畜货物,亦变卖价银,送发该场,以备凶年赈济贫灶"⑤。嘉靖时,都御史王璟指出,在灶丁因犯罪而输纳米谷赎罪时,盐场官吏、总催乘机科敛。"各人自犯公私罪名,例该纳米等项,官总必贷豪商银两,科敛小灶,盐斤陪偿其数,各该灶丁既被原籍州县官员逼迫,又被本管官吏总催科害,无以聊生,因而逃窜者甚多。"⑥

---

① 〔明〕王圻撰:《续文献通考》卷七十二,《节义考·孝子四》,明万历三十年松江府刻本。
② 〔清〕汪兆璋:《重修中十场志》第六卷,《人物·孝友》,清康熙十二年木刻本。
③ 〔清〕顾嗣立编:《元诗选二集》卷十八,《侍郎巴延·伤亭户》,清文渊阁四库全书本。
④ 〔明〕申时行:《大明会典》卷三十四,《户部二十一·课程三·盐法三·盐引式》,明万历内府刻本。
⑤ 〔明〕申时行:《大明会典》卷三十四,《户部二十一·课程三·盐法三·盐引式》,明万历内府刻本。
⑥ 〔明〕史起蛰、张榘:《两淮盐法志》卷六,《法制三》,明嘉靖三十年刻本。

(二) 在对待朝廷上

一是拖欠盐课以图赦免。虽然总催的主要职责是催促灶民办纳盐课,但李嗣指出,宣德以后,两淮各场总催不纳尽盐课。如"逐年所办盐课,止纳十之七八,余悉玩愒不完"①。又如,"总催者下欺灶户,上负国课。百计迁延,以觊一赦而已。伊欲处之,在于尽复灶丁之场荡,而尽惩总催之奸欺,则其弊可息矣"②。总催不及时上纳盐课,有意拖欠,中饱私囊,以图将来遇到下述情况时,得到国家的赦免。一般在新皇登基、诞生皇子、册立皇太子等举国同庆的日子里,朝廷会大赦天下,盐场拖欠的盐课自然也在蠲免之列。成化十一年(1475),明孝宗册立皇太子时,下诏蠲免成化八年以前所有盐课司拖欠或损耗的盐课。"是日以册立皇太子礼成,诏告天下。诏曰:……各盐运司盐课提举司,自成化八年以前,该办盐课拖欠未完者,亦与除豁,其有被水渰没,曾经风宪官勘实者,俱免追陪。"③正德皇帝登基时,下诏蠲免弘治十六年十二月以前盐场拖欠未完以及因风雨损耗的盐课。"上即皇帝位……各处盐运司、提举司、盐课司,自弘治十六年十二月以前,拖欠未完,并风雨消折盐课,及折色盐粮、银布等项,诏书到日,风宪官核勘,是实悉与除豁,以苏灶丁贫苦。"④天启三年(1623),因皇子诞生,蠲免万历四十五年以前所有盐课司拖欠或损耗的盐课。"上升殿,以皇子诞生,诏告天下:……天下盐运司、盐课司、提举司,万历四十五年以前额课,拖欠并存积年久、风雨消折,巡盐御史勘实,尽行蠲免。"⑤盐场遭遇自然灾害,有时国家也会蠲免盐课。如天顺元年(1457),因灾伤下诏蠲免景泰七年正月以前拖欠未完的盐课。"淮、浙、长芦、山东运司所属盐课司地方,近因灾伤,人民艰窘,各该巡盐御史通行取勘,逃亡事故,灶丁无人顶补,遗下未办,景泰七年正月以前,各年盐课明白具数,奏报除豁,以苏人困。"⑥

二是买通官攒,虚报上仓盐课。尽管规定总催若被查出买通官吏,虚报纳课,将被发配卫所充军,但法律的反复申明,从一个侧面反映总催买通官吏虚冒纳课的事情层出不穷。"各盐运司总催名下该管盐课纳完者,方许照名填给通

---

① 〔明〕朱廷立:《盐政志》卷七,《疏议下·李嗣立通关议》,明嘉靖刻本。
② 〔明〕陈子龙:《明经世文编》卷一百五十五,《陆裕公文集·拟处置盐法事宜状》,明崇祯平露堂刻本。
③ 《明孝宗实录》卷一百四十七,"成化十一年十一月癸丑"条。
④ 《明武宗实录》卷一,"弘治十八年五月壬寅"条。
⑤ 《明熹宗实录》卷四十,"天启三年闰十月壬寅"条。
⑥ 《明英宗实录》卷二百七十四,"天顺元年正月丙戌"条。

关,若总催买嘱官吏,并覆盘委官指仓指囤,扶同作弊者,俱问发边卫充军。"①嘉靖时,御史雷应龙指出,官吏总催私自将各总所纳盐斤堆放一处,以混淆好坏、躲避稽查。"查先年收盐,每总堆作一廪,派盐坐以总催名数,是以勤惰易分,美恶易见,虚实易查。近来官吏总催欲便己私,多将各总盐斤堆放一廪,致无分别,百弊由生。"②

三是插和泥土,以次充好。如弘治十六年(1503),"令两淮运司今后各场盐课先要辨验,灶丁日逐纳盐,若有泥土,不许收受,系官吏、总催插和抵数那补,问发附近卫分充军,分管官不行用心辨验者,事发,一体治罪"③。

四是享乐在前,不及时报灾。据明末清初盐民诗人吴嘉纪揭露,即便灾害降临,总催仍享乐在前,不及时报灾,导致场官怀疑其所陈述灾情的真实性和严重程度。虽然诗歌有夸张的一面,但也反映一定的现实情况。

飓风激潮潮怒来,高如云山声似雷。沿海人家数千里,鸡犬草木同时死。南场尸漂北场路,一半先随落潮去。产业荡尽水烟深,阴雨飒飒鬼号呼。堤边几人魂乍醒,只愁征课促残生。敛钱堕泪送总催,代往运司陈此情。总催醉饱入官舍,身作难民泣阶下。述异告灾谁见怜?体肥反遭官长骂。④

五是申报户口时颠倒是非。如嘉靖四年(1525),两淮御史张珩指出,场官、总催在申报户口时简直是颠倒是非,混淆黑白。"灶户贫富、老幼、残疾、孤寡,不免先令场官、总催开报,但恐乘机作弊。以富作贫,以贫作富,以精壮作老弱,以老幼作精壮,非残疾者作残疾,而真残疾者反不开除,非孤寡者作孤寡,而真孤寡者反不优免,见在而捏为逃亡,逃亡而捏为见在,或畏豪富而为之回护,或欺压良弱而为之复雠。"⑤

(三)在对待商人上

一是诈骗、陷害下场支盐的商人。明人李嗣指出总催、官攒从中作梗,不让

---

① 怀效锋:《大明律点校本》,法律出版社,1999 年,第 383 页。
② 〔明〕史起蛰、张榘:《两淮盐法志》卷五,《法制二》,明嘉靖三十年刻本。
③ 〔明〕史起蛰、张榘:《两淮盐法志》卷五,《法制二》,明嘉靖三十年刻本。
④ 〔清〕卓尔堪辑:《遗民诗》卷八,《吴嘉纪·海潮叹》,清康熙刻本。
⑤ 〔明〕朱廷立:《盐政志》卷十,《禁约·张珩禁约》,明嘉靖刻本。

盐商顺利支到盐,以便向盐商索取钱财。"访得商人中盐,将仓钞赴运司告投派场关支,有到场一二年或三五年不得支者,官攒、总催执称无盐,任其索诈。"①为此,朝廷严令禁止。如景泰二年(1451),规定若总催、盐业官吏参与诈骗、陷害下场支盐商人,将被发配卫所充军。"景泰二年,分司官员、盐课司官攒,通同富豪、总催、镬秤人等,诈害客商……俱发边卫充军。"②

二是默许奸诈商人向贫灶放贷。尽管法令规定不许商人在盐场放贷,但是盐场放贷现象很普遍。弘治年间,章懋就曾指出,贫穷灶户"分业荡然,乞贷为活"③。隆庆元年朝廷再度下禁令,这从一个侧面反映出朝廷的禁令早已成了具文。在安丰盐场,盐民诗人吴嘉纪曾向商贾借贷,备受高利贷的盘剥,到期不能还款,无奈之下逃至六灶河,写出下面这首诗:"称贷盐贾钱,三月五倍利。伤此饥馑年,追呼杂胥吏。其奴吃灶户,爪牙虎不异。腐儒骨棱棱,附俗受骂詈。清秋发荣荑,偿钱期已至。空手我何之?乡庐聊弃置。"④一般来说,要顺利放贷,商人还需勾结总催、秤子等,得到他们的默许。如隆庆元年(1567),"奸商通同催秤,以货物举放贫灶私债,准折亏害"⑤。

(四)在对待州县民人上

一是盘剥被佥补为灶丁之民人。场官不经府县,妄自勾补民人为灶丁,这也给总催提供了借机盘剥的机会。"不经府县,径自勾补,殷实之家多为所害;或以姓名行下官司,或以同姓名,辄自勾扰;有抑配在场办盐者,有被总催、盐甲、头目私监取财者。"⑥

二是交结盐徒,透漏引盐。私盐问题一直是让朝廷十分头疼的问题。"两淮纲食引地,无论城市村庄食私者十七八。"⑦私盐禁而不绝的重要原因是盐场私煎、私贩。天启年间,徐光启指出,"私贩不由灶户,无所得盐"⑧。正德二年(1507),御史张智指出,"私盐之弊,私煎为之始"⑨。盐徒向盐场购买私盐,往

---

① 〔清〕延丰:《重修两浙盐法志》卷二十七,《艺文一·整理盐法疏》,清同治刻本。
② 〔明〕申时行:《大明会典》卷三十四,《户部二十一·课程三·盐引式》,明万历内府刻本。
③ 〔清〕傅维鳞:《明书》卷八十一,《食货志一·盐法》,清畿辅丛书本。
④ 〔清〕吴嘉纪:《陋轩诗》,《五言古·通盐钱逃至六灶河作》,清康熙元年赖古堂刻增修本。
⑤ 〔明〕申时行:《大明会典》卷三十四,《户部二十一·课程三·盐引式》,明万历内府刻本。
⑥ 《明宣宗实录》卷七十九,"宣德六年五月戊子"条。
⑦ 〔清〕包世臣:《安吴四种》卷五,《小倦游阁杂说二》,清同治十一年刻本。
⑧ 〔明〕徐光启撰,王重民辑校:《徐光启集》,中华书局,1963年,第256页。
⑨ 〔清〕李卫:《畿辅通志》卷三十六,《盐政》,清文渊阁四库全书本。

往需要贿赂总催。如明嘉靖时,御史周相指出总催交结盐徒,透漏引盐,致使国家盐亏缺,盐商不能及时支足盐。"私家收贮引盐,通同商人卖与添包附带者有之;豪总猾灶交拘大伙盐徒,收积引盐,私自贩卖者有之;或为豪强所逼迫,辄将引盐准作私债者有之。"①袁世振指出场官、总催、灶户、胥吏均参与贩卖私盐,致使盐商下场无盐可支。所谓盘查又只是虚与应付。"窃谓三十场额课,年年报完,报则有盐,支则无盐,不知此十余年额课之积毕竟顿于何地乎?盖场官也、总催也、灶户也、吏胥也,尽以场盐鬻之私贩,无一登于廪者,而分司官又与若辈巧为欺蔽,虽有查盘,只循故事。"②

二、原因分析

如何解释上述文献中所记载的总催的行为以及随之塑造出来的形象?

原因之一是在选拔总催时所持的标准发生变化。在传统社会,迫于交通、信息、技术等条件的局限,国家对基层社会的管理存在许多力不能及之处,需要来自基层社会中人群的协助。在明代两淮盐场,团灶组织下的总催便由此诞生。总催的素质直接关系到盐场社会管理的好坏,故朝廷十分重视总催的选拔。起初,朝廷制定的标准是"家道殷实"和"品行善良",即既重财又重德。从"家道殷富"之灶户中选拔,有其合理性,更能发挥总催在地方上的影响力,以协助场官管理盐场事务。考虑到家境殷实,但品行恶劣的灶丁当选总催,势必易侵吞国课、欺压贫灶,所以又要求总催具备"品行善良"的条件。若是既无财又无德,情况就会很糟糕。正统年间,周忱在考察两浙盐法时,指出"盐场旧设总催、头目,赤身驵猾,生事朘削,灶丁失业,职此之由"③。若选拔到德才兼备者,则可"事易集而人不扰"④。但前一条标准的操作性强,易于施行;后一条标准的操作性弱,难以施行,以致后来在选拔总催时仅重财富。如弘治年间,章懋指出,选"丁力众多、家道殷富、为总催大户者"⑤。正德年间,两浙盐场规定"选殷实灶丁为十排年总催"⑥。顾炎武在《天下郡国利病书》中也指出,两淮"各场总

---

① 〔明〕史起蛰、张榘:《两淮盐法志》卷六,《法制三》,明嘉靖三十年刻本。
② 〔明〕陈子龙:《明经世文编》卷四百七十四,《两淮盐政疏理成编·盐法议四》,明崇祯平露堂刻本。
③ 〔清〕汤斌:《拟明史稿》卷十二,《周忱列传》,清康熙二十七年刻后印本。
④ 〔清〕汤斌:《拟明史稿》卷十二,《周忱列传》,清康熙二十七年刻后印本。
⑤ 〔明〕章懋:《枫山集》卷一,《奏疏》,清文渊阁四库全书本。
⑥ 〔明〕顾清:《松江府志》卷八,《田赋下·盐课》,明正德七年刊本。

催俱照原额选其殷实金充"①。在此种选拔标准下,充任总催者常出自人丁众多、家道殷实之户。他们兼具经济和社会地位上的双重优势,总催一职又为他们结交官府大开方便之门,所以就不难理解在上述文献中看到的总催的不法行为,以及与朝廷期望的勤于办事、品行端正、为人善良、廉洁、奉公、守法形象大相径庭的敷衍了事、残忍、恶毒、不法、贪婪的形象。

  从总体上说,明代总催为"豪灶""富灶"②者居多。这和明中叶以后两淮盐场富灶经济的快速成长,豪灶势力的崛起有密切的关系。富灶、豪灶进行私煎、私贩,这在明中后期是普遍的现象。如御史蓝章指出,"近年以来,豪灶有私立十数灶者,七八灶者,私煎私贩各无忌惮"③。豪灶不仅获取暴利,还通过腐化场官,勾结总催,破坏盐法,以进一步增加财富。"置私镢、私池以私煎者,非贫灶之力所能为也,贫灶无立锥之地,不过自食其力耳,惟富灶累赘千万,交结场官,串通总催,大开囤鬻之门,坐收垄断之利。"④对此,朝廷予以严禁,但无济于事。"若豪富之灶,用财买嘱官吏、总催,除重治外,中户增为上户,下户增为中户,上户加倍派盐,或定为总催身役。"⑤在经济后盾的支撑下,富灶干扰朝廷的政策法令。"亭场官位卑,而灶皆土著,或有数世擅其利为豪者,其相使若指臂之痌肿,不能率运动,故以总司僚佐分督之。"⑥万历四十二年(1614),湖邑生赵志奎会同倪维城、赵志守等指出,"本场豪户荡连千顷而反漏役,小灶苦无立锥而竟陷催惟"⑦。部分豪灶甚至窝藏逃灶为其佣工。如弘治时,两淮巡盐御史载德说:"间有访知下落,移文拘取,多被豪猾灶民贿嘱,所司往往破调占吝不发。……今后若有窝藏逃灶在家佣工,乞养作为义男家人者,限三个月以内赴司,在官司具首发遣与免本罪,如仍前隐蔽窝藏乞养者,或挨访得出,或被人首发,灶户民人名下俱追本灶三年正课价银。"⑧

  原因之二是团灶组织本身的缺陷。总催所处的团灶组织,是朝廷基层管理中的一环。在团灶组织的人员配置上,朝廷片面追求团灶组织的效率,即总催

---

① 〔清〕顾炎武:《天下郡国利病书》,《扬州·恤灶事宜》,稿本。
② 刘淼:《明代盐业土地关系研究》,《盐业史研究》,1990年第2期。
③ 〔明〕史起蛰、张榘:《两淮盐法志》卷六,《法制三》,明嘉靖三十年刻本。
④ 〔明〕陈子龙:《明经世文编》卷三百五十七,《庞中丞摘稿·清理盐法疏·疏通引盐》,明崇祯平露堂刻本。
⑤ 〔明〕史起蛰、张榘:《两淮盐法志》卷六,《法制三》,明嘉靖三十年刻本。
⑥ 〔明〕方岳贡:《松江府志》卷十四,《盐政》,明崇祯三年刻本。
⑦ 〔明〕汪玉砢:《古今鹾略》卷六,《利弊》,清抄本。
⑧ 〔明〕史起蛰、张榘:《两淮盐法志》卷六,《法制三》,明嘉靖三十年刻本。

等为朝廷办事的一面,忽视他们自身的需求,对总催借口维护地方利益而贪求不已不予制止。因此,文献中总催一般是贪婪求利的形象,这表明在明代两淮盐场,政府势力试图施予更多的影响,结果是作为其代理人的总催借助官府的权威谋取私利,获得壮大。总催形象的恶劣又显示了盐场管理的疏漏,中央和地方均没能从总催制度的设置中获得多大的利益。团灶是一个被财富和亲属关系阶层化了的基层社会组织,其成员之间有贫有富,让富有的人户负责赋税的征收并没有在多大程度上促使财富的平均化和分散化,尽管有一些总催的确因职役负担很沉重,甚至被搞得贫穷破产。国家在制度设计上遵循一种平等化的原则,而成员之间的贫富不平衡与这一制度的平等化原则背道而驰。

尽管受传统义利观的影响,文献记载者大多在重义轻利的价值标准下记录总催的行为,但他们非法谋取物质利益、干扰朝廷的政策令人不齿。无论总催的形象有多可恶,他们是明代中后期两淮盐场社会变迁的重要参与者和推动者,这一点是毋庸置疑的。

第四节　宗族的建构

明清时期是宗族建设的高潮时期,宗族建设主要体现在编修族谱、建构宗族等方面。作为地方力量的宗族发挥重要的作用,它是官府管理地方时倚靠的重要补充力量,但也是瓦解官府控制力的重要力量。本小节试图考察盐场宗族的建构情况,旨在从另一个视角了解盐场的地方力量。

两淮盐场社会明清时期编撰的族谱,流传至今的相当少,这给探讨明清时期盐场社会的宗族建构情况造成很大的困难。明代安丰盐场大儒王艮的宗族曾于万历时期修撰《大儒族谱》,但迄今该族谱仍未现世。不过,《明儒王心斋先生遗集》中收录有《王心斋先生年谱》《王东堧先生传》《王东隅先生传》《王东日先生传》《王元鼎传》《王东日先生残稿》,刚好包含了建构家族的重要信息。日本学者寺田隆信利用《明儒王心斋先生遗集》撰写成《王艮的家系》一文,该文以王艮的家族作为一个个案,探讨明代灶户生产生活的情况,王艮家族的建设过程不在其关注的视野之内。① 杜正贞则开始利用《明儒王心斋先生遗集》考

---

① ［日］寺田隆信:《王艮的家系》,载加贺博士退官纪念《中国文史哲学论集》,东京株式会社讲谈社,1979 年,第 773—779 页。

察王艮及其后人建设宗族的活动情况,她认为建设宗族的过程也是王艮宗族成员试图士绅化和努力加强对地方教化影响力的过程。① 杜正贞该篇文章的立意甚好,拟以王艮宗族为个案探讨北方宗族与华南宗族相比较呈现出来的不同面貌。惜其在探讨王艮宗族建设的过程中仅把目光投向了王艮这一支后裔,考察他们为宗族建设付出的努力和所取得的成果,没有将视野扩大到整个安丰王氏成员的活动,这限制了其对王艮宗族建设做进一步的考察,进而影响到她的整体认识,造成其一些结论值得商榷:如安丰王氏有无宗祠;修族谱、建家祠是否仅王艮的后裔在活动等。笔者在利用《明儒王心斋先生遗集》的基础上,结合盐法志、地方志等资料,以试图拼凑出王艮家族的建构过程,此外,还关注该宗族对地方事务的参与。最后以安丰盐场王氏宗族为个案,考察明清两淮盐场社会的变迁。宗族建构的过程意味着盐场社会势力的崛起,安丰王氏宗族则以文化资源为手段参与对基层社会的治理。

一、王艮的崛起

(一) 王艮的祖先

安丰盐场王氏的始迁祖是王伯寿。王伯寿生有三子,其中长子名叫王国祥。王国祥的一个儿子名叫王仲仁,是王艮的高祖。

> 先生讳艮,字汝止,隶扬之泰州安丰场人(今属东台市),其先伯寿自姑苏徙居,生国祥,国祥生仲仁,为场百夫长,生文贵,文贵生公美僖(倍),公美生处士纪芳玒,别号守庵,古朴坦夷,里中称为长者。母汤氏仁孝,甚有法度,训诲诸子,至今凛然。②

由上述材料可知,王仲仁曾任安丰盐场的百夫长。百夫长,"管领灶户者是也"③。在明洪武二十五年设置盐课司大使之前,曾由百夫长管理盐场事务。作为迁徙安丰盐场的第三代的王仲仁,于洪武二十五年前担任过百夫长,由此可

---

① 杜正贞:《作为士绅化与地方教化之手段的宗族建设——以明代王艮宗族为中心的考察》,《江苏社会科学》,2007年第5期。
② 〔明〕袁承业编校:《明儒王心斋先生遗集》卷三,《王心斋先生年谱》,清宣统二年东台袁氏铅印本。
③ 〔清〕凌铭麟:《律例指南》卷六,《户律课程类·盐法条赘言凡十二条》,清康熙二十七年刻本。

知,始迁祖王伯寿在元末时就已迁徙至此。另外,百夫长的选拔起初是具备老军身份,后改由"丁粮相应"者充任。从上述材料无法得知王仲仁担任百夫长的确切年代,故也就无法得知他是以老军身份还是"丁粮相应"者的身份当选的,不过,从其子王文贵有能力在当地修建桥梁可以推论,王仲仁之家很可能算是人丁兴旺、家道殷实。

  洪武初,各盐场皆以勾管主之。三年,罢勾管,用老军为百夫长,催督盐课。十四年,革去,即于灶户内选丁粮相应者永充。十八年,定为一年一换。二十五年四月,始设盐课司大使、副使,俱未入流,司吏一人,攒典一人。①

  据康熙《重修中十场志》记载,王艮的曾祖王文贵,于正统十四年修缮安丰盐场境内因年久而圮坏的广容桥,将之改易为石桥。"正统十四年,东淘善士王文贵见徒杠之圮坏,由是广市石材,易小为大,下构圈门,上卫栏楯,所谓与梁者是已,殊异于昔之陋也。"②几十年后广容桥又颓败,王艮的祖父王公美于成化六年加以修缮。"奈何岁久而颓,王氏公美又从而修之,时成化六年也。"③又过了四十余年,王尚端再度倡导众人修缮广容桥,并慷慨捐资助修。

  迄今甫四十余年,复见倾圮。义官王尚端与众谋曰:"斯桥何为而速坏也? 盖上无定闸以节其水性,下无桥梁以接其顺流,故奔湍冲激,回澜旋于桥之左右,此其所以弗坚也。"于是捐已赀而鼎新之。制度之工、规模之庄,俱加于旧,上流则增以石闸,下流则凿以渠,盖有得乎治水之良法焉。④

  王艮祖辈不断修葺广容桥的行为,得到时任布政使林正茂的嘉奖,他亲自为此撰写《广容桥记》,高度赞赏东淘王氏的义行和美德。"矧文贵作之,而厥嗣公美述之,厥侄尚端又继之,王氏奕叶之辉,功德之相望,盖实有可嘉者焉。"⑤上

---

① 〔清〕林正青纂:《小海场新志》卷二,《秩官志》,载《中国地方志集成·乡镇志专辑17》,江苏古籍出版社,1992年,第179页。
② 〔清〕汪兆璋:《重修中十场志》第九卷,《碑记》,清康熙十二年木刻本。
③ 〔清〕汪兆璋:《重修中十场志》第九卷,《碑记》,清康熙十二年木刻本。
④ 〔清〕汪兆璋:《重修中十场志》第九卷,《碑记》,清康熙十二年木刻本。
⑤ 〔清〕蔡复午:《东台县志》卷二十七,《传八·尚义》,载《中国地方志集成·江苏府县志辑》,江苏古籍出版社,1991年,第553页。

述这句话还揭示出王尚端和王艮之间的关系。王尚端是王文贵的侄子,而王公美是王文贵之子,这表明王尚端和王公美是堂兄弟,王公美是王艮之祖父,故王尚端是王艮的叔伯祖。

易土桥为石桥、增石闸、凿水渠等修建广容桥的行为,不是仅具有行善积德的心就能做到,还需要家庭经济条件的支撑,这也进一步表明王艮家族并非普通灶民家族可比,它在安丰盐场基层社会中具有一定的影响力和号召力。王艮的叔伯祖王尚端的义官身份更加说明了这一点。

义官是明官府在盐场基层社会中除总催之外可资利用的另一股力量。通过奖励旌表盐场中行善积德之人,将他们纳入基层社会管理中来,发挥道德教化的作用。义官多在地方社会从事修建桥梁关津、寺观庙宇和浚通河道等活动。如天顺四年(1460),东台场义官姜恭重建三官殿,前后计地五十余丈,广八丈;成化十二年(1476),义官朱绅等在丁溪场西建立关王庙;成化十九年(1483),梁垛场义官曹谅等修华光寺(又名观音寺);成化二十年(1484),安丰场义官吴瑀督工疏浚场境南新河;成化二十三年(1487),富安场义官丁玘、丁宽分别重修东岩庙和崇真观(又名玄帝庙);成化间,吕四场义官朱永通、僧福缘移建总持寺;弘治二年(1489),分司判官徐鹏举创建社学时,命巡检张睿、义官张钦董工修之;余西场判官张璇委义官曹琏督筑利和镇岸[①],等等。

以上所列仅是弘治《两淮运司志》中义行明确的义官,大部分义官的行为不被记载,故无法了解,不过弘治《两淮运司志》中仍是记录下他们的名字。这些名字的背后,代表的是一股为官府重视的地方力量。

表6 明代两淮盐场的义官

序号	盐场名称	人数/人	姓名
1	富安场	14	丁宽、丁玘、徐钦、王纲、韩昇、许忠、李广、杭昇、徐镗、何浩、周昂、郭昂、卢胜、王瑾
2	安丰场	13	吴澄、贾能、蒋昇、吴瑀、吴贵(王旁)、印源、杨宾、王显、王玉、吴伦、吴俨、印与、吴秀

---

① 〔明〕佚名:《两淮运司志》卷五,《泰州分司》;卷六,《通州分司》;卷七,《淮安分司》,明弘治间刻本。

续表

序号	盐场名称	人数/人	姓名
3	梁垛场	35	徐□、曹□、曹谅、徐谅、徐英、曹诩、曹淮、曹洹、曹淳、徐琏、徐碧、徐琥、徐瑶、仇玉、韩俊、潘镇、王林、汤怀、管堂、徐宣、曹济、周源、韩谨、管昂、周琦、曹浩、韩瑶、吴玘、徐琰、仲琰、周亮、曹英、曹璋、包海、曹慎
4	东台场	11	姜恭、姚礼、夏钦、梅玘、钱玘、张英、裴庆、钱贵、卢堂、梅宝、夏玺
5	何垛场	13	陈谷、陈粟、吉钢、吉铭、罗锦、吕澄、罗富、陈能、程宏、吕敏、唐樽、吉辅、吉堂
6	丁溪场	13	朱绅、张信、盛琇、顾佑、顾莹、吕旺、顾清、王贤、顾澄、顾溶、朱锐、沈亮、顾□
7	草堰场	3	朱友、黄智、朱以德
8	小海场	1	孟凯
9	角斜场	4	吴玢、吴谅、潘惟、潘信
10	栟茶场	11	于骥、缪佶、缪代、缪继、张隆、符述、徐钦佩、缪□、沈昺、蔡钿、王亨通
11	石港场	5	刘瓒、干恺、丁瑶、张本、葛革
12	余西场	12	曹洪(七品散官)、曹琏(七品散官)、曹昌、曹锦、曹钦、曹铛、季常、曹翱、曹鹏、曹祚、刁恺、季谅
13	余中场	7	范臻、许冠、许孜、许㟽、许松、许峄、许仓
14	余东场	4	钱和、江学、吴济、江仁
15	吕四场	5	卢全、顾闽籍、□珣、卢玉、朱鋆
16	刘庄场	5	束楠、陈昊、葛璲、金灿、蒋春
17	新兴场	1	董轨
18	板浦场	2	时泰、潘沂
19	临洪场	4	曹瑾、曹玘、曹麒、杨纶

[资料来源:〔明〕佚名:《两淮运司志》卷五,《泰州分司》;卷六,《通州分司》;卷七,《淮安分司》,明弘治间刻本。]

王艮的父亲王玒,字纪芳,别号守庵公,继承了祖先乐善好施的家风,"早年喜侠好施……中年乐善不倦"①,但具体善行不详。其实王玘的家境并不如意,十一岁的王玘因"贫不能学,辞塾师,就理家政"。王玘的家庭经济状况得以好转并能惠泽乡里,是在弘治十六年以后,因为王艮外出山东经商获得成功。"经理财用,人多异其措置得宜,人莫能及,自是家道日裕,遂推其所余遗迹邻里乡党。"②

（二）王艮的崛起

王艮生于成化十九年六月十六日,卒于嘉靖十九年冬十二月八日,享年五十八岁。其高祖父为盐场百夫长,可知属于灶籍。虽朝廷规定灶籍为世袭,但其曾祖父王文贵、祖父王公美、父亲王玘及本人的相关记载中均未明确说是属于灶籍。不过,由以下的两则材料可推知王艮属于灶籍。材料之一是王艮的父亲要向官府服徭役。"明正德三年冬十一月,守庵公以户役早起,赴官家,方急,取冷水盥面,会先生见之,深以不得服劳为痛,遂请以身代役。"③《明儒王心斋先生遗集》中这段话虽未明说其父的灶民身份,但《明史》中记载这件事时明确指出王艮之父为灶丁。"艮,字汝止,初名银,王守仁为更名,七岁受书乡塾,贫不能竟学,父灶丁,冬晨犯寒,役于官,艮哭曰:为人子令父至此得为人乎?出代父役,入定省惟谨。"④材料之二是王艮之子王衣,"理家政,督耕煎,裕生计,供父游览之需"⑤。

在服膺孔圣儒学之前,王艮曾经贩卖过私盐。据《王心斋先生年谱》记载,王艮七岁时上私塾,十一岁时因家境贫穷而被迫辍学,三年后母亲的离世更让原本脆弱的家庭雪上加霜,为了养家糊口,王艮十九岁时奉行父命,第一次北上山东经商。"弘治十四年,先生十九岁。客山东,奉守庵公命,商游四方,先生以山东阙里所在,径越山东。"两年后,王艮凭借经商的成功改变了家庭经济状况,不仅家道日裕,而且有能力帮助经济上有困难的邻里。他曾两次前往山东经商,一次是在二十三岁时,另一次是在二十五岁时。"明弘治十八年,先生二十

---

① 〔清〕汪兆璋:《重修中十场志》第六卷,《人物·笃行》,清康熙十二年木刻本。
② 〔明〕袁承业编校:《明儒王心斋先生遗集》卷三,《王心斋先生年谱》,清宣统二年东台袁氏铅印本。
③ 〔明〕袁承业编校:《明儒王心斋先生遗集》卷三,《王心斋先生年谱》,清宣统二年东台袁氏铅印本。
④ 〔清〕张廷玉:《明史》,吉林人民出版社,1995年,第4787页。
⑤ 〔明〕袁承业编校:《明儒王心斋先生遗集》卷五,《附明王东堧先生传》,清宣统二年东台袁氏铅印本。

三岁,客山东。先生有疾,从医家受倒仓法,既愈乃究心医道。"后来,王艮因服膺孔圣之教而放弃经商。"明正德二年,先生二十五岁,客山东,过阙里,谒孔圣及颜、曾、思、孟诸庙,瞻拜感激,奋然有任道之志。归则日诵《孝经》《论语》《大学》,置其书袖中,逢人质义。"①从年谱可知,王艮共有长达六年的经商生涯,但经营何物,年谱则未做交代,而是说"客山东""商游四方"。不过,从王艮是安丰盐场的盐民和家庭贫寒这两点,可以推知他从事的是贩卖私盐的活动。用"客山东""商游四方"这些模糊性字眼,不外是曲笔写法罢了。这样做一是考虑到贩卖私盐严重违反国家法规不能直书,二是考虑到王艮日后取得的巨大成就和影响力不便书写。

明人何乔远在《名山藏》中记述的一段文字也可以间接证明王艮从事的是贩卖私盐活动。"王艮,故名银,泰州人,泰俗负盐,艮父故为盐商,第名其子曰银耳。"②何乔远直接指出了王艮的父亲(王玒)从事的是盐业贸易,但在王艮发迹之前王玒的家境相当困难,根本不可能买得起盐引充当盐商,故"盐商"的称谓,也是一种曲笔。实际上,何乔远的潜台词是说王玒、王艮父子从事的是贩卖私盐的活动。这可从他以近乎调侃的语气指出王艮的原名叫作王银推知。王玒为长子取名王银(即王艮,王艮这个名字是王阳明所改)。据笔者所查,他的另外两个儿子分别叫作王锦、王钱。③ 无论是王银还是王锦、王钱,均与钱财密切相关,难怪何乔远讥讽王玒浓浓的商人气息和低俗的格调。既然王玒从事的是贩卖私盐活动,王艮所谓的经商其实是贩卖私盐的说法当可成立。

服膺孔圣儒学之后,王艮开始求学悟道。至三十二岁已能"讲说经书,多发明自得,不泥传注,或执传注辨难者,即为解说明白"。至此时,王艮的生活圈子很小,影响力十分有限,除十九岁至二十五岁期间三次前往山东贩卖私盐外,基本上就生活在安丰盐场,他施展的空间就更小,多表现在处理家族内的事务。

  明正德九年,先生三十二岁。……族长某知先生有志天下,每以难事

---

① 〔明〕袁承业编校:《明儒王心斋先生遗集》卷三,《王心斋先生年谱》,清宣统二年东台袁氏铅印本。
② 〔明〕何乔远:《名山藏》卷八十五,《儒林记·王艮》,明崇祯刻本。
③ 单毓元:《泰县志稿》卷二十二,《社会志下·氏族下》,1931年抄本。

试之,立辨析。及各场官民遇难处事,皆就质于先生,先生为之经画,不爽毫发。

明正德十一年,先生三十四岁。时年诸弟并毕婚,诸妇妆奁有厚薄者,门内哗然。先生一日奉亲坐堂上,焚香座前,召诸昆弟诫曰:家人离,起于财务不均。令各出所有,置庭中,错综归之家,众贴然。

正德十四年(1519),王艮三十七岁,江西宸濠反动叛乱,武宗南巡驻跸于扬州,给盐场造成困扰,派遣他的手下向盐场索取鹰犬,后经王艮成功地游说而罢,给地方社会带来安定。

> 遣嬖幸佛太监神总兵,沿海视猎场,至富安场,校尉及先生门索鹰犬急,守庵公惧……明日策马偕校尉贽往见神佛,以安守庵公。佛曰:鹰犬安在?先生曰:里中失猎久矣,何问鹰犬?佛曰:朝廷取鹰犬,能弗与耶?曰:鹰犬,禽兽也,天地间至贱者。而至尊至贵,孰与吾人?君子不以养人者害人,今以其至贱而贻害于至尊至贵者,岂人情乎?佛听其言色动,乃令先生往来趋步,而熟视之。顾谓神曰:畴昔之夜所梦异人非耶?延先生坐,与语甚欢,抵暮,先生以父恐辞归。佛喜曰:君孝子也。厚遗以遣,约旦日早来。会及旦,先生往。神复喜曰:君信人也。遂与俱猎,时师行冻馁,有司供奉不能给,军事有道死者,人情汹汹,先生以善言语佛:宜劝主上早旋跸,以安天下,迟回海上,主上必心动而致疑,脱乘舆,一旦卒,然临之何,以备驱逐。佛为感动,罢猎。

三十八岁时,前往豫章向大儒王阳明求学是王艮人生的一个重要转折点。从此他的生活圈子扩大了很多,结识许多名人,自身的学问也日渐长进,影响力隆起。如嘉靖六年(1527),王艮四十五岁时,"会湛甘泉若水、吕泾野柟、邹东廓、欧南野于金陵新泉书院";又如嘉靖七年(1528),先生四十六岁,会同门于会稽书院。随着影响力的扩大,四方之士拜门求学日众,终成一代大儒。他曾两次被举荐入朝为官,虽然被他拒绝,但在他的家族成员和弟子眼中,王艮不为官却胜于为官,为家族带来无上的荣耀。

(三)王艮的巨大影响力

《安丰场绝句》:"尽说安丰风土非,蒹葭瑟瑟鹭飞飞。谁知斗大潮边室,闻道当年有布衣。"①"斗室"指王心斋先生悟道处。"心斋先生毅然崛起于草莽鱼盐之中,以道统自任,一时天下之士率翕然从之,风动宇内。"②《明史》中对王艮学说影响力的评价极高。"泰州王艮亦受业守仁,门徒之盛与畿相埒,学者称心斋先生。阳明学派以龙溪、心斋为得其宗。……王氏弟子遍天下,率都爵位有气势,艮以布衣抗其间,声名反出诸弟子上,然艮本狂士,往往驾师说上之,持论益高远,出入于二氏。"③康熙《重修中十场志》记载,"期间人杰地灵,比比有可纪者,以理学则有安丰之王心斋,以科名则有丁溪之高文毅"④。又"自心斋先生崛起安丰,至今百余年来,昌明理学者,相继接踵"⑤。

表现之一是父以子贵。和他的祖辈相比,王艮父以子贵,于八十岁寿辰时收到当时大儒王阳明赠送的寿礼。次年正月,在孝子王艮等的陪同下,王玒还得以前往会稽面见王阳明。"明嘉靖三年甲申……守庵寿期,文成命蔡世新绘《吕仙图》,王琥撰文,因金克厚赍泰介寿。"⑥王玒人生中最得意之处是被授予寿官。朝廷规定,年逾九十者准授予寿官。王玒生于宣德八年,卒于明嘉靖十五年冬十二月,寿至九十三岁,卒之日到赐予寿官。"(王玒)年九十三,无疾而卒。卒日,会州守奉恩诏,以公年逾九十,具官服、粟帛诣门,致优礼。先生拜受官服,以告公灵。"⑦另外,王玒死后,"周汝登题其像"⑧。周汝登为泰州分司运判,他和王艮之间的渊源,是周汝登受业于罗汝芳,罗汝芳受业于颜钧,颜钧受业于徐樾,徐樾亲受于心斋之门。

表现之二是荫子。王艮之长子王衣,字宗干,号东堧,生于正德二年十二月二十八日,卒于嘉靖四十一年八月十五日,年五十五。作为长子,王衣被王艮带在身边,拜识过王阳明,还师从江西解元魏时斋(南昌新建人,讳良政,字师伊,王文成弟子)。王衣与周合川关系融洽。"时道州有周合川者,亦以会试下第来

---

① 〔清〕吴嘉纪:《陋轩诗》,《七言古·绝句》,清康熙元年赖古堂刻增修本。
② 〔明〕袁承业编校:《明儒王心斋先生遗集》卷五,《附明儒王心斋先生弟子师承表·序言》,清宣统二年东台袁氏铅印本。
③ 〔清〕张廷玉:《明史》,中华书局,2007年,第7274—7275页。
④ 〔清〕汪兆璋:《重修中十场志》,《序言》,清康熙十二年木刻本。
⑤ 〔清〕汪兆璋:《重修中十场志》卷一,《风俗》,清康熙十二年木刻本。
⑥ 〔清〕汪兆璋:《重修中十场志》卷一,《风俗》,清康熙十二年木刻本。
⑦ 〔清〕汪兆璋:《重修中十场志》卷一,《风俗》,清康熙十二年木刻本。
⑧ 〔清〕汪兆璋:《重修中十场志》卷六,《人物·笃行》,清康熙十二年木刻本。

从心斋学,留门下数年不去,与先生旦夕切磋,甚洽益骎骎乎其入道矣。"①次子王襞,生于正德六年冬十一月,卒于万历十五年十月十一日,成为"淮南王氏三贤"(指王艮、王栋、王襞三人)之一。明万历五年(1577),督学耿定向奏建扬州崇儒祠,专门祭祀王艮。明季,王襞和王栋一起配祀祠中。"崇儒祠,在天宁坊西桥之西,祀明王艮,并祀艮族弟深州学正王栋、艮子襞。明万历五年,督学耿定向奏建。案:栋、襞于明季入祀。"②王补,字宗完,号东日,心斋四子也。生于嘉靖二年三月十七日,卒于隆庆五年六月二十三日,年五十。"从丹徒朱圌泉游,圌泉讳锡,心斋之门弟子,朱授漳州教谕,东日亦随往授学,道经闽粤之间,每于父兄有学谊者无不往谒,请益尽,识东南一时之贤豪,卒归里。"③

表现之三是王公祠。明代两淮盐场共有4处王公祠,以祭祀王心斋先生,他们分别在东台场、富安场、安丰场、栟茶场。安丰场王公祠,在场北月塘湾,起初,侍御洪垣为心斋先生建造东淘精舍,心斋殁后,侍御胡桓改东淘精舍为祠堂,令先生门人、子侄祭祀之。"督学冯天驭檄文泰州太守,置田丁堡庄以供簿正,每春秋丁祀后,遗有司一人或教官一人致祭焉。厥后,侍御胡祀其主于州之乡贤,而本场祠祀主于场,使朔望谒祠行香。"④由上可知,安丰场王公祠的影响力经历了一个不断扩大的过程。由东淘精舍到祠堂再到乡贤祠,祭祀的人群也由最初的门人、子侄扩大到整个盐场的人。在王公祠的兴起过程中,有门人的尊奉,有地方官的追捧。富安场之王公祠在阿育池东,吴爱建之于宗祠前,为楹有三。吴爱是总灶,至嘉庆年间已倾废。东台场王公祠在明真观东庙,有厅堂三进,后因地震倾颓。顺治五年(1648),分司王公稚鼎捐俸率众建。最迟至嘉庆年间,倾废,改为火星庙。⑤栟茶场王公祠:耆灶缪好信,早年向学,雅意好修,一日梦心斋先生于中庭,以故特捐祠宇三间,建于本宅东,问果园中,春秋致祭,倡率同盟,月订二会,兴起理学,仍置祭田数亩,以供祭祀。大使余文麟给帖与

---

① 〔明〕袁承业编校:《明儒王心斋先生遗集》卷五,《附明王东堧先生传》,清宣统二年东台袁氏铅印本。
② 〔清〕陈世镕:《泰州志》卷十二,《祠祀》,载《中国地方志集成·江苏府县志辑50》,凤凰出版社,2008年,第88页。
③ 〔明〕袁承业编校:《明儒王心斋先生遗集》卷五,《明王东日先生传》,清宣统二年东台袁氏铅印本。
④ 〔清〕汪兆璋:《重修中十场志》第五卷,《坛庙》,清康熙十二年木刻本。
⑤ 〔清〕蔡复午:《东台县志》卷十三,《祠祀》,载《中国地方志集成·江苏府县志辑》,江苏古籍出版社,1991年,第452页。

其子孙,俾令世世遵守。① 泰州崇儒祠,始建于明代万历四年四月,由当时督学泰州的耿定向倡议,知州吴道立主持兴建。

表现之四是弟子满天下。据东台袁承业所收集的王艮弟子师承表来看,其社会网络是十分庞大、复杂的,这是王艮留给后裔的珍贵遗产。

> 计得诸贤四百八十七人,可谓盛矣。上自师保、公卿,中及疆吏、司道、牧令,下逮士、庶、樵、陶、农、吏,几无辈无之。据表中,以进士为达官者三十六人,以孝廉为官者十八,以贡仕为官者二十三人,以樵、陶、农、吏为贤士入祀典者,各一人,余以士庶入乡贤祠者不乏其人,然弟子中载入《明史》者二十余人,编入《明儒学案》者三十余人。②
>
> 考诸贤所出之地,几无省无之。据表中江西得三十五人,安徽二十三人,福建九人,浙江十人,湖南七人,湖北十一人,山东七人,四川三人,北直隶、河南、陕西、广东各一人,江苏本省百数十人,考明之行省所缺广西、云南、甘肃三省耳。且弟子中为三省之官者甚多,岂有不行其学术于政中? 尚有百余人未注其住址,安得无三省之人耶? 余搜罗未广,遗漏颇多。③

雍正六年(1728),曹辰宗担任草堰场大使时,为宣扬儒家意识形态,在小海社学旧址上建置文庙,至次年七月文庙落成,小海场大使作《新建文庙碑记》以示庆贺。有意思的是,文中说道:"尔之乡先辈有朱轼、宗部其人者,得及王心斋门讲明致良知之学,县志详之。惜乎,不求洙泗正传,专攻姚江一派,是犹入圣人之门,不登堂奥而游其旁庑,道其所道非吾所谓道也。诸生其尤慎所习哉。"④从这则材料可知,代表官府文化立场的曹辰宗,致力于宣扬传统儒家的价值观,将王阳明心学视为旁门左道。王艮作为左派的阳明心学代表人物,更是不被正统的儒家思想所接受,但是因王门弟子朱轼、宗部的影响力,心学在草堰、小海两盐场的势力仍是很大的。建置文庙是官府试图改变此种现状的一种积极的作为。

---

① 〔清〕汪兆璋:《重修中十场志》卷二,《古迹》,清康熙十二年木刻本。
② 〔明〕袁承业编校:《明儒王心斋先生遗集》卷五,《附明儒王心斋先生弟子师承表·序言》,清宣统二年东台袁氏铅印本。
③ 〔明〕袁承业编校:《明儒王心斋先生遗集》卷五,《附明儒王心斋先生弟子师承表》,清宣统二年东台袁氏铅印本。
④ 〔清〕林正青纂:《小海场新志》卷四,《庙祀志》,载《中国地方志集成·乡镇志专辑17》,江苏古籍出版社,1992年,第199页。

二、安丰王氏宗族的建构

安丰王氏宗族的建构是随着王艮的崛起而开始的。王艮的崛起和随之产生的巨大影响力,驱动其子孙建造东淘王氏宗族。王艮之子王襞在《祭始祖文》中便指明了王艮理学对于安丰王氏兴起的重要性。"门楣相接,檩角相连,盘亘所围十余里,合居成乡,老少男妇不下千余人,乌纱鹤发之老代代列出,而黉门之游者虽未获科甲之选,而理学姓名乃显自家升,闻于帝阙者矣。"①在《王心斋先生年谱》中提到"族长"一词。如正德九年(1514),"族长某知先生有志天下,每以难事试之,立辨析"。又如正德十五年(1520),"归七日,复欲往,守庵公以前次途中阻风遇盗,难其行。先生曰:为善必吉,诚可动天。此行必有神护。族长老故相难曰:汝言诚可动天,今望雨,能祷得之,汝父必许往豫章也。先生即斋心焚香,以情告天庭。午,云起,雨下如注。族老异焉,公亦忻然许之"。但书中"族长"的意义是指族中德高望重的年长者,而非现代意义上一族之长的意思。

(一)毁佛像以立祖先牌位

明中叶以前,泰州分司所辖盐场佛道二教盛行,尤其"崇尚浮屠"②。"坛庙正祀不及十之三,而二氏至逾十之七","梵宫道院金碧灿烂,而于古先圣贤之庙貌,任其倾颓,莫由人过问"。③ 据《王心斋先生年谱》记载,安丰盐场就是如此。至正德十二年(1517),王艮成功地劝说其父亲焚毁家中的神佛像,立祖先牌位,祭祀祖先。"里俗家庙多祀神佛像,先生告于守庵公曰:'庶人宜奉祖先。'守庵公感悟,遂祭告而焚之,因按文公家礼,置四代神主祀焉。"由上述材料可知,王艮于正德十二年时就于家中"置四代神主",这不符合朝廷的规定。祭祖本是贵族及官僚阶层的特权,后庶人亦可祭祖。但对于祭祀的祖先数和祭祀地方有严格的限制。明代规定,九品官以上可奉祀高、曾、祖、祢四代祖先,庶人只许祭其父母。④ 至清代,庶人才可奉祀四代祖先。⑤ 王艮的行为可以理解为民间社会并未严格按照朝廷的规定祭祀祖先。

---

① 〔明〕王襞:《新镌东崖王先生遗集》卷上,《祭始祖文》,明万历刻明崇祯至清嘉庆间递修本。
② 〔清〕汪兆璋:《重修中十场志》卷一,《风俗》,清康熙十二年木刻本。
③ 〔清〕汪兆璋:《重修中十场志》卷五,《坛庙》,清康熙十二年木刻本。
④ 〔明〕申时行:《大明会典》卷五,《礼部·祭祀》,明万历内府刻本。
⑤ 〔清〕来宝:《大清通礼》卷十七,《吉礼》,清乾隆二十一年刻本。

王艮以祖先牌位替代佛像的举动,和他弃商学儒有密切的关系,是服膺儒学的结果。并不能说明此时王艮就有宗族建造的规划,尽管后来它从客观上构成安丰王氏宗族建设的一部分。有趣的是,两年后宸濠于江西叛乱,明武宗南巡驻跸于扬州时,遣嬖幸佛太监神总兵至沿海各场索鹰犬。王艮之父将祸害来临归咎于撤掉家中神佛像。"守庵公惧,诣先生曰:'儿劝我毁神佛,今神佛祸作,奈何?'"王艮父亲的反应再次表明崇佛仍是盐场社会的主流信仰,祖先信仰并未被真正接受。

(二)创立宗会

安丰王氏宗族的建设起始于创立宗会。王襞兄弟于嘉靖二十七年策划组织宗会。《新镌王东崖先生遗集》中收录的《告合族祖宗文》和《祭始祖文》两篇文献中说明了设立宗会的缘由。"气数不齐,才品稍异,贫富莫均,贤愚劣等,尊卑老少之间渐失祖宗礼义仁和之泽……爰立宗会于钦差巡盐御史胡所建高士心斋父之祠。"①至嘉靖三十一年(1552),规定每月于朔望两日定期聚会,加强宗族成员之间的联系;希望族中富裕者扶持贫弱者,彰显和睦敦祖之义;提出将来修族谱、建家庙、置义田、立义学的期望。

> 每月朔望聚合其间,以联一家和睦之亲,各愿诚心洁意,上以敷祖宗德泽之恩,下以示子孙观望之则,俾吾群族老者有养,少者有教,富者有施,贫者有赖,嫁娶凶丧者有赡,贡赋课税不累官司征催之繁。周悉广布,以昭族规。待有年丰岁熟之时,敛财畜谷,渐次肇举。修族谱以系枝脉,建家庙以明祀享,置义田以赒穷乏,立义学以广教育。永俾吾族为慈孝忠厚之族,而吾乡为仁善和义之乡。②

上述材料表达出安丰王氏建设宗会的强烈愿望。创立宗会自然能起到"敬祖收族"的作用,但宗会活动举办于心斋祠中又构成离散宗族的因素,从而限制了宗族的建设。因为除王艮直系子孙外,其他族人想要祭祀的是他们的共同祖先,而非仅仅是王艮。故不难理解其他宗族成员参与宗会活动积极性不高,甚至非议和阻挠宗会活动。"近寒门宗法之行不为苟苟,特初行之略为草创耳,久

---

① 〔明〕王襞:《新镌东崖王先生遗集》卷上,《语录遗略》,明万历刻明崇祯至清嘉庆间递修本。
② 〔明〕王襞:《新镌东崖王先生遗集》卷上,《年谱纪略》,明万历刻明崇祯至清嘉庆间递修本。

之而文章之,则或可观矣。昨有诮之者曰:彼会之立,不重睦人而亟在敛钱。是犬吠之谈,不知其中之由者也。"①尽管上述材料说其他宗族成员非议宗会是出于经费方面的考虑,笔者认为主要还是宗会不同于宗祠家庙。杜正贞认为,宗会是以教化为最终目的、以血缘亲属关系为纽带的组织,有别于以宗法权威为核心的宗族。笔者以为,宗会是宗祠过渡时期的产物。

(三) 创置义仓

义仓之设缘于隆庆三年的大海潮泛溢成灾。"隆庆三年秋,大水,河决高家堰黄浦口,水势奔腾,田亩悉为巨浸。"②《明儒王心斋先生遗集》中也指明隆庆三年发生大潮灾。"隆庆三年秋,海溢,潮高二丈余,洪泽湖、高家堰同时决口,下游州县均成泽园国,吾乡人民溺死无算。"③在突如其来的灾害面前,王艮第三子王褆变卖家产赈灾。为了给灾民筹集到更多物资,他还创作《水灾吟》跑到南京都城以歌唱的方式劝导富裕之家出资助赈。"而先生鬻产捐赈,暂止里民之饥,复曰:'吾资有限,此不过以济燃眉,非常策,且灾地甚广,不能仅救一隅耳。'故作《水灾吟》,二百余言,赴南直都城且歌且劝,以动四方殷实士夫出资助赈,活者无算。"④王艮的第四子王补则创作《浇水赋》和三哥王褆一起劝赈。"隆庆己巳洪水泛滥,吾乡受害甚巨,先生三兄东隅作《水灾吟》,以劝四方,先生作《浇水赋》,以导乡人,一守一行,上下劝导,助赈多多,活饥民者无算,远近士夫咸赞淮南善士尽出王氏一家。"⑤除王艮儿子在努力应对灾害外,其他人也参与了赈灾救灾,如安丰盐场傅本淳。"傅本淳,安丰人,隆庆三年,海潮泛溢,漂没亭场禾稼,本淳捐粮百石赈之。"⑥

除应急性的施赈外,预防性救灾措施义仓由此诞生。隆庆四年(1570),王褆"创义仓,防将来之歉岁"⑦。《一庵王先生遗集》中说:"隆庆二年,先生(王栋)六十六岁。是年创水东大会,建义仓。"⑧这一说法把时间弄错了,因为隆庆

---

① 〔明〕王襞:《新镌东崖王先生遗集》卷上,《年谱纪略》,明万历刻明崇祯至清嘉庆间递修本。
② 〔清〕林正青:《小海场新志》卷十,《灾异志》,清乾隆四年刻本。
③ 〔明〕袁承业编校:《明儒王心斋先生遗集》卷五,《附明王东隅先生传》,清宣统二年东台袁氏铅印本。
④ 〔明〕袁承业编校:《明儒王心斋先生遗集》卷五,《附明王东隅先生传》,清宣统二年东台袁氏铅印本。
⑤ 〔明〕袁承业编校:《明儒王心斋先生遗集》卷五,《附明王东隅先生传》,清宣统二年东台袁氏铅印本。
⑥ 〔清〕蔡复午:《东台县志》卷二十七,《传八·尚义》,据清嘉庆二十二年刻本影印,载《中国地方志集成·江苏府县志辑》,江苏古籍出版社,1991年,第553页。
⑦ 〔明〕袁承业编校:《明儒王心斋先生遗集》卷五,《附明王东隅先生传》,清宣统二年东台袁氏铅印本。
⑧ 〔明〕王栋:《一庵王先生遗集》卷上,《年谱纪略》,明万历三十九年抄本。

二年没有发生灾害的记录，反倒有"隆庆二年，稔"①的记载。创设义仓既是加强宗族建设的过程，也是参与地方事务管理的过程。

（四）修族谱

这个工作由王艮的儿子一辈发起。王艮之子王襞在《王氏族谱总图序》中，说明这次创修族谱的目的。"讳字不相犯，行叙不相紊，五服不相遗，亲疏远近，枝衍虽蕃，而尽归一本。……尊卑长幼，各安其分，自秩然有礼；善恶贤愚，指择其行，皆昭然可鉴。"②编修族谱耗时耗力，经历了好几代人的努力。如王艮的孙子王之垣，"晚年撰修族谱，以竟先志"③。又如，王艮的曾孙王元鼎，"遵父遗命，力纂族谱"④。还如，王嘉令，"凡地方有公务，当兴举者，不惜身出多金……他如修族谱、建宗祠，种种不一"⑤。再如，王艮的宗弟王栋。"王栋，泰州人，艮从弟，以嘉靖中岁贡，为深州学正，历主白鹿洞书院，著有《一庵会语》。"⑥隆庆六年（1572），王栋七十岁时从深州致仕归故里，"创修族谱遗稿，归并递年以睦族人"⑦。王艮、王栋的共同祖先是王伯寿。王艮是王伯寿长子王国祥的后裔，王栋是王伯寿次子王国瑞的后裔。"明太祖统一海内，其先史籍伯寿思归故土，仍徙江北泰州之安丰场，此王氏迁泰之鼻祖也。生三子，长国祥，析举场北，七世大儒艮（心斋），其后也。三国桢，析居场南。次国瑞，徙居姜堰，即古三水镇也。"⑧

王伯寿生王国瑞，王国瑞生王善卿，王善卿生王德元，王德元生王文善，王文善生王瀗，王瀗生王栋，王栋是长子。⑨故王栋和王艮均是王伯寿的第七世孙，但王栋和王艮年龄相差悬殊，王艮生于成化十九年，王栋生于弘治十六年，故王艮比王栋年长二十岁。王栋比王艮的长子王衣仅大四岁，比王襞大八岁。三水王氏和安丰王氏虽是同宗，但好几代之间都没有往来。其中的缘由是，三水王氏王伯寿第三世孙王敬因罪被遣于卫所服军役，安丰王氏怕受到牵连，所

---

① 〔清〕林正青：《小海场新志》卷十，《灾异志》，清乾隆四年刻本。
② 〔明〕袁承业编校：《明儒王心斋先生遗集》卷五，《附明儒王东堧东隅东日天真四先生残稿》，清宣统二年东台袁氏铅印本。
③ 〔明〕袁承业编校：《明儒王心斋先生遗集》卷五，《附明王东隅先生传》，清宣统二年东台袁氏铅印本。
④ 〔明〕王艮：《心斋王先生全集》卷二，《世系》，明万历年间刊本。
⑤ 〔清〕汪兆璋：《重修中十场志》第六卷，《人物·笃行》，清康熙十二年木刻本。
⑥ 〔清〕赵宏恩：《江南通志》卷一百六十三，《人物志》，清文渊阁四库全书本。
⑦ 〔明〕王栋：《一庵王先生遗集》卷上，《年谱纪略》，明万历三十九年抄本。
⑧ 单毓元：《泰县志稿》卷二十二，《社会志下·氏族下》，1931年抄本。
⑨ 〔明〕王栋：《一庵王先生遗集》卷上，《年谱纪略》，明万历三十九年抄本。

以之间不通往来。

　　国瑞生三子,长敬,字贵卿,次教,字善卿,三新,字宁卿。洪武中,敬以人才授湖广汉阳府退官,寻以委督京工鸣锣惊马,定鼎之初,乐于用材,重于执法,谪充山西行都司安车中屯卫小旗军役,卒于所,无嗣。接勾户丁,以弟教长子礼,补伍礼,子彬赍送军装,遂留代父役,礼得归,老于家。后教四子荣为敬嗣,出代军役,彬亦得归老于家,而荣子孙永成焉。安丰一族恐致连累,由此不通往来。①

但至王栋时,三水王氏和安丰王氏之间的联系较多。王栋临死前,"有意中事,嘱本宗东厓,惜未至而殁"②。王东厓,即王艮次子王襞。王栋致力于发扬王艮心学。配享师心斋精舍祠、崇儒祠,王艮、王栋、王襞被称为"淮南王氏三贤"。需要特别说明的是,族谱的修撰是安丰王氏和三水王氏所有成员共同出资出力的结果,而不是像杜正贞所说的,"族谱的编写是王艮的儿子、孙子、曾孙三代人共同努力的结果"③。"大合东淘、三水族众,醵谱资,辑遗稿,勚力惟艰,族人委服其劳。"④

最后,于万历年间编成《东淘王氏族谱》。以《东淘王氏族谱》命名,似乎没有包括三水王氏,这大概是东淘王氏出力多,王艮在当时的影响力大的缘故吧。⑤ 至王艮九世孙王之垣,又编修了十二卷本的《大儒族谱》。⑥

（五）建宗祠

在康熙《重修中十场志》第五卷"坛庙"中,列出安丰盐场有"王氏宗祠"。惜未有任何文字加以说明,但可以肯定的是,它不是指祭祀王艮的心斋祠堂,理由是在康熙《重修中十场志》第五卷"坛庙"中已列有"王公祠"。

---

① 单毓元:《泰县志稿》卷二十二,《社会志下·氏族下》,1931年抄本。
② 〔明〕王栋:《一庵王先生遗集》卷上,《年谱纪略》,明万历三十九年抄本。
③ 杜正贞:《作为士绅化与地方教化之手段的宗族建设——以明代王艮宗族为中心的考察》,《江苏社会科学》,2007年第5期。
④ 〔明〕王艮:《心斋王先生全集》卷二,《世系》,明万历年间刊本。
⑤ 〔明〕王艮:《心斋王先生全集》卷二,《世系》,明万历年间刊本。
⑥ 〔清〕蔡复午:《东台县志》卷三十九,《录四·撰述》,载《中国地方志集成·江苏府县志辑》,江苏古籍出版社,1991年,第712页。

第二章　两淮盐场社会的分化与宗族的建构　　107

　　　　王公祠在场北月塘湾,祀心斋先生,初洪侍御垣为先生作东淘精舍,以居问学诸生,先生殁,胡侍御桓改为祠,令先生门人子侄祀之,督学冯侍御天驭檄文泰州守,置田丁堡庄以供簿正,每春秋丁祀后,遣有司一人或教官一人致祭焉。厥后,胡侍御祀其主于州之乡贤,而本场祠祀主于场,使朔望谒祠行香。①

　　"王氏宗祠"究竟建于何时,何人所建?遍查资料,发现在安丰王姓者中仅有王元鼎和王嘉令有建宗祠的记录。和《心斋王先生全集》中的记载王元鼎"议建家庙"不同,《明儒王心斋先生遗集》中则记载是"建宗庙"。"立宗会,议建家庙、义塾,睦族众,训弟子。"②又,"修族谱,建宗庙,立义塾,睦宗族,敦伦纪"③。有关王嘉令建造宗祠的记载如下,"王嘉令,号仰庵,王氏为安丰巨族,家世有隐德,嘉令祖宸,尝独立为阖场清侵界事……凡地方有公务,当兴举者,不惜身出多金。……他如修族谱、建宗祠,种种不一"④。

　　王嘉令是王宸之孙。王宸与王艮之间有无关系?笔者推测王宸是王艮同胞或同宗兄弟之子,王嘉令是王艮同胞或同宗兄弟之曾孙。理由如下:其一,王宸也出自安丰王氏,从同宗族男丁取名讲究排行看,王艮的五个儿子分别名叫王衣、王襞、王褆、王补、王裕,即均带有"衣"字,"宸"字也带有"衣"字。王宸和王衣发音一样,是否同一个人呢?答案应该不是。因为王宸曾成功地处理过一桩安丰盐场与梁垛盐场之间的草荡纠纷案,而如此重大而有面子的事情并未出现在王衣的传记中。故王宸应该是王艮同胞或同宗兄弟之子,和王衣属于同一辈分。其二,王宸的一个孙子名叫王嘉令;王衣有一个孙子名叫王嘉禄,另一个孙子名叫王嘉弟,三人名字中均有一个"嘉"字,同样符合取名讲究排行之说。"王嘉弟,心斋曾孙,克绍家学,在乡党恂恂如也。能诗歌,善谈论,娓娓不倦。"⑤其三,查阅安丰盐场王姓者的事迹,在王艮以前仅列有王艮之曾祖王文贵、祖父王公美、叔伯祖王尚端三人修广容桥之事。王宸"家世有隐德"极可能是指王文贵、王公美、王尚端三人修广容桥之事。

———————

① 〔清〕汪兆璋:《重修中十场志》第五卷,《坛庙》,清康熙十二年木刻本。
② 〔明〕王艮:《心斋王先生全集》卷二,《世系》,明万历年间刊本。
③ 〔明〕袁承业校:《明儒王心斋先生遗集》卷五,《附明王元鼎传》,清宣统二年东台袁氏铅印本。
④ 〔清〕汪兆璋:《重修中十场志》第六卷,《人物·笃行》,清康熙十二年木刻本。
⑤ 〔清〕汪兆璋:《重修中十场志》第六卷,《人物·理学》,清康熙十二年木刻本。

王嘉令是安丰盐场富有传奇色彩的一个人物,从少年的孤贫到后来累资巨万。"少孤贫,纤啬作苦数十年,积赀累巨万,力行善事。"①有了经济基础这个坚强的后盾,王嘉令在地方上做了很多的善事。如上书言事,请求取消代纳角斜场的盐课。"先是嘉靖间,角斜场以潮变,派本场代办盐一千七十引,岁纳课二百十四两有奇,经五十余年,嘉令出身告复,始得免。"②

在国家对盐场赈济没有形成制度之前,由他场代办受灾盐场的盐课是国家既救济受灾盐场又保障国家盐课利益的一个措施。正统十三年(1448),伍祐场代纳徐渎场盐课;成化十五年(1479),伍祐场、新兴场代纳天赐场盐课。③安丰场代办角斜场的盐课,当是发生在嘉靖十八年闰七月,"海潮泛涨,故灶遗课数多,御史焦琏将富安、安丰、梁垛、东台、何垛、丁溪、草堰、小海、刘庄、伍祐、新兴、庙湾十二场额外代办被灾角斜、栟茶、余东三场,逃亡盐一万五千二百一十三引一十斤"④。又如,修桥梁:"北石桥,王嘉令倡修……王家桥,崇祯二年,王嘉令造。"⑤又,"古石梁,即北石桥,在安丰场减水坝西,明王嘉令倡修"⑥。还如,建造寺观:"向公祠:向公者,泰郡州牧也,天启间,梁垛场盗王虎子作乱,场民多沾其恩,王嘉令等倡议创建。正堂三间,耳房三间。"⑦再如,修浚五仓河,修缮街道。"浚五仓河以利灶,甃通场石街七里,所费不赀,皆独立任之。劳怨不辞,期于利众而止。"⑧

以上极力铺陈王嘉令的善行义举,是想证明王嘉令有财力修建一座宗祠。再回到"王氏宗祠"建造时间的问题上来,从生活的年代看,王元鼎生于万历四年四月初四,卒年不详。不过至天启年间仍健在。"分运徐公光国纂创场志,礼聘文士魏生公辅、王生元鼎,谘访文献。"⑨王嘉令生卒年均不详,他在天启、崇祯

---

① 〔清〕蔡复午:《东台县志》卷二十六,《传七·笃行》,载《中国地方志集成·江苏府县志辑》,江苏古籍出版社,1991年,第546页。
② 〔清〕蔡复午:《东台县志》卷二十六,《传七·笃行》,载《中国地方志集成·江苏府县志辑》,江苏古籍出版社,1991年,第546页。
③ 〔明〕佚名:《两淮运司志》卷七,《建置沿革分野·淮安分司》,明弘治间刻本。
④ 〔明〕史起蛰、张榘:《两淮盐法志》卷五,《法制二》,明嘉靖三十年刻本。
⑤ 〔清〕汪兆璋:《重修中十场志》第二卷,《疆域考》,清康熙十二年木刻本。
⑥ 〔清〕蔡复午:《东台县志》卷十一,《考五·水利下》,载《中国地方志集成·江苏府县志辑》,江苏古籍出版社,1991年,第430页。
⑦ 〔清〕汪兆璋:《重修中十场志》第二卷,《坛庙》,清康熙十二年木刻本。
⑧ 〔清〕汪兆璋:《重修中十场志》第六卷,《人物·笃行》,清康熙十二年木刻本。
⑨ 〔清〕林正青:《小海场新志》卷四,《庙祀志》,载《中国地方志集成·乡镇志专辑17》,江苏古籍出版社,1992年,第206页。

年间仍热心于地方事务。故而王氏宗祠修建的时间在明末。

从心斋祠到王氏宗祠,安丰王氏宗族建设迈出了关键性的一步。不过,这并非是由王艮一支所能完成的,它是安丰王氏宗族成员共同努力的结果。王元鼎受制于家庭经济因素,未能充当修建王氏宗祠的主角,仅是参与者之一,其主角是王嘉令。笔者以为,杜正贞找不到王氏宗祠,是因为她仅把目光投向了王艮的直系后裔,而没有从安丰整个王氏的视角着眼。杜正贞认为,"他们建设宗族的努力最后随着王艮后人士绅化努力的失败而成为昙花一现"。笔者以为没有,只不过在宗族建设中发挥作用的不是王艮直系后裔罢了。

以上粗浅地阐述了安丰王氏宗族的建构过程,但据康熙《重修中十场志》记载,至迟在康熙年间,泰州分司所辖十个盐场中,富安场建有吴氏宗祠、卢氏宗祠和崔氏宗祠;安丰场建有王氏宗祠、吴氏宗祠和季氏宗祠;栟茶场建有徐氏宗祠、缪氏宗祠和蔡氏宗祠。尽管只是列出了这些宗祠的名字(有的还记录下地理位置,只是没有详细的文字记载),但是说明在这些盐场有过建构宗族的历史。富安场吴氏宗祠的记录还散见于王公祠中。"富安场王公祠,祀心斋先生,在阿育池东,吴爱建之于宗祠前,为楹有三。"① 栟茶场缪氏、徐氏、蔡氏始终是巨族大姓,所以至民国时期仍流传着"一缪二徐三蔡四于"② 的谚语。以上说明明清时期宗族建构的浪潮也波及两淮盐场社会。明清时期中十场始终是两淮最重要的十个盐场,但即便如此,构建宗族并不普遍,因为康熙《重修中十场志》中仅有三个盐场有宗祠,而其他七个盐场没有宗祠的记载。和地方州县广建宗族相比,迟至康熙年间两淮盐场宗祠建设并不发达。尽管如此,仍不能忽视宗族的出现与发展对两淮盐场社会的影响。

总之,明中叶以来,两淮盐场社会发生了经济结构和社会结构的变迁。其中经济结构的变迁主要体现在灶私的兴盛和荡地农垦化;社会结构的变迁主要体现在总催和豪强灶户势力的兴起。随着两淮盐场社会分化的加剧,国家对两淮盐场社会的管理日渐困难。

---

① 〔清〕汪兆璋:《重修中十场志》第五卷,《坛庙》,清康熙十二年木刻本。
② 张正藩、缪文功:《东台县栟茶市乡土志》卷十一,《族姓》,载《乡土志抄稿本选编(八)》,线装书局,2002年,第236页。

第三章 两淮盐场社会的整合

为了应对两淮盐场社会的分化,明清两朝积极主动地采取兴办教育事业、整顿民间信仰和防灾救灾等举措,以实现两淮盐场社会的整合。

第一节 教育的兴起

一、设社学

(一)徐鹏举首创社学

洪武八年(1375),明廷规定乡里每三十五家配置一所社学。滨海两淮盐场设置社学的时间要晚很多,"场之有社学,自前明弘治二年徐鹏举为泰州分司始"[①]。弘治二年(1489),徐鹏举以进士身份担任泰州分司的运判,"先是工部主事夏英、礼部侍郎李嗣俱言,运判当以进士英俊者为之,故鹏举始以进士除判官"[②]。

莅任后,徐鹏举目睹了两淮泰州分司所辖盐场社会分化后带来的诸多问题,如总催欺压灶民、豪强兼并草荡、豪商强取豪夺等,饱受儒家思想熏陶的他决心致力于加强泰州分司所辖盐场社会的治理。他加强泰州分司所辖十个盐场社会的治理的举措如下:

> 设清盐簿帖,革官总侵欺,顺灶催煎,禁总利害,查拨草荡以除豪强兼并,较勘样筹以革官总侵渔,退老书、制豪商以安贫困,毁淫祠、禁邪巫以正流俗,勤殷实以备赈济,均盐课而婚贫灶,教灶民以敦行四礼,毋事佛老、不

[①]〔清〕王世球:《两淮盐法志》卷二十一,《场灶七·灶课下·社学》,清乾隆十三年刊本。
[②]〔明〕杨洵、陆君弼:《扬州府志》卷十二,《盐法下·秩官传》,明万历刻本。

祭非鬼以正其心,令教读、训幼民读书习礼,先自小学始以养其蒙。各场设木铎老人一名,每夜叫诵皇祖圣训,教民榜文及五教词,以振觉其善。①

由上可知,徐鹏举从生产、生活、思想、宗教信仰等方面予以全面的整治,其根本目的在于"明教化,美风俗"。

他认为较为有效的移风易俗的教化办法,是从小对灶民子弟灌输儒家思想,于是他"于每场置社学,选场中有学行者一人教之"②。社学的规制为:"中为讲堂,左右为翼舍,后为憩室,室旁为庖,前为外门,缭之以周垣。"③此外,他还亲自创作了一篇训词,将儒家的纲常伦理贯穿其中,"使户读人诵,幼习壮行,常接于耳目,每警其身心,潜消默夺其趋利之念","庶几补益风俗之万一耳"。④其训词内容如下:

> 为吾民者,父慈而教,子孝而箴,兄爱而友,弟敬而顺,夫和而义,妻柔而正,姑慈而从,妇听而婉,为臣而忠,交友而信。男女有别,子弟有学,言必忠信,行必笃敬,心术必正,威仪顺则,衣服遵制,饮食有节,德业相劝,过失相规。贫穷患难相救,婚姻死丧相助。毋听妇人言,毋急竞长短,毋酗饮酗酒,毋斗狠赌博,毋用僧道,毋惰农业,毋欠粮课,毋学私贩,毋尚奢侈,毋肆奸淫,毋作盗贼,毋好争讼,毋倚尊凌卑,毋以幼犯长,毋以恶凌善,毋以富吞贫。行者让路,耕者让畔,则礼义攸臻。刑德不犯,身家常保,帝王之治成矣。⑤

在徐鹏举的提倡下,各盐场大使积极响应。弘治二年(1489),泰州分司所辖的十个盐场全部设置了社学,每场社学的建置情况如下:

富安场社学:弘治二年,判官徐公建。在司前官街西南,北阔十丈,东

---

① 〔明〕佚名:《两淮运司志》卷五,《泰州分司》,明弘治间刻本。
② 〔清〕王世球:《两淮盐法志》卷二十一,《场灶七·灶课下·社学》,清乾隆十三年刊本。
③ 〔清〕林正青:《小海场新志》卷四,《庙祀志·苍严社学议》,载《中国地方志集成·乡镇志专辑17》,江苏古籍出版社,1992年,第200页。
④ 〔明〕佚名:《两淮运司志》卷五,《泰州分司》,明弘治间刻本。
⑤ 〔明〕佚名:《两淮运司志》卷五,《泰州分司》,明弘治间刻本。

西长十三丈,正房三间,后房三间,厨房二间。

安丰场社学:弘治二年,判官徐公建,大使王聪董工。在本场后官街西,正房、后房、西房,共十二间,门楼一间。

梁垛场社学:弘治二年,判官徐公建,大使刘景山、副使杨聪董工。在场南大街之东,正房三间,东厢三间,前门一间。

东台场社学:弘治二年,判官徐公建,副使赵谅董工。在本场公馆西南三官南前,南北长五丈九尺,前阔三丈,后阔四丈二尺,正房三间,□逢楼二座,周围砖墙。

何垛场社学:弘治二年,判官徐公建。在场东南半里,周围三十九丈九尺,瓦房三间,门楼一座。

丁溪场社学:弘治二年,判官徐公盖正房三间,门楼一座。在本场司前,东西长八丈四尺,南北二丈七尺五寸。

草堰场社学:弘治二年,判官徐公建,大使张文董工。在场司东副使宅前,东西长四丈五尺,南北长五丈四尺,正房三间,厨房一间,门楼牌坊各一座。

小海场社学:弘治二年,判官徐公建,大使杨昱董工。场东街,南北长七丈,东西阔四丈五尺,正房三间,厢房二间,牌坊一座。

角斜场社学:弘治二年,判官徐公建,大使张景廉董工。本场司东,正房三间,厨房一间,门楼一座。

栟茶场社学:弘治二年,判官徐公相度鸠材,建正房三间,西厢房二间,大门一间。在场司南,其地高平方正,前临流水,后背场司,左近闾巷,右连灶居,诚沃壤也。[1]

受泰州分司所辖盐场设置社学的影响,淮安分司的白驹场、刘庄场、伍祐场、新兴场、庙湾场、板浦场以及通州分司的金沙场随之也设置了社学。

白驹场社学:弘治二年,判官徐公委大使张琇、副使张鹏建。在公馆西,正房三间,门楼一座。

---

[1] 〔明〕佚名:《两淮运司志》卷五,《泰州分司》,明弘治间刻本。

刘庄场社学：弘治三年，判官徐公委大使武镒靳友建。在场西河崖西北旧官厅遗址，广五丈，袤十一丈，正房三间，厅房二间，门楼一座。

伍祐场社学：弘治二年，判官徐公委大使杨政、副使王昇建。正房三间，厢房二间，门楼一座，本场东市街西北，去司八十步，广五丈，袤八丈。

新兴场社学：弘治三年，判官徐公委大使马呈端建。正房三间，厨房三间，门楼一座，即副使公廨基址。

庙湾场社学：弘治二年，判官徐公委大使杨宁建。在龙王庙内，正房三间。

板浦场社学：弘治二年，判官徐公委大使蒋鉴建，书堂三间。①

金沙场社学：弘治二年，委大使陈忠、副使苏能，于公馆西隙地盖正厅三间，厨房三间，门楼一座。②

徐鹏举在任期间，"于所部盐场立社学，延明师教灶民子弟，自作学训示之。葬祭禁用浮屠，清荡地，集逋灶，亭民安焉。暇则采录文献，与东台梅金创修十场志及运司志"③。在任职期间所取得的诸多业绩中，建置社学产生的影响最为深远，也最让徐鹏举感到欣慰。他于东台场社学落成后赋诗一首，表露心迹。

肇修乡学育贤流，未必无谋学可谋。
子孝臣忠先致力，圣经贤传苦心求。
三场须要随时习，六艺还从暇日游。
邹鲁海滨才辈出，斯时方可慰吾忧。④

徐鹏举创建社学之举，得到部分地方士人的支持。如曾担任过河南国府审理的东台人梅金，与徐鹏举的关系十分密切，在社学落成后，也赋诗一首。"教育从今乐有基，应知后学得宗师。湮沦圣道斯时振，废坠纲常此日维。枯槁生

---

① 〔明〕佚名：《两淮运司志》卷七，《淮安分司》，明弘治间刻本。
② 〔明〕佚名：《两淮运司志》卷六，《通州分司》，明弘治间刻本。
③ 〔清〕蔡复午：《东台县志》卷二十，《传一·名宦·职官》，载《中国地方志集成·江苏府县志辑》，江苏古籍出版社，1991年，第515页。
④ 〔清〕林正青：《小海场新志》卷十，《诗·社学落成》，载《中国地方志集成·乡镇志专辑17》，江苏古籍出版社，1992年，第502页。

生沾化雨,萌芽渐渐长春曦。立翁德教如星日,海角嗟民恨见迟。"①可知他充分肯定了徐鹏举在两淮盐场社学创建上所做的贡献。此外,徐鹏举创建社学之举,还得到一些灶民的支持。如弘治二年(1489),富安场灶民吴大成,"捐地建社学,与之金,不受,分司徐鹏举书于册,储罐志其墓"②。但是,两淮盐场的社学维持得并不理想,在十余年的时间里,颓坏不堪。

(二) 史载德全面推广社学

弘治十三年(1500),史载德担任两淮巡盐御史。他十分重视两淮盐场社会的教化,"乃遍于诸场置学,运使毕亨亲定教条"③。徐鹏举建置社学时,招收的是盐场灶户的子弟。至史载德时,社学招收的对象已包括盐场商人的子弟。自洪武以来商人守支问题就长期得不到解决,这滋生出一个新的问题,即守支商人子弟的教育问题。兴建与推广社学的背后有商人子弟受教育的需求,尽管徐鹏举丝毫未提及,但十余年后史载德在奏疏中明确说明在盐场兴学"以诲商灶子弟"。

> 照得扬州地方,守支商人子孙相继,殆且千余;煎办灶户闾巷遥连,不下数万。诵读无闻,科甲罕见,以致商非冒支则有私贩,而廉耻灭存;灶非拖课则隐丁,而鞭扑罔顾。夫十室之邑,必有忠信;四方之众,岂无颖拔特教之,不设养之无素也。况朝廷选士以科、取士以文,倘得一士焉,大而辅理、参赞尧舜其君;小而守郡、令邑唐虞其民。则区区课免斗斤之征,又安足恤哉?④

由上可知,史载德重视两淮诸场社学的建设,旨在通过社学教化商、灶子弟,进而改善盐场社会的不良风气。

和徐鹏举草创社学相比,史载德建置社学的理念更为清晰。首先,他明确了入社学受教育的商灶子弟年龄及样貌、资质等问题。"仰经历司抄案呈堂:即

---

① 〔清〕林正青:《小海场新志》卷十,《诗·社学落成》,载《中国地方志集成·乡镇志专辑17》,江苏古籍出版社,1992 年,第 502 页。
② 〔清〕蔡复午:《东台县志》卷二十七,《传八·尚义》,载《中国地方志集成·江苏府县志辑》,江苏古籍出版社,1991 年,第 515 页。
③ 〔清〕王世球:《两淮盐法志》卷二十一,《场灶七·灶课下·社学》,清乾隆十三年刊本。
④ 〔明〕史起蛰、张榘:《两淮盐法志》卷五,《法制二》,明嘉靖三十年刻本。

拘商灶子弟择日赴院，八岁以上十二以下，在择质赋清秀者发社学，责令读书。其十三以上十八以下，则考试学通文理者，发运司，另行作养。"①其次，对于商灶子弟入学后的出路问题有明确的规划："以后社学有进者则发运司，有成者则呈提举或府或州或县，量居便宜收充生员以备乡荐；其学无进益者，系商则发生理，系灶则发煎办，切不许朦胧呈送。娼优奸盗之家有玷作兴，及□猾谲诈之辈以幸影射，务图悠久之谋，勿饴分外之弊。"②概而言之，商灶子弟中认真好学有长进者，可举荐进一步入府学、县学深造，更优秀的还可以列为举人的候选人；若不认真求学，则商人子弟经商，灶户子弟煎盐。

对于巡盐御史史载德的命令，两淮盐运使毕亨作出了如下的回文：

> 今蒙案仰作养商灶，但作养人才须求居止善地，今运司原无储养书院。及照三十场盐课司，有原立社学尚存可居者，有年久倾颓不勘者，又有原未创立者，若不从宜处置，实效难臻。合吾运司设立书院一所，估计基地、房屋、工料、匠价，求情无碍，官铁如法。盖造专一作养天下商人俊秀子弟。其各场社学可居者仍旧，颓坏者修葺，未设者创立，悉行通、泰、淮三分司，一体施行。本司仍预先拘集商人子弟择日送院拣选，三分司亦预备选集灶民子弟，勘以作养者听候本院按临择选。仍仰各慎选学行兼优、勘为师范之人，以典其事，不许滥收无学不正之人，有负作养至意。③

可见，盐运使毕亨一是希望在两淮盐运司建置一所书院；二是出资修葺原有社学可居住者并新建一些新社学；三是指出必须按照要求慎重甄选学童和教官。

就社学而言，巡盐御史史载德下令"于已设者重修，于未设者新建"。结果可知除富安、安丰、角斜三个盐场的社学并未得到重修或扩建之外，东台、小海、栟茶、草堰、金沙、白驹、刘庄、伍祐、新兴、庙湾、板浦、梁垛、何垛、丁溪等十四个盐场以往建置的社学得以重建或扩建；十三个盐场新建了社学，具体建置情况如下：

---

① 〔明〕史起蛰、张榘：《两淮盐法志》卷五，《法制二》，明嘉靖三十年刻本。
② 〔明〕史起蛰、张榘：《两淮盐法志》卷五，《法制二》，明嘉靖三十年刻本。
③ 〔明〕史起蛰、张榘：《两淮盐法志》卷五，《法制二》，明嘉靖三十年刻本。

丰利场社学:弘治十三年,御史史公于公馆东隙地委本场副使黄宏良盖正厅三间,门楼一座。

马塘场社学:弘治十三年,御史史公于公馆西隙地委本场大使夏杰、副使牛隆盖正厅三间,门楼一座。

掘港场社学:弘治十三年,御史史公于公馆东隙地委大使刘洪盖正厅三间,厨房二间,门楼一座。

石港场社学:弘治十三年,御史史公于公馆东隙地委大使左丈、副使陈珍盖正厅三间,门楼一座。

西亭场社学:弘治十三年,御史史公于公馆西隙地委大使吴镇盖正厅三间,门楼一座。

余西场社学:弘治十三年,御史史公于公馆北隙地委大使马英盖正厅三间,门楼一座。

余中场社学:弘治十三年,御史史公于公馆北隙地委大使原士翔、副使卢诩盖正厅三间,门楼一座。

余东场社学:弘治十三年,御史史公于公馆西隙地委大使吉庆、副使常吉盖正厅三间,门楼一座。

吕四场社学:弘治十三年,御史史公于公馆西隙地委大使张文盖正厅三间,门楼一座。

天赐场社学:弘治十三年,御史史公委大使王俊于公馆隙地建正房三间,门楼一座。

莞渎场社学:弘治十三年,御史史公委大使马奎、副使范名建正厅三间,门楼一座。

临洪场社学:弘治十三年,御史史公委大使刘杰、副使水启建正房三间,门楼一座。

徐渎场社学:弘治十三年,御史史公委大使孙胜、副使谢凤于衙门东隙地建,正房三间,门楼一座。①

---

① 〔明〕佚名:《两淮运司志》卷七,《淮安分司》,明弘治间刻本。

(三) 社学艰难地继续发展

从弘治十三年至嘉靖年间,两淮盐场的部分社学得以继续发展,如嘉靖三年(1524),如皋知县梁乔升将丰利场大圣院改建为社学,取名"敦风";将掘港场僧寺改建为社学,取名"回谰";将改建过后的马塘场社学,取名"小治"。但是,两淮盐场大多数的社学迅速走向颓败。庙湾场社学改为龙王庙;余西、临洪两场仅存基址;余中、吕四等十二个盐场,因"坍入江"而"并其遗址而废之矣"。① 嘉靖五年(1526),巡盐御史雷应龙指出了两淮盐场社学的现状及其存在的问题。"查得各场社学无者尚未建立,有者徒具虚名,教读非人,教养无法,乡俗何由而善?"② 于是,他规定:"其无社学场分,各查相应淫祠改修。……今后各场必推殷实有行止一人为主,择学行端洁之人以居师席,读书必以小学为先,教人必以孝悌为本,讲之必明,行之必力。"③ 在他的大力整顿下,丁溪、栟茶、梁垛三场的社学得以重建。嘉靖二十七年(1548),新兴场大使袁希乾重建社学。④

万历十八年(1590),泰州分司判官周汝登大力整顿安丰、富安、东台、何垛、梁垛、丁溪、栟茶、草堰、小海等十个盐场的社学。如为富安场社学增置正堂,为西厢,为门为楹;栟茶场,"中为敷教堂,东西有厢,事后葺而新之,为门一,为楹共二十有一,凡是席书籍咸备";在东台场新建西社学,"西社学,在泰东书院右,讲堂三楹,厢房二楹,门楼一楹。基址南北长七十步,东西广十四步"。⑤ 此外,他还为东台场东社学置水田九十亩,为东台场西社学置水田三十亩和旱田八亩,为富安场社学置社田十一亩和社店若干,每岁可得房租二两五钱。⑥ 他还聘请以"孝友著闻,师事王襞"的梁垛场人黄钰为社学教官。⑦ 因为大力修建社学,周汝登得到高度的赞赏。

> 恤灶兴蹉,百务俱举。修建社学,以教亭民子弟;置社田,僦社店,以赡

---

① 〔明〕史起蛰、张榘:《两淮盐法志》卷二,《署宇志》,明嘉靖三十年刻本。
② 〔明〕史起蛰、张榘:《两淮盐法志》卷五,《法制二》,明嘉靖三十年刻本。
③ 〔明〕史起蛰、张榘:《两淮盐法志》卷五,《法制二》,明嘉靖三十年刻本。
④ 〔明〕史起蛰、张榘:《两淮盐法志》卷二,《署宇志》,明嘉靖三十年刻本。
⑤ 〔清〕汪兆璋:《重修中十场志》第五卷,《学校》,清康熙十二年木刻本。
⑥ 〔清〕汪兆璋:《重修中十场志》第五卷,《学校》,清康熙十二年木刻本。
⑦ 〔清〕蔡复午:《东台县志》卷二十四,《传五·儒林》,载《中国地方志集成·江苏府县志辑》,江苏古籍出版社,1991年,第540页。

社师;敦聘师儒,倡明理学。海滨风气,为之一新。历任虽仅八月,而建岂可足千秋,德泽昭垂,民到于今,犹想慕之不衰。①

万历十五年(1587),知县刘贞一改建掘港、马塘二场社学。万历四十五年(1617),掘港守备赵千驷设掘港社学。万历四十七年(1619),巡盐御史龙遇奇,大力整顿社学,修葺社屋,增置社田和社店。如为东台场东社学"新增水田五十亩,旱田九亩";重修安丰场社学,"正堂三间,东西廊各二间,门楼二座";修建梁垛场社学;葺修草堰场社学,"前为二楹,后堂三楹,东庙二楹,门一楼,基址南北二十二弓,东西十弓";拓地重建石港场社学;等等。②

入清以后,顺治四年(1647),巡盐御史张翺为何垛场社学建置五楹。康熙十四年(1675),江苏巡抚汤斌令各府州县兴复社学,"由是各场渐复其旧"③。康熙十五年(1676),新兴场生员刘伸、沈大受重修讲堂三楹,四十一年,生员刘耀、吉士霭等增建两庑。④雍正六年(1728),曹辰宗担任草堰场大使时,见"场有社学一区,屋败不蔽风,而春秋拜跽道旁,辰宗捐俸倡修,灶户翕然助之,有不足,辰宗又自鬻产千金,场人感焉,立祠庙侧"⑤。乾隆元年(1736),富安场署大使曹梦笔于旧址重建社学;栟茶场大使李庆生重葺社学。乾隆四年(1739),余西场大使王嘉俊重建社学。乾隆五年,刘庄场署大使陆廷灿、大使吴仲先后修葺社学。乾隆十年(1745),栟茶场大使姚德璘将社学移建于场署之西。乾隆十一年(1746),伍祐场大使丁灿详请新建社学。乾隆四十年(1775),小海场大使唐潆详"拨公荡资膏火"⑥。乾隆五十四年(1789),角斜场大使王宝阶劝告商灶捐置房屋以复兴社学。嘉庆五年(1800),伍祐场大使谢玉田又增魁星楼。咸丰年间,扬州累遭兵燹,各场社学多废。道光七年(1827),闵廷楷任角斜场大使时,捐俸修社学,以振兴文教。"场地离城较远,灶民安于朴野,文教不兴,场治

---

① 〔清〕林正青:《小海场新志》卷五,《循良》,载《中国地方志集成·乡镇志专辑17》,江苏古籍出版社,1992年,第265页。
② 〔清〕汪兆璋:《重修中十场志》第五卷,《学校》,清康熙十二年木刻本。
③ 〔清〕王世球:《两淮盐法志》卷二十一,《场灶七·灶课下·社学》,清乾隆十三年刊本。
④ 〔清〕陈玉树、龙继栋:《盐城县志》卷五,《学校志·盐法》,载《中国地方志集成·江苏府县志辑59》,江苏古籍出版社,1991年,第107页。
⑤ 〔清〕蔡复午:《东台县志》卷二十,《传一·名宦·职官》,载《中国地方志集成·江苏府县志辑》,江苏古籍出版社,1991年,第519—520页。
⑥ 〔清〕王定安:《两淮盐法志》卷一百五十一,《杂记门·义塾附》,清光绪三十年刻本。

之西虽有社学,倾圮已久,公捐资倡修,建屋十二楹,延海安镇文生章屋泉在塾课诸子读书,自是人知勤学,入泮者有人,皆公力也。"①光绪七年(1881),分司运判沈桂于何垛场社学捐廉延师训课。

两淮盐场社学的继续发展,除了得到两淮巡盐官的支持,还得到民间力量的支持。如明时,吕应周捐地一区建置何垛场社学;乾隆六年(1741),商士捐建富安场社学。②乾隆十二年(1747),徽商程公能、吴振公等建掘港场义学。③乾隆四十五年(1780),生员姚炎同侄子姚玉鸣捐置社学。咸丰元年(1851),丁溪场人士呈请,"于场东盐课司社仓旧址复建"④。朱煌继承先志,"集场人士整顿学田,申请大使公牍数十上,社学始复,议者咸推煌功劳"⑤。嘉庆二十四年(1819),小海团荡地升科一百四十三余顷,场人请求将其中的七十二顷租给场商,所得收入除纳课之外,用于充当社学的经费。"除按则纳课外,请归社学,租价八十千文。场人袁培经理重建,规模一新,乃复延师课徒。"⑥

咸丰三年(1853),林凤祥、李开芳率领太平军从南京沿江东下,于二十二日攻下仪征,二十三日第一次攻陷扬州。盐场商人纷纷歇业星散,原本社学膏火出自商人的荡租,这样社学膏火就无以为继。小海场袁培之子袁青管出己资聘请社学教官,时间长达六年,以维持社学的运转。"袁青管,字翰卿,岁贡生……居小海场……旧有社学,膏火出自荡租,兵警商散,膏火无出,解囊延师者六年,社学得不废。"⑦丁溪场陈焕文父子有志于重建盐场社学。"陈焕文,字熙载,丁溪场人,庠生,勤学好义,尝欲创建宗祠,重建社学,后早殁,不果,遗命二子雅堂、玉成,二子恪遵父命,于道光二十九年宗祠落成,咸丰元年,禀筑社学,焕文有志竟成焉。"⑧角斜场人申大鹤热衷于地方慈善活动,也曾修社学。"申大鹤,字希乔,角斜场人……宗族贫无葬地,割田亩给之,凡浚盐课,修社学,建义仓,皆董任其事,慨然乐助,乡人称其贤。"⑨

---

① 〔清〕王璋:《东台县志》卷一,《名宦》,清光绪十九年刻本。
② 〔清〕王世球:《两淮盐法志》卷二十一,《场灶七·灶课下·社学》,清乾隆十三年刊本。
③ 〔清〕单渠、方浚颐:《两淮盐法志》卷五十三,《杂纪二·各场社学》,清同治九年扬州书局重刻本。
④ 〔清〕王定安:《两淮盐法志》卷一百五十一,《杂记门·义塾附》,清光绪三十年刻本。
⑤ 〔清〕王璋:《东台县志》卷八,《人物志·尚义》,清光绪十九年刻本。
⑥ 〔清〕王定安:《两淮盐法志》卷一百五十一,《杂记门·义塾附》,清光绪三十年刻本。
⑦ 〔清〕王璋:《东台县志》卷十三,《人物志·义行》,清光绪十九年刻本。
⑧ 〔清〕王璋:《东台县志》卷八,《人物志·尚义》,清光绪十九年刻本。
⑨ 〔清〕王璋:《东台县志》卷二,《笃行》,清光绪十九年刻本。

（四）社学的办学经费

社学办学的经费主要来自社田的田租收入。如安丰场有多处社田，"一在减水坝河东，古遗熟田十六亩；一在减水坝河西月塘湾，熟田三十九亩；一在范堤西侧对河，熟田二十七亩；一在范堤东洋坝口，新增熟田五十五亩；一在范堤东斗港址一市，熟田十二亩"①，合计熟田达一百五十七亩。

社田有的是官府购置。徐鹏举在设立社学时，往往会拨给一定的社田以充社学的膏火之资，如小海场，"社田二百二十亩三分，系明弘治年间泰州分司徐鹏举所置。一段两百亩零三分，坐产袁竹院；一段二十亩，坐产南桥西，以为社学之业"②。嘉靖二十七年（1548），御史陈其学为丰利场置社田五十亩，召社师讲训；为金沙场社学置社田三十亩。③ 万历三年（1575），巡盐御史许三省命通州分司判官赵郡者修复石港场社学，"置社田四十四亩，馆社师训灶民子弟"。

有的是民灶捐置。天启五年（1625），小海场向文宪、张应泰一同捐建社学；丰利场社学"以民灶各户捐施田亩助延师训课之资"④。乾隆三十四年（1769），余中场归并余西场，旧署遂改为社学，"场人许鄂荐捐置社田二十八亩"⑤。新兴场社学，在康熙十五年、康熙四十一年、乾隆四十二年均有生员或监生增建社学或捐置社田。新兴场社学二所，"一在上冈，创自雍正四年，初为梓潼庙，后因场署迁至上冈，增前殿三楹，以为社学，乾隆四十二年，监生王枢捐置社田"⑥。乾隆四十五年（1780），何垛场生员姚炎同侄玉鸣捐置社田五十四亩。乾隆五十五年（1790），伍祐场监生韦礼捐置社田二十六亩五分。梁垛场，"堤东天鹅荡草田四百亩，系六十总灶生监公捐入社田，以供春秋丁祀，相沿已久，旧志未载"⑦。嘉庆年间，小海场场中康氏家族成员十分重视社学教育，为社学提供办学经费。"又康

---

① 〔清〕王璋：《东台县志》卷一，《学校》，清光绪十九年刻本。
② 〔清〕林正青：《小海场新志》卷四，《庙祀志·苍严社田议》，载《中国地方志集成·乡镇志专辑17》，江苏古籍出版社，1992年，第202页。
③ 〔清〕王世球：《两淮盐法志》卷二十一，《场灶七·灶课下·社学》，清乾隆十三年刊本。
④ 〔清〕汪兆璋：《重修中十场志》第五卷，《学校》，清康熙十二年木刻本。
⑤ 〔清〕单渠、方浚颐：《两淮盐法志》卷五十三，《杂纪二·社学社田》，清同治九年扬州书局重刻本。
⑥ 〔清〕陈玉树、龙继栋：《盐城县志》卷五，《学校志·盐法》，载《中国地方志集成·江苏府县志辑59》，江苏古籍出版社，1991年，第107页。
⑦ 〔清〕单渠、方浚颐：《两淮盐法志》卷五十三，《杂纪二·社学社田》，清同治九年扬州书局重刻本。

之垣、康泰各捐垛田一丘,场员捐廉益之。"①同治七年(1868),安丰场人彭立山捐助田三十二亩;八年,周论福捐助田十亩;九年,职员周礼门捐助荒田三十亩。②

有的是商人捐置。嘉庆九年(1804),余东场商人汪瑶圃、总灶汤颖川捐助田六十二亩,嗣又赠捐三十二亩。③ 道光十四年(1834),西团将观音殿改建社学,时劝告商灶人等捐资助,"商人洪贻蕙捐二十五总荡地,灶民常秦五捐二十总熟田"④;光绪七年(1881),"分司运判沈桂捐廉延师训课,商灶按桶捐钱一文,以助经费"⑤。

表7 嘉庆时期两淮盐场社学之社田

序号	盐场名称	社田/亩	序号	盐场名称	社田/亩
1	丰利场	43	15	丁溪场	97
2	掘港场	50	16	小海场	200.3
3	石港场	44	17	草堰场	193
4	马塘场	40	18	白驹场	130
5	金沙场	30	19	刘庄场	25
6	西亭场	32	20	伍祐场	119.5
7	吕四场	0	21	新兴场	120
8	余西场	32	22	板浦场	300
9	余中场	144	23	徐渎场	100
10	角斜场	112	24	中正场	5
11	栟茶场	47	25	莞渎场	300
12	富安场	52	26	临兴场	—
13	安丰场	30	27	何垛场	107.7
14	东台场	230	—	—	—

[资料来源:〔清〕单渠、方浚颐:《两淮盐法志》卷五十三,《杂纪二·社学社田》,清同治九年扬州书局重刻本。]

---

① 〔清〕王定安:《两淮盐法志》卷一百五十一,《杂记门·义塾附》,清光绪三十年刻本。
② 〔清〕王定安:《两淮盐法志》卷一百五十一,《杂记门·义塾附》,清光绪三十年刻本。
③ 〔清〕单渠、方浚颐:《两淮盐法志》卷五十三,《杂纪二·社学社田》,清同治九年扬州书局重刻本。
④ 〔清〕王璋:《东台县志》卷四,《学校志·盐场社学》,清光绪十九年刻本。
⑤ 〔清〕王定安:《两淮盐法志》卷一百五十一,《杂记门·义塾附》,清光绪三十年刻本。

社店也是社学收入来源之一。富安场社店,分司周汝登置,岁纳房租二两五钱;东台场东社店五间,在分司前;西社店八间,在东学前;何垛场社店一间;丁溪场社店三间,周汝登建;角斜场社店三间。① 东台场,"房一所,在武定坊,租息给文童考费"②。

(五)社学存在的主要问题

两淮盐场社学运转存在的主要问题之一,是难以选拔到好的教官。嘉靖年间,巡盐御史史起蛰便指出了该问题。"社学废者弗兴,而存者亦若赘疣,若敝罽然。间有征立师长以迪之者,则又惟其荐,不惟其人,视灶民子弟若传舍供馈之夫,而所谓师长者往往席未及煖,即索其赘修行矣。故灶民子弟率隐其学,疾其师攒眉而入于社,有由然也。"③他指出社学教官大多贪恋束脩和贽礼,无心教学育人。

盐场社学运转存在的主要问题之二,是社田常被豪强兼并占有。下面以小海场为例。在弘治二年创设社学时,分司判官徐鹏举拨给二百二十亩三分的社田,以充社学的膏火之资,但是小海场社学颓坏得很快。其后弘治十三年、嘉靖四年和万历十八年小海场社学得到重修,但是"年久复废"。其一部分社田为豪强所侵占,辗转买卖,最后为邻场丁溪场的灶民盛、臧、杨三姓所有。为了夺回社田,小海场监生刘世德等人向兴化县提出呈请,最后兴化县令判社田归小海场。"本朝来以社学无存,豪强窃据展转授受,为丁溪灶民盛、臧、杨三姓所有。康熙五十七年,衿监刘世德等呈控兴化令盛,断归本场。"④另一部分社田则为本场的豪强长期隐占,如武生唐忠、宗滋、宗东邨。林正青任小海场大使后,于雍正十三年严厉清查社田,共清丈出二百亩三分。

> 又武生唐忠主其田,不在官者百余年矣。后苍严清查社田,唐忠清退西园垛垛十六丘,计田五十亩,南园二十一丘,计田一百一十一亩八分四厘七毫;又武生宗滋同侄东邨清退者三丘,共三十五亩四分二厘,是明崇祯年

---

① 〔清〕汪兆璋:《重修中十场志》第五卷,《学校》,清康熙十二年木刻本。
② 〔清〕王璋:《东台县志》卷一,《学校》,清光绪十九年刻本。
③ 〔清〕林正青:《小海场新志》卷四,《庙祀志·史起蛰社学后书》,载《中国地方志集成·乡镇志专辑17》,江苏古籍出版社,1992年,第201页。
④ 〔清〕林正青:《小海场新志》卷四,《庙祀志·苍严社田议》,载《中国地方志集成·乡镇志专辑17》,江苏古籍出版社,1992年,第202页。

间占业,在宗氏者亦百余年。①

还有一部分社田被寺庙占据。南桥西社田二十亩,原本是给西方庵垦种,以作为施舍之用,但林正青清查时发现在社田上盖建起了寺庙建筑。剩余的部分则清查不出来。

> 南桥西社田二十亩,康熙元年,生员朱玑、宗正心、朱之璜、刘辅世、刘璜、朱从龙呈请分司批给印照,归西方庵僧照□垦种,永为接众之资。今查此地占盖寺宇,又被人隐占,只存数亩,不敷完粮,公议仍归僧掌业。②

上述小海场社田被地方豪强势力所占之事为我们提供了一个鲜活的个案。笔者推测在其他盐场也应有类似的情况发生。

二、设义学和书院

史学界一般认为,明清地方府州县义学的推广远不如社学。在两淮盐场的义学也是如此。两淮盐场义学不但设置的时间相当晚,而且未能全面普及。

雍正十三年(1735),金沙场大使王声在社学旧址上建立义学,这是笔者所知两淮盐场有年代可考的最早的一所义学。乾隆八年(1743),何垛场大使王克任建立一所义学。乾隆十年(1745),两淮盐政吉庆至淮北盐场巡察,"见民灶僻处海隅,兼因穷乏,多有可以读书之子弟,往往苦于无力延师而废弃",于是下令该分司、大使于板浦、中正、临兴三场各设一所义学,"俾赤卤愚蒙得籍师资训迪,共臻一道,同风之盛"。③ 草堰场原有一所义学,置有学田二百余亩以供办学经费。④ 嘉庆五年(1800),通州分司运判秦永清在石港场捐建了两所义学。⑤ 道光十八年(1838),分司童濂在板浦添设义学。"查灶籍贫户幼稚,无力从师,现于板浦镇之南首,添设义学一所,延师授读,以正蒙养之始业,于新正望后开

---

① 〔清〕林正青:《小海场新志》卷四,《庙祀志·苍严社田议》,载《中国地方志集成·乡镇志专辑17》,江苏古籍出版社,1992年,第202页。
② 〔清〕林正青:《小海场新志》卷四,《庙祀志·苍严社田议》,载《中国地方志集成·乡镇志专辑17》,江苏古籍出版社,1992年,第202页。
③ 〔清〕王世球:《两淮盐法志》卷二十一,《场灶七·灶课下·社学》,清乾隆十三年刊本。
④ 〔清〕王定安:《两淮盐法志》卷一百五十一,《杂记门·义塾附》,清光绪三十年刻本。
⑤ 〔清〕王定安:《两淮盐法志》卷一百五十一,《杂记门·义塾附》,清光绪三十年刻本。

馆,俟将来经费宽裕,仍须酌增数处,俾各家幼稚得以就近受业,并将酌拟条规、藏书目录分造清册,呈请钧鉴。"①咸丰年间,遭兵燹后,板浦义学房屋全圮。同治八年(1869),分司许宝书捐资修葺,同时,大使沈维镇添设一所义塾。道光二十四年(1844),安丰盐场周零雨等捐屋三间以建立义学。②同治八年,中正场大使魏源在西街观音堂内设一所义塾,后又于街东天齐庙内添设一所义塾,"以便无力延师者就近附读"。两所义塾办学的经费为每年各给八十余两。③光绪十三年(1887),运判项晋蕃于临兴场设立一所义学,每年经费于敦善书院项下拨出银六十两以助膏火。光绪年间,金沙场义学附属于霞山书社,除拨社田三十亩作为义学经费外,大使陈皓"率董集资以给膏火"。吕四场有两所义学,西亭场亦曾设立一所义学,建置年代均不详。④

除两淮盐官创建义学之外,盐商也捐资兴建两淮盐场义学,如乾隆十二年(1747),掘港场徽商程量能和吴振等建一所义学。又如板浦场义塾每年办学经费一部分来自分司,一部分来自场商捐助。⑤两淮灶民也积极捐资兴建家乡的义学,如道光十五年(1835),沈灶人沈廷槐建置沈家灶义学。"幼孤贫甚,后家稍裕,辄倾橐以周贫乏。先是沈灶无义学,廷槐首捐二百金,为商民倡建学延师,远近争附。"⑥

两淮盐场的书院不仅建立时间迟,而且数量也少。弘治十三年(1500),巡盐御史史载德倡导全面推广社学时,曾令建立一所书院,于是运使毕亨于运司署西处建立正谊书院。正德年间,御史朱冠、运使毕玺,改正谊书院为董子祠,"卖田若干亩,以供春秋祭祀",于董子祠后置书院堂,取名为"资仕","以收商灶子弟之俊秀者,择明经士为之师以训迪焉"。书院堂东西两斋分别叫"博闻"和"起道"。⑦但在盐场直接建立书院的年代较迟,嘉靖二十七年(1548),在石

---

① 〔清〕魏源:《淮北票盐志略》卷十四,《新建敦善书院并请酌增经费银两及添设义学》,清道光刻本。
② 〔清〕王璋:《东台县志》卷二,《善堂》,清光绪十九年刻本。
③ 〔清〕王定安:《两淮盐法志》卷一百五十一,《杂记门·义塾附》,清光绪三十年刻本。
④ 〔清〕王定安:《两淮盐法志》卷一百五十一,《杂记门·义塾附》,清光绪三十年刻本。
⑤ 〔清〕魏源:《淮北票盐志略》卷十四,《新建敦善书院并请酌增经费银两及添设义学》,清道光刻本。
⑥ 〔清〕赵之侨、赵彦俞:《重修兴化县志》卷八,《人物志·尚义》,载《中国地方志集成·江苏府县志辑48》,江苏古籍出版社,1991年,第271页。
⑦ 〔明〕史起蛰、张榘:《两淮盐法志》卷九,《祠祀志》,载《四库全书存目丛书》(第274册),齐鲁书社,1996年,第278页。

港场建立的忠孝书院是最早的一所,其前身是文天祥祠。

明嘉靖二十七年,两淮巡盐御史陈其学檄通州分司判官冉孺发币金三百余两,就南宋丞相文天祥祠扩建,更名忠孝书院,其事由海门知县刘烛规划,主簿沈钦经理,越年而工成。共建大门、大堂、寝室、讲习所计三十五楹,收纳通属十场灶户俊秀子弟肄业其中;复置学田若干亩,给其膏火膳食。海门人崔桐有记。①

忠孝书院因年久而倾颓。康熙三年(1664),分司杨鹤年在诸生刘长燦、沙一驹的协助下于书院旧址加以重建,"朔望集诸弟子会课于中,一时人文称盛"。因经费不足,书院兴废靡常。同治年间,分司沈炳捐资重修。光绪年间,分司项晋蕃,"按月课试,率九场各员集资以给膏火"②。

盐场建造的第二座书院是东台场的泰东书院。明万历十八年(1590),分司周汝登在东台场建造泰东书院,延聘东台葛雷、何垛朱纬讲学其中;万历四十七年(1619),御史龙遇奇扩建之。但泰东书院延续的时间并不长,至康熙年间已久圮。③

明清鼎革后,两淮盐场建立书院情况如下:乾隆十年(1745),栟茶场大使姚德璘于场署西范公祠旧址建立沙南书院;乾隆五十九年(1794),大使沈钧重修之;光绪年间,大使赵庆濂"课试生童,集资以给膏火"④。乾隆年间,因淮北众商之请,盐政吉庆于中正场天池处建天池书院;"缘地势卑湿,易圮",嘉庆二年(1797),移建于中正场署,改名"郁洲书院";六年,复移建于板浦镇北街,易名"敦善书院";后临兴场大使借住于书院内,书院遂逐渐被废除;至道光十四年(1834),议于分司署处兴复书院,后择崇庆禅院旁兴建之,"又捐票盐一千引,所得盈余利息作为书院经费";同治二年(1863),盐政曾国藩允分司之请,"每引捐银二厘六毫以资津贴"⑤。乾隆二十一年(1756),草堰场大使郝月桂改义学

---

① 〔明〕史起蛰、张榘:《两淮盐法志》卷九,《祠祀志》,载《四库全书存目丛书》(第274册),齐鲁书社,1996年,第278页。
② 〔清〕王定安:《两淮盐法志》卷一百五十一,《杂记门·义塾附》,清光绪三十年刻本。
③ 〔清〕谢开宠:《两淮盐法志》卷十七,《古迹·书院》,载吴相湘主编:《中国史学丛书》,台湾学生书局,1966年,第1357页。
④ 〔清〕王定安:《两淮盐法志》卷一百五十一,《杂记门·义塾附》,清光绪三十年刻本。
⑤ 〔清〕王定安:《两淮盐法志》卷一百五十一,《杂记门·义塾附》,清光绪三十年刻本。

为正心书院,"以沙涨地二十余檐,岁租百金赡膏火"。嘉庆年间,拨学田租为书院经费。道光十四年,葛祺于盐场内创明性书院。"葛祺,字米,山东团人,团地僻处海滨,向无学校,道光十四年(1834),集同志创明性书院,请拨公产充教育费,由县场通详各宪立案,著有《学规录要》一书。"① 余西场东渐书院,"由通州署延山长课试生童",同治年间,拨余东场公荡租息为膏火之需,此外,余西场商每年捐资协助之②。光绪十一年(1885),建伍祐场崇文书院;光绪年间,建造吕四场书院,"由盐务助资以给膏火";光绪十七年(1891),角斜场大使建守正书院;同年,余西场大使建立精选书院,"以灶户助资并田亩租息为课试生童膏火、山长备脯之需"③。

总之,在明清官府和地方商民的努力下,两淮盐场的教育得以兴起,逐渐形成如下格局:在基础教育层面以社学为主义学为辅,在高等教育上提供书院教育。但是,总体而言其教育并不发达,教育资源相对匮乏,故其教化功效也有限。

第二节 民间信仰的整顿

一、明中叶前的佛教和道教信仰

在明王朝建立之前,两淮盐场佛教和道教思想盛行。文献中多以"事佛尚鬼""信巫尚鬼"等文字概括两淮盐场的主要风俗。弘治《两淮运司志》中祠庙和寺观部分,保留下明王朝建立以前两淮盐场寺庙和道观的珍贵记录:

> 富安场的大圣寺,场西北,元季炽于兵燹。
> 东台场的三昧寺,一名圣果院,场西,宋时建。
> 东台场的明真观,场东南,宋时建,元末废。
> 何垛场的东岳行祠,在西溪镇,宋绍圣三年建,后垒土山,高四丈三尺。
> 何垛场的山利庙,即本镇进士庙,唐乾元元年建,敕封保国侯西溪善利庙神。

---

① 魏俊、任乃赓:《续修兴化县志》卷十三,《人物志·义行》,载《中国地方志集成·江苏府县志辑》,江苏古籍出版社,1991年,第629页。
② 〔清〕王定安:《两淮盐法志》卷一百五十一,《杂记门·义塾附》,清光绪三十年刻本。
③ 〔清〕王定安:《两淮盐法志》卷一百五十一,《杂记门·义塾附》,清光绪三十年刻本。

何垛场的玄真观,场西,至正十三年重建。
何垛场的广福寺,本场西溪镇,唐武德四年重建,今寺有石塔七层。
丁溪场的天王庙,本场街中,宋时立,以镇海潮。
丁溪场的崇真观,庆丰桥东,宋咸平元年建。
丁溪场的义阡寺,场东,元大德六年建。
草堰场的义阡寺,场南,洪武二十四年僧人郜杰重修。
小海场的玉虚观,场司东,宋天禧二年建。
栟茶场的寿圣寺,场西,宋咸淳间建,至大元年赐寺额曰寿圣寺。
丰利场的东岳庙,本场司东,宋绍熙四年建。
丰利场的真武庙,本场东,至元四年建。
马塘场的大圣院,场东,宋景祐年间僧道成建。
余中场的西云观,场东,承欢六年(疑有误)重建。
余东场的天王庙,场西,淳熙四年灶老张文建。
吕四场的东岳行祠,场南八里,淳熙间道人孙公筑山鼎建。
吕四场的崇真道院,场西南三里,元至正甲戌(疑有误)道士钱仲高建。
吕四场的总持寺,唐天祐间受禅师建。
白驹场的关王庙,在延庆院南,世传以为宋范文正公筑捍海岸时所建。
伍祐场的祐圣观,司南八十余步,至正元年亭民卞士泰重修。
伍祐场的关王庙,元至顺年间卫指挥同本场管勾建。
伍祐场的真武庙,场西南十三里。
新兴场的上真观,场东四十步,唐武德五年道士于胜建。
伍祐场的观音院,场北八十步,宋嘉祐初僧闻公建;元至正间废。
板浦场的国清寺,宋元丰间僧果升建。
临洪场的兴国寺,场东山前,唐元和十二年僧具惠建。
临洪场的禅僧,场南小村后山,天圣元年建。
临洪场的益州寺,场东南,皇庆二年僧永续建。
临洪场的崇善寺,场东开村,开元六年建。
临洪场的云门寺,场东三十五里,北齐武平二年建。

[资料来源:〔明〕佚名:《两淮运司志》卷五,《泰州分司》;卷六,《通州分司》;卷七,《淮安分司》,明弘治间刻本。]

明王朝建立前,在两淮盐场佛教和道教思想占据绝对主要的地位。以安丰场为例,"里俗家庙多祀神佛像",王艮服膺儒学之后,于正德十二年才"撤神佛像,祀祖先"①。这种崇佛尚道的信仰还反映在明王朝建立至明中叶两淮盐场所修建的庙宇和道观中。

富安场东岳庙,一在场东,洪武初建,成化二十三年义官丁玘重修。

富安场崇宁观,场西南,成化十七年判官孙进檄本场亭民吴济等新建。

富安场崇真观,场前,一名玄帝庙,永乐初建;成化二十三年义官丁宽重修。

安丰场真武庙,本场南七里,永乐十年建;成化十五年大使张凤、副使陈伦重修。

安丰场龙王庙,本场河南,永乐十八年建。

梁垛场华光寺,一名观音寺,成化十九年义官曹谅等修,在通济桥西南。

梁垛场元明观,宣德五年本场大使梁茂、副使田资建;景泰六年亭民徐福寿重修。

东台场关公庙,场北,天顺七年灶民梅贵建。

东台场三官庙,场北,天顺四年义官姜恭重建。

东台场三昧寺,一名圣果院,场西,洪武元年僧人吕仁重建。

东台场明真观,场东南,洪武十七年本场灶民夏禹卿等重建。

何垛场三贤祠,一名三贤堂,在本场西溪镇凤升桥西,天顺五年巡检李诚重建。

丁溪场天王庙,本场街中,洪武十七年重修。

丁溪场关王庙,场西,成化十二年义官朱绅等立。

丁溪场崇真观,庆丰桥东,洪武三年重修。

丁溪场义阡寺,场东,景泰四年大使成就等建观音阁一座。

草堰场义阡寺,场南,洪武二十四年僧人邰杰重修。

小海场玉虚观,场司东,永乐十四年重建。

---

① 〔明〕袁承业编校:《明儒王心斋先生遗集》卷三,《王心斋先生年谱》,清宣统二年东台袁氏铅印本。

角斜场东岳庙,场东一里,洪武初建;成化十九年重建。

角斜场真武庙,本场前运河南,永乐十八年建。

角斜场城隍庙,场西,永乐十年建。

马塘场东岳庙,洪武二十七年民人周氏建;景泰三年大使曹昂重建。

马塘场玄帝庙,洪武二十五年建;景泰三年大使曹昂重建。

马塘场五圣庙,宣德七年大使呼胜建。

马塘场大圣院,场东,洪武二年僧永真重建。

余中场观音寺,场西,成化十一年重建。

余东场东岳庙,场西,洪武十七年灶老张守道立。

余东场真武庙,场东,洪武二十六年张守道立;一在本场东便仓,正统六年灶老张志向道立。

吕四场东岳行祠,场南八里,成化间灶民姚敬重建观音殿,成化间僧德明重修。

吕四场总持寺,成化间僧福缘、义官朱永通移建西三里。

白驹场关王庙,洪武三十一年大使吴敬臣重修;三十二年场民杨稷建立三门;正统九年亭民陈礼重修。

白驹场玄帝庙,在市河西,弘治二年副使孙进委商人刘武等建。

白驹场关王庙,成化十七年大使谭宽重建。

刘庄场南观音寺,场河西南隅,成化十二年分司张纪建殿庑方丈。

刘庄场北寺,场东北,成化十五年僧广全建。

刘庄场玉虚观,本场西和崖,景泰元年副使苑忠重修。

刘庄场关王庙,本场青龙桥右,洪武初建;景泰元年大使胡铭重修。

刘庄场五圣祠,场东街西南,洪武初年王子敬等建;成化二十三年王福重修。

伍祐场东岳庙,一在场南官塘东,洪武三十二年亭民卞元亨等重修;一在本场西南,洪武三十五年亭民陈可立重修。

伍祐场关王庙,在场东市街北,洪武十四年耿安道建。

伍祐场真武庙,场西南十三里,正统十三年亭民葛忠重修。

伍祐场五圣庙,在场东,正统八年副使刘祥重修。

伍祐场龙王庙,场东一里,弘治元年民人葛升建。

新兴场上真观,场东四十步,永乐二年民人屈质一建;景泰元年副使何升重建。

新兴场关公庙,场北六十步,洪武元年民人刘福海重建;景泰元年副使何升重建。

新兴场观音院,场北八十步,洪武二年复建;二十四年并于宁教寺;三十五年复建;景泰元年副使何升修。

庙湾场真武庙,司东南,正统间大使王瑶建;成化二十一年亭民蔡暹等重修。

庙湾场五圣庙,场西南,成化五年亭民汪干重修。

庙湾场龙王庙,成化七年亭民陈伯让重建。

庙湾场关王庙,场东北,天顺三年亭民陈伯让建。

庙湾场晏公庙,场东南三里,成化间亭民刘胜建。

庙湾场寿安院,谢家桥西,景泰间亭民陈伯让建。

莞渎场上真观,正统元年道士刘道明建。

莞渎场龙王庙,正统间大使王俊、副使萧碧建。

莞渎场司徒庙,景泰间大使王俊、副使苗青建。

莞渎场中官路庙,场西北五里,景泰间大使王俊建。

板浦场东岳庙,宣德间道人王真庆建。

板浦场崇真观,宣德四年道士钱洞建。

板浦场龙王庙,宣德四年建。

板浦场善林庵,正统四年建。

徐渎场龙王庙,场西北,宣德六年大使翁胜建。

[资料来源:〔明〕佚名:《两淮运司志》卷五,《泰州分司》;卷六,《通州分司》;卷七,《淮安分司》,明弘治间刻本。]

在明中叶之前,两淮盐场社会佛道思想大行其道。与之相对比,弘治《两淮运司志》中祠庙和寺观部分鲜有宣扬儒家思想的祠庙,这说明作为国家正统意识形态的儒家思想尚未在两淮盐场社会立足。盐课司大使甚至帮助修建寺庙或道观,在他们眼中盐场灶民信奉佛教和道教并无不妥之处,无须加以约束。不过,此时盐课司大使的修建祠庙、道观的行为多属于个人,与国家意志关系不大。乾隆年间小海场大使林正青提到盐课司大使职责时说:"查旧志所在职掌,恤灶、稽煎、缉私之外,无余事也。今自改折后……则教化之事非他人任也。"①可知,在盐课改折之前,盐课司大使没有教化盐场社会风俗的职责;在盐课改折之后,盐课司大使的职责包括盐场社会风俗的教化。两淮盐场的盐课大规模改折是在明万历以后,可知,在此之前两淮盐场社会的教化问题仍未进入国家的视线。

二、毁淫祠与建祠堂

至明中叶,两淮盐场社会分化明显,这集中体现为因灶户间贫富分化而在盐场社会兴起一股豪强势力。它不但扰乱国家管理盐场的旧有模式,还逐渐破坏盐法制度从而使私盐问题严重化。这种分化及其后果不是单纯依靠严刑峻法就能解决的,移风易俗和教化人心等软性控制手段的需求由此产生,在此背景下整顿和规范盐场社会民间信仰被提上议程。

整顿和规范盐场社会民间信仰的表现之一是废除淫祠。洪武三年规定,"天下神祠不应祀典者,即淫祠也,有司毋得致祭"②。洪武六年《禁淫祠制》云:"古者,天子祭天地,诸侯祭山川,大夫士庶各有所直祭。其民间合祭之神,礼部其定议颁降,违者罪之。"③洪武二十四年敕令:"各府州县寺观虽多,但存其宽大可容众者一所。"④所以,明代的"淫祠"既包括不属于国家祭祀制度规定的神灵系统的神祠,又包括民众私自建立和祭祀的、与其社会地位不相称的神祠,还包括不在额设范围内的寺观。明代毁淫祠活动在弘治至万历前期达到高潮。在毁淫祠的过程中,地方官员扮演了积极建议与实施的角色。如雷应龙,字孟升,云南蒙化人,进士,嘉靖五年任两淮巡盐御史时,大刀阔斧地推行废淫祠活动。

> 性峭直,不喜曲媚,见义勇为,不顾利害。……会郡邑诸生请禁淫祠,君即下令首撤五司徒庙铜像,建祀胡安定先生于中;改东岳庙,用演习文庙

---

① 〔清〕林正青:《小海场新志》卷二,《秩官志》,载《中国地方志集成·乡镇志专辑17》,江苏古籍出版社,1992年,第180页。
② 〔清〕张廷玉:《明史》,中华书局,1997年,第1306页。
③ 《明太祖实录》卷五十三,"洪武三年六月甲子"条。
④ 〔明〕余继登:《典故纪闻》卷五,清畿辅丛书本。

祭乐;废天妃官,增筑钞关公署,及毁州县淫祠无数。械治庙祀僧道,久擅左道惑众,饕利者悉抵于罚,士论称快,后君以勤政积忧,疽发于背,殁于扬之察院属圹。①

就两淮盐场而言,御史雷应龙改五圣庙、侯官庙等淫祠为范公祠、三贤祠、缪氏二贤祠等。继雷应龙之后,巡盐御史李佶、王鼎等亦推行废淫祠活动。"未几郡官迎五司徒像,复诸旧庙。御史金堂李君佶继君巡盐,新郑王君鼎亦来巡按,更追君志,而严正之,碎五铜像,补铸两学文庙祭器;又榜五司徒不当祀之义,以觉民警俗。"②

整顿和规范盐场社会民间信仰的表现之二,是建立符合儒家思想的祠堂,以向盐场灌输儒家思想。如建设董子祠。明朝董仲舒的地位很高,洪武中他从祀孔子庙。宣德九年(1434),运使何士英在两淮盐运司署公堂后建大儒祠,祭祀董仲舒。正统年间,运使严贞重修之。正德年间,运使毕玺将大儒祠移建于正谊书院,更名为董子祠。"正德间,毕运使玺以祠杂司署中,非所以竭虔妥灵也,且往来登谒者不便,乃请于御史朱冠,以司右正谊书院改祀之,曰'董子祠'。"③据吏部尚书乔宇记载,董子祠规制如下:"于是聿新其规制,塑董子像于中,为堂者四楹,东曰祭器库、宰牲堂,西曰图书房、致斋所,楹之数各如之,仪门左右有石碑,亭巷之南比建绰楔二,又买田若干亩以供春秋祭祀,羡余则以食守祠者。"④据翰林修撰吕柟记载,董子祠春秋祭祀之费出自田租收入。"新昌刘君让判两淮盐运,莅政四年……捐俸银百二十两,买田江都,计亩二十,当青草沙募民佃种,年征租钱买物,供簿正春秋祭汉董仲舒祀事。"⑤尽管上述董子祠建置在扬州,但是它反映出国家开始关注起盐场社会的教化问题。

又如建设五贤祠。嘉靖二十四年(1545),栟茶场大使周鑛请求御史高鑛建

---

① 〔明〕焦竑:《国朝献征录》卷六十五,《道御史·御史雷应龙传》,明万历四十四年徐象樌曼山馆刻本。

② 〔明〕焦竑:《国朝献征录》卷六十五,《道御史·御史雷应龙传》,明万历四十四年徐象樌曼山馆刻本。

③ 〔明〕史起蛰、张榘:《两淮盐法志》卷九,《祠祀志》,载《四库全书存目丛书》(第274册),齐鲁书社,1996年,第278页。

④ 〔明〕史起蛰、张榘:《两淮盐法志》卷九,《祠祀志》,载《四库全书存目丛书》(第274册),齐鲁书社,1996年,第278页。

⑤ 〔明〕史起蛰、张榘:《两淮盐法志》卷九,《祠祀志》,载《四库全书存目丛书》(第274册),齐鲁书社,1996年,第278页。

造五贤祠,以祭祀周濂溪、程明道、程伊川、张横渠、朱晦庵五人。其建造五贤祠的目的是,"欲其兴文教,准道化,示民方也"①。五贤祠的具体建造情况如下:"改社学之三楹为五贤堂,立南向之,前门为先正门,四有缭垣,西有别门,皆旧制也。凡朔望率士夫乡耆塾师并子弟之在各塾者瞻拜,礼毕,诲子弟,则少明身心之学,论众庶则宣木铎,次解尽,晨而退,率为常规。"②五贤祠的祭祀费用出自地租。"春秋祭品皆盐课司东南隙地二十丈,召人列居,取其租而洪之。"③

还如范公祠和三贤祠。范仲淹修建捍海堤堰的历史功绩至伟至大。据正德十一年(1516),小海场监生宗部、宗节,乡校生宗郏、朱轨、唐满谒见御史卢楫时所说,两淮盐民很早就建造多处祠堂祭祀范仲淹,后因天灾人祸,逐渐倾圮。"两淮运司三分司三十盐场皆临海,民灶杂居,东有范公堤,宋文正范公于天圣宰兴化,因民苦海潮之溢,为之筑堤以捍而民害去。民感其德而建祠祀之,但因年久,加上兵灾、火灾,十存其一。"④自明中叶起,两淮不少盐场重建范公祠。刘庄场的三贤祠,由判官张纪肇建于成化年间。何垛场三贤祠,"一名三贤堂,在本场西溪镇凤昇桥西,天顺五年,巡检李诚重建"。在草堰、小海两场间的范文正公祠,"正德十一年,御史卢楫建"⑤。有关正德年间于草堰、小海两场之间修建范公祠的情况,可参见吏部文选郎中杨果为之所作的记:

> 公殁而所在之德不忘,往往庙貌而俎豆之。水旱疾疠则祷焉。既久而圮,地且湫隘,杂以淫鬼妥灵,竭虔两为匪称。正德丙子,监生宗部、宗节、乡校生宗郏、朱轨、唐满相与捐赀倡义图善地而迁之。力犹未逮,则以告于巡盐御史卢君楫。君慨然曰:"吾事也。"乃俾运使胡君轩续其费,运判闻人韶、场大使王铎督其成,鸠工增材,择吉从事,门坊堂庑次第完好,无侈无陋,中肖公像,以快瞻拜,讫工,卢君记其事,而驰书告果,文其丽牲之石。

---

① 〔明〕史起蛰、张榘:《两淮盐法志》卷九,《祠祀志》,载《四库全书存目丛书》(第274册),齐鲁书社,1996年,第285页。
② 〔明〕史起蛰、张榘:《两淮盐法志》卷九,《祠祀志》,载《四库全书存目丛书》(第274册),齐鲁书社,1996年,第285页。
③ 〔明〕史起蛰、张榘:《两淮盐法志》卷九,《祠祀志》,载《四库全书存目丛书》(第274册),齐鲁书社,1996年,第285页。
④ 〔明〕史起蛰、张榘:《两淮盐法志》卷九,《祠祀志》,载《四库全书存目丛书》(第274册),齐鲁书社,1996年,第284页。
⑤ 〔明〕史起蛰、张榘:《两淮盐法志》卷九,《祠祀志》,载《四库全书存目丛书》(第274册),齐鲁书社,1996年,第284页。

方首事,时有以果以非政之急者。果晓之曰:夫是举也,所谓义也。捍灾御患,秩在祀典,古之制也。崇正去淫,训之善也。俗之所趋也,义以协制,制以章训,训以成俗。①

总之,正德年间的范公祠是在地方士绅宗部、宗节等人的倡导下修建的,因为得到巡盐御史卢楫的支持,解决了经费不足的问题,六个月内祠庙落成。② 后来,考虑到小海、草堰两场间范公祠旧址狭隘,改建于小海场之东。"旧址在草堰者狭隘,小海场东坦夷高旷,足以继妥侑之忧。"③

万历年间,小海场范公祠大厅毁于火,岁久圮废。天启四年(1624),侍郎孙之益、陆应科、分司徐光国各捐俸助修。好义士民咸助襄事。改为三贤祠,除文正公外,还祭祀江淮制置发运使张纶、淮南转运使胡令仪。因为他们都有功于当地。"旧传,万历间,海潮泛涌,浮一木像,取视之,则幞头朱衣修须美颡,聚观者不知何神,众卜其为神茭,皆不与,或曰相传范文正公海边曾有遗像,是乎遂逴得茭,于是迎入三贤祠祀之。"④后来三贤祠倾圮,三贤之牌位置放于文昌祠内。"今(乾隆四年)倾圮无存,三公木主附在文昌祠右偏,不称祀典,每瞻拜踌躇不宁,何日堂构聿新,以妥贤灵,深有望于主持世教者。"⑤文昌阁迁徙后才重新于三贤祠故址复建。"祠经久废,址临都土地祠,主寄文昌祠东偏。乾隆五年,文昌移宫于南闸,即故祠而新之,迎三贤正位焉。"⑥

嘉靖六年(1527),巡盐御史雷应龙在掘港场改五圣庙为范公祠;在富安场改淫祠为三贤祠,"为楹二十有二",此外,灶民崔秀夫捐资建造,道观朱守仁捐田三亩一分;在安丰场改淫祠为三贤祠,"正厅三楹,厢房三楹,门楼一

---

① 〔明〕史起蛰、张榘:《两淮盐法志》卷九,《祠祀志》,载《四库全书存目丛书》(第274册),齐鲁书社,1996年,第284页。
② 〔清〕林正青:《小海场新志》卷四,《庙祀志》,载《中国地方志集成·乡镇志专辑17》,江苏古籍出版社,1992年,第204—205页。
③ 〔清〕林正青:《小海场新志》卷四,《庙祀志》,载《中国地方志集成·乡镇志专辑17》,江苏古籍出版社,1992年,第204—205页。
④ 〔清〕林正青:《小海场新志》卷四,《庙祀志》,载《中国地方志集成·乡镇志专辑17》,江苏古籍出版社,1992年,第204—205页。
⑤ 〔清〕林正青:《小海场新志》卷四,《庙祀志》,载《中国地方志集成·乡镇志专辑17》,江苏古籍出版社,1992年,第204—205页。
⑥ 〔清〕林正青:《小海场新志》卷四,《庙祀志》,载《中国地方志集成·乡镇志专辑17》,江苏古籍出版社,1992年,第204—205页。

座,后皆倾废";在丁溪场改淫祠为三贤祠,至崇祯二年由灶民杨字倡修;在梁垛场改淫祠为三贤祠,"岁久倾圮,场灶练应科、顾天德倡修厢房三间、大门三间,其正堂以岁凶工未及舆而止"①。李思诚曾作《重修三贤祠记》以记载梁垛场三贤祠重修的情况。"分运徐光国,欲纂修志书,取征文献,于是礼聘孝廉魏生、文学王生,咨访采辑,修废举坠,场无遗美,次历南梁,首谒三贤,与场之人士讲求大义,无不兴起,时有义灶顾天德、练应科者,欣然以鼎新为己任,合材集役,轮奂改观。徐光国,字瑞征,浙之常山人,魏辅,字弼卿,王元鼎,字去膺,俱泰州。"②

东台场的三贤祠历史悠久。"自三贤鼎祀之后,在宋有狄公礼、沈公起者续修。在元有詹公士龙者复修",至明成化年间,巡盐御史杨澄和雍泰续修;至正德年间,巡盐御史刘公铎续修;至嘉靖年间,御史胡植和齐宗道相继拓修楹、祠,"址东西二十六弓,南北十六弓"。③ 至清朝,泰州分司郭凤羽重修之,"有碑记,砌本祠壁间"④。可知东台场的三贤祠得到历朝官员不断的续修。有关东台三贤祠置办祭品的情况如下:

明万历三年,盐法御史许据分仓夫银三两买办祭品,司林申详崇祀三贤,以隆昭报。以一礼仪事,每祀动支仓夫银三两买办祭品:猪一只,重一百斤,银一两八钱;羊一只,重三十斤,银六钱;脯三色,银三分;羊肉一斤,银二分;兔一只,银三分;牛肉一斤,银二分;牲醴三品;猪首一枚,重八斤,银一钱;鸡一只,重三斤,银三分;鱼一尾,重三斤,银三分;绢帛三葭,银一钱五分;果品三色,银五分;菜肴三色,银二分;饭米六升,银五分;仪酒二个,银二分;大烛一对,重一斤,银三分;小烛四对,银二分;香纸银三分,以上共银三两。该场勒石,每经动支仓夫银两买办祭品,不得科派经纪铺行屠户生事,永为遵守。附录祭文。⑤

角斜场三贤祠毁于海潮后,天启五年(1625),"士民请于分运徐公光国,祀

---

① 〔清〕汪兆璋:《重修中十场志》第五卷,《坛庙》,清康熙十二年木刻本。
② 〔清〕汪兆璋:《重修中十场志》第九卷,《碑记》,清康熙十二年木刻本。
③ 〔清〕汪兆璋:《重修中十场志》第五卷,《坛庙》,清康熙十二年木刻本。
④ 〔清〕汪兆璋:《重修中十场志》第五卷,《坛庙》,清康熙十二年木刻本。
⑤ 〔清〕汪兆璋:《重修中十场志》第五卷,《坛庙》,清康熙十二年木刻本。

于社学敷教堂中"①。栟茶场三贤祠创建时间较早,年久废圮后,"明天启五年,分运徐公光国谕本场士民,今祀于社学敷教堂中,春秋致祭"②。

三贤祠之所以能在两淮盐场广泛建置与不断重修,是因为范仲淹、张纶、胡令仪三人身上展现出的"先天下之忧而忧,后天下之乐而乐"精神气概,既符合儒家思想指导下国家对地方官员的要求,又满足盐场灶民对地方父母官的期望;盐场社会潮灾的危害之巨和频率之高也不断体现范公堤所起到的巨大作用,也不时地提醒灶民铭记范仲淹等人的丰功伟绩。正因如此,朝廷在推广范公堤、三贤祠时能得到灶民等地方力量的响应。他们乐于出资助修,如顾可畏,"万历时曾葺三贤祠";顾天德、练应科,"三贤祠圮废,二人同捐百五十金以助修,仍捐田一区为续修之费"③;陈应可,"续捐金助修三贤祠,又捐地以供续修之费";徐士良,"东台人,勇于行义,三贤祠旧有敷教堂,岁久倾圮,士良捐金补葺之"等。④

还如大忠祠和缪氏二贤祠。正德十年(1515),御史刘澄甫于运司署之南十余里处创建大忠祠,祭祀宋信国公文天祥。嘉靖十三年(1534),御史陈缟于石港镇便桥处,改观音阁为大忠祠,以祭祀文天祥,旨在"使一方瞻慕之余,庶有以启其忠君爱国之心,而我公之灵用,是庇护一方民士,俾四时序,风雨调,室家安,民不夭折,物无残害"⑤。

栟茶场的缪氏二贤祠,是嘉靖年间御史雷应龙改淫祠侯官庙而成。二贤祠的祭祀对象是缪思恭、缪思敬二兄弟。有关缪思恭的事迹,可参见户部右侍郎杨果所作《缪氏二贤祠记》中的记载:

> 缪氏世居栟茶场,元至元、癸巳间,有曰思恭氏者,字德谦,辟充吏令。适伪吴张士诚陷泰州,明年陷扬州,丙申复陷苏州。公随军征进,克复高邮,所向有战功,超升万户。士诚以乡人故,欲召为援。公曰:"挽回元气,在此一举。"乃身往劝之,以请朝命奉正朔,不失为忠臣之说。士诚因自戢,

---

① 〔清〕汪兆璋:《重修中十场志》第五卷,《坛庙》,清康熙十二年木刻本。
② 〔清〕汪兆璋:《重修中十场志》第五卷,《坛庙》,清康熙十二年木刻本。
③ 〔清〕汪兆璋:《重修中十场志》第六卷,《人物·理学》,清康熙十二年木刻本。
④ 〔清〕王世球:《两淮盐法志》卷三十四,《人物二·尚义》,清乾隆十三年刻本。
⑤ 〔明〕史起蛰、张榘:《两淮盐法志》卷九,《祠祀志》,载《四库全书存目丛书》(第274册),齐鲁书社,1996年,第281页。

不亟为乱者数年,公之力也。升嘉兴府同知,兴学校,劝农桑,累迁至淮扬路总管,征为王府参军,疾作,不果行而卒。①

接着,《缪氏二贤祠记》中记载了有关缪思敬的事迹:

> 弟,思敬,字德中,以有才德声望,时亦为士诚征,诱以枢要,迫以武威。公正色曰:"见得思义,见危授命,人之大节,吾宁杀身以成仁,不偷生以害仁也。"士诚不敢屈。迨我皇明混一区宇,登用豪杰,有司以茂才举公,授麟游县簿,寻复以直谏谪戍。②

综观缪氏二兄弟的生平事迹,二人身上具备忠于国家、为国家守节、维护乡梓利益、为官直言上谏等诸多为人称道的优良品质。在国家眼中,他们尽忠卫国;在当地人眼中,他们是地方利益的保护者,为地方人士所景仰。故嘉靖六年(1527),御史雷应龙来到淮、扬督察盐法时,得知栟茶场缪氏二兄弟的事迹后,召集场中父老和缪氏子弟,商议将不合法度的淫祠改建为缪氏二贤祠。运使吴允桢、副使刘太清秉承雷御史的旨意予以改建。"即以缪氏原建官侯庙,改为祠。中为堂者三楹,前为大门,缭以周垣,长阔计二十亩,仍令缪氏子世守而奉祀焉。"③

御史雷应龙、运使吴允桢、副使刘太清热衷于创建缪氏二贤祠,其用意是以建祠立庙这种易于为当地民众接纳的方式,宣扬缪氏二兄弟的光辉事迹,进而劝告缪氏后人以祖先为榜样,场中父老以乡贤为表率。

> 先达者,乡人之表也;祖宗者,子孙之宪也。……使场之人旦夕过其祠,肃然敛衽,相语曰:"是吾乡之先达也,彼人也,我亦人也,吾不能远追古圣贤之事业,其不能廉顽立懦,以期无愧于吾乡之先达矣。"……乎又将使

---

① 〔清〕蔡复午:《东台县志》卷十三,《祠祀》,载《中国地方志集成·江苏府县志辑》,江苏古籍出版社,1991年,第453页。
② 〔清〕蔡复午:《东台县志》卷十三,《祠祀》,载《中国地方志集成·江苏府县志辑》,江苏古籍出版社,1991年,第453页。
③ 〔清〕蔡复午:《东台县志》卷十三,《祠祀》,载《中国地方志集成·江苏府县志辑》,江苏古籍出版社,1991年,第453页。

缪氏之子孙,春秋奉其祭祀,忾然作气,相语曰:"是吾之先人也,彼善,是吾子孙与有光焉。苟不肖,则先人之辱矣。是安可不夙兴夜寐,虑添所生,以期无厚颜于对越之位,骏奔之时矣。"①

这样一来既减少了拆毁淫祠官侯庙的阻力,又能以潜移默化的方式教化、规范当地人的言行举止;同时,又宣扬了国家意识形态领域竭力提倡的忠节观念。

有关缪氏二兄弟的祭祀情况,康熙《重修中十场志》中记载:"每岁春秋,本宅子孙动支祭田租银,买办猪、羊祭品,先期一日,预鸣场司省牲,至期行礼。"②缪氏二贤祠得以持续发展,来源于官府的支持,如巡盐御史雷应龙为之题词"世义堂",分司徐光国为之建坊,在坊上题词"忠节流芳"③。此外,国家还保留缪思恭缪总管之墓,将缪思恭载入乡贤祠等。④ 除了国家的支持,还得力于族人的捐施,如缪六恺"慷慨好施,临终命三分其产,一以与子,一以分给族人,一以奉缪氏二贤宗祠香火,人以为难"⑤。又如,族人贡生缪丛琼于乾隆三十三年任淮安府教授后"捐修扩而充之,屋七十二楹"⑥。

文化名人作诗讴歌缪氏兄弟的高风亮节,也树立了缪氏二兄弟的光辉形象。如宋志《赠缪思敬谪戍洱海》:"漠漠云间铜柱连,朔风寒寒傍残年。人于离别情偏重,事到崎岖节合全。九死一生投瘴海,千山万水出秦川。临岐莫叹恩波远,圣主回天即用贤。"⑦此外,赵济和陆景也分别作《赠缪思敬谪戍洱海》以歌颂缪思敬。这也间接起到维护二贤祠的作用。

三、五圣信仰和张士诚信仰的坚守

国家整顿与规范两淮盐场民间信仰,有时较顺畅、较成功,如栟茶场的缪氏

---

① 〔清〕蔡复午:《东台县志》卷十三,《祠祀》,载《中国地方志集成·江苏府县志辑》,江苏古籍出版社,1991年,第453页。
② 〔清〕汪兆璋:《重修中十场志》第二卷,《古迹》,清康熙十二年木刻本。
③ 〔清〕汪兆璋:《重修中十场志》第十卷,《人物·名宦》,清康熙十二年木刻本。
④ 〔清〕汪兆璋:《重修中十场志》第二卷,《古迹》,清康熙十二年木刻本。
⑤ 〔清〕单渠、方浚颐:《两淮盐法志》卷四十六,《人物五·施济》,清嘉庆十一年刊本。
⑥ 〔清〕蔡复午:《东台县志》卷十三,《祠祀》,载《中国地方志集成·江苏府县志辑》,江苏古籍出版社,1991年,第453页。
⑦ 〔清〕汪兆璋:《重修中十场志》第十卷,《诗》,清康熙十二年木刻本。

二贤祠;有时会遇到地方力量的阻挠。王朝向地方渗透意识形态,以求从思想上控制地方,但地方社会不会被动地全部接受国家宣讲的意识形态,其或漠视不予理睬,或加以改造,坚守地方传统的信仰,从而使国家正统意识形态与地方各种信仰交织在一起,呈现出多样复杂的面貌。

(一)五圣信仰的坚守

在两淮盐场五圣庙的数量不少。据弘治《两淮运司志》记载,马塘、金沙、余西、刘庄、伍祐、庙湾、草堰七场均有五圣庙,但是五圣到底是指谁,则不得而知。据小海场大使林正青说:"场中最信淫鬼,所祀五圣,不知所自来,前志亦未载。"①从官府的法典看,五圣庙属于淫祠,为何明朝多次采取废淫祠的举动,而五圣庙却能安然地躲过一次又一次的劫难?据康熙《两淮盐法志》记载,马塘、刘庄、伍祐、庙湾、草堰五场的五圣庙仍存在;消失的是金沙、余西二场的五圣庙;在丁溪场新增了一座、栟茶场新增了两座五圣庙。② 康熙《重修中十场志》中还记载了小海场的五圣庙,"在司南,明万历年建,康熙二年修"③。

下面以小海场五圣庙为例,阐明国家与地方在民间信仰上的争斗与妥协的情况。清康熙朝在全国推行毁淫祠的活动,小海场的五圣庙在禁毁之列。起初,盐课司大使想将之改为文昌祠,但遭到当地民众的反对,最后五圣庙变成了四义阁。"其庙数年前奉檄毁折,众议改作文昌祠,居民不从,遂将五圣像改作刘关张像,而以诸葛君、赵子龙配享,额为四义阁。"④由五圣庙到四义阁的转变是一次国家意识形态与民间信仰的较量。在较量的过程中,双方均做出了妥协,国家的意识形态并没有完全得以实现,地方民间信仰亦并未完全被改造。不过,对于支持国家意识形态的林正青来说,这个结果让他难以理解和接受,因为他觉得改造后的四义阁不伦不类,认为这是滨海民人愚昧无知的反映。"夫以诸忠义面目而具他人肺腑,如有知将变换心腹,不遑而肯为民祈福降祥乎?海愚无知,妄作至此已极,吾末如之何也已。……噫,向为五圣之庙,则淫鬼之所集也,继之义阁,亦貌是而心非也。"⑤上述材料传递的信息,是代表官府意志

---

① 〔清〕林正青纂:《小海场新志》卷四,《庙祀志》,载《中国地方志集成·乡镇志专辑17》,江苏古籍出版社,1992年,第204—205页。
② 〔清〕谢开宠:《两淮盐法志》卷二,《疆域》,清康熙刻本。
③ 〔清〕汪兆璋:《重修中十场志》第五卷,《坛庙》,清康熙十二年木刻本。
④ 〔清〕汪兆璋:《重修中十场志》第五卷,《坛庙》,清康熙十二年木刻本。
⑤ 〔清〕汪兆璋:《重修中十场志》第五卷,《坛庙》,清康熙十二年木刻本。

的文昌祠所供奉的文昌帝君和代表民间忠义信仰化身的刘备、关羽、张飞、诸葛亮、赵云相比,地方民众更接纳后者。在和官府的较量中,地方民众还是坚持了自己的信仰。所以,所塑造的形象看似滑稽,实则不然;濒海民众看似愚昧无知,实则精明。

不过,到乾隆五年(1740),四义阁还是被文昌阁替代了,刘备、关羽、张飞、诸葛亮、赵云的雕像被藏在文昌阁中的一个偏僻的地方。

> 文昌阁,乾隆五年,即四义阁故址加高作焉。外建奎光阁,左右夹二楹,西三楹,迁四义阁旧像藏其中,东新筑三楹。
>
> 四义阁者何?即志所称因旧像而改之,以忠义面目而具他人之肺腑也,于礼宜埋,适西偏有堂三楹,遂移其像藏焉。①

此次能说服当地居民改建文昌阁,是盐课司大使拿小海场科举不兴做文章的结果。据《新建文昌宫并奎光阁记》记载,在明嘉靖时期,小海场科举兴盛,在两淮三十个盐场中都是佼佼者,至清朝建立以来的一百多年来,科举凋零。堪舆家认为需要建造一个文昌阁以改善风水,培植文气。"嘉靖间宗公子相、桥梓以文章名,袁公子立以宦绩名,宗公完斋、朱公以讲学名,文采风流,衣被一时。……本朝定鼎以来,汲濡养育百有余年,二场独无一士显名于世,而风气凋敝,家室壁立,虽人心之不古,亦地利之有缺。"②最后在小海场盐课司大使林正清的努力下,文昌阁得以修建。他在文昌阁修建后得意地说道:"予倡之,同事刘君、杨君共襄之,诸生和之,商灶均输之,方建议,即兴工,不日成之,何其易也。"③

(二)张士诚信仰的坚守

张士诚,元末泰州白驹场(今江苏大丰西南白驹)人,乳名九四,酷爱武艺,膂力过人,与弟士义、士德、士信以运盐为业,也贩卖私盐,常受关卡爪牙勒索、盐商地主欺压,遂产生反抗情绪。元至正十三年(1353)正月,与弟及盐丁李伯升、潘原明、吕珍等十八人在白驹场起义。他们杀场官,烧富家,在草堰场界牌头北的十五里庙,聚集灶丁数百人攻打丁溪,被大地主刘子仁武装所阻,士义中

---

① 〔清〕汪兆璋:《重修中十场志》第五卷,《坛庙》,清康熙十二年木刻本。
② 〔清〕汪兆璋:《重修中十场志》第五卷,《坛庙》,清康熙十二年木刻本。
③ 〔清〕汪兆璋:《重修中十场志》第五卷,《坛庙》,清康熙十二年木刻本。

箭身亡。张士诚奋力击溃刘子仁后,转向兴化戴家窑,又得窑丁若干,起义队伍增加到一千多人。三月,攻下泰州,用计杀扬州行省参政赵琏;攻克高邮,杀知州李齐。次年正月,张士诚以高邮为根据地,自号诚王,改元"天祐",同时在运河要冲设置官员,分兵把守,截断南北交通。十五年五月,发兵攻破扬州,退还高邮;九月复攻破扬州。适逢湖南省右丞相阿鲁恢引苗军来,士诚率军撤退。高邮战役是元末农民战争的重要转折。后张士诚渡江南下,与朱元璋开战,张士诚败,投降元廷,封为太尉。此后继续与朱元璋争夺地盘。他乘北方红巾军失败、朱元璋与陈友谅大战之机,扩展地盘,势力南抵绍兴,北逾徐州,达于济宁,西达汝、颍、濠(今安徽凤阳东北)、泗(今江苏盱眙北),东至海,拥兵数十万。二十三年九月,张士诚自称吴王,以张士信为江浙行省左丞相,不再输粮至大都。二十五年十月,朱元璋灭陈友谅汉政权后,开始全面进攻张士诚。二十七年九月,平江(今江苏苏州)城破,张士诚被俘至应天(今江苏南京),自缢死。

张士诚和朱元璋、方国珍等人均是反元的领袖人物,带领汉族人民反抗民族压迫,深得人心,功不可没。随着元朝的灭亡,斗争的性质由反元转向了各割据力量之间的争夺。为了消灭张士诚,朱元璋发布了一张讨伐张士诚的檄文。在这张檄文里,朱元璋列举了张士诚的八大罪状,努力塑造张士诚出尔反尔、反复无常、烧杀抢掠的无赖、无耻、奸诈、顽劣形象,用以激励士气和寻找出师之名。

> 惟兹姑苏张士诚,为民则私贩盐货,行劫于江湖,兵兴则首聚凶徒,负固于海岛,其罪一也;又恐海隅一区,难抗天下大势,诈降于元,坑其参政赵琏,囚其侍制孙,其罪二也;厥后掩袭浙西,兵不满万数,地不足千里,僭称改元,其罪三也;初寇我边,一战生擒其亲弟,再犯浙省,扬矛直捣其近郊,首尾畏缩,乃又诈降于元,其罪四也;阳受元朝之名,阴行假王之令,挟制达丞相,谋害杨左丞,其罪五也;占据江浙钱粮,十年不贡,其罪六也;知元纲已堕,公然害其丞相达识帖木儿,南台大夫普化帖木儿,其罪七也;恃其地险食足,诱我叛将,掠我边民,其罪八也。凡此八罪,理宜征讨,以靖天下,以济斯民。①

---

① 〔明〕陆深:《俨山外集》卷十五,《续停骖录上》,清文渊阁四库全书本。

在残酷、激烈的斗争中,张士诚为朱元璋所败。"成王败寇",在随后建立的明王朝里,张士诚被定性为十恶不赦的罪人,有关他真实的事迹在史籍中被隐去。这是王朝鼎革时常有的现象,不足为奇。

明王朝对于张士诚的支持者也或贬或黜。如伍祐盐场的卞元亨,参加张士诚发动的盐民起义,并成为张士诚部下重要的一员。张士诚被俘后,卞元亨于洪武十年坐戍辽左;洪武二十八年(1395),获赦归里;四年后,修建场南官塘东的东岳庙①;死后葬于场西南三十里大东岗前②。又如丁溪场的杨启宗,是元末的淮东道统兵之帅,后来归附张士诚。三渣乡茅家舍藏《杨氏族谱》中记载了杨启宗的事迹,其中提到"唐英举升"和"张麟挟怨以闻"两件大事。③

对于不与张士诚合作者,明王朝则予以恩宠。除了前述栟茶场的缪思恭和缪思敬兄弟,还有如丁溪场的高迪,"元末往来苏松淮扬间,张士诚累聘不就,明初以文学受知太祖。洪武十三年给户部田,赐儒籍,十八年由乡贡进士赐及第,后嗣谷以业显于景泰朝"④。他因多次谢绝张士诚的聘请而被朱元璋赐予儒籍,后由乡贡考中进士。盐场灶籍本是世袭,不可更改的,但朱元璋不但废除高迪的灶籍,而且赐予儒籍,这样高迪的后裔更易于考中科举。

> 高谷,字世用,丁溪场人,永乐十三年进士,由中书累官工部侍郎入阁。英宗北狩,景帝立,晋上书兼翰林学士。时也先数请遣使迎上皇,廷议未决,中书赵荣请行,谷嘉其忠,解所束金带赠之,及上皇至自瓦剌,谷建议奉迎,礼宜从厚,会千户龚遂荣投书于谷,引唐肃宗迎上皇故事,与谷议合,谷袖其书入朝示公卿,曰武夫尚知礼,况儒臣乎? 陈循恚请下之狱,谷执议如初。景泰二年,晋少保,上言经筵日讲关系圣德,尤在得人,遂荐少卿陈询等五人。天顺复辟,以谨身殿大学士致仕,卒谥文义,著有《育斋集》二十卷。⑤

---

① 〔明〕佚名:《两淮运司志》卷六,《通州分司·观庙》,明弘治间刻本。
② 〔明〕佚名:《两淮运司志》卷六,《通州分司·陵墓》,明弘治间刻本。
③ 姚恩荣:《试论丁溪场杨氏始祖杨启宗遣戍宁夏之深层原因——小戴庄的杨启宗元帅和便仓的卞元亨主帅一样均参加过张士诚起义》,载《大丰县文史资料第 11 辑》,1992 年,第 159 页。
④ 〔清〕单渠、方浚颐:《两淮盐法志》卷四十五,《人物三·政绩》,清同治九年扬州书局重刻本。
⑤ 〔清〕单渠、方浚颐:《两淮盐法志》卷四十五,《人物三·政绩》,清同治九年扬州书局重刻本。

又如,栟茶场的张麒,曾是张士诚的部下,官至左丞,"明兵压湖州"时,"遂以城归明"①,因改换门庭,被朱元璋授予江西省参政之要职。

在朝廷的眼中,张士诚是背信弃义的小人、杀人如麻的恶魔。国家千方百计隐藏张士诚的真实人生,以逐渐淡化人们对他的记忆,但两淮盐场上仍保存了一些有关张士诚的记忆,这些记忆或以古迹,或以风俗传说的方式保留着。在弘治《两淮运司志》中记载了与张士诚相关的胜驾河、军捕河和九龙沟:

胜驾河,场司南,元时张士诚起兵,驾船从此河进陷泰州,故名。
军捕河,本场西,张士诚发兵攻打兴化县,至此遇官捕捉,故名。
九龙沟,本场南,运河东岸,有土岗至丁溪,有溪沟九隔,又名九龙口。张士诚父葬于此,今呼为张王坟。后迁葬苏州虎丘山。遗迹尚存。②

张士诚是白驹场人,他的父亲却埋葬在小海场,"缘白驹与小海隔三十里,故父骨葬九龙沟"③。在康熙《重修中十场志》中也记载了胜驾河、军捕河、张王墓等反映张士诚昔日丰功伟业的古迹,勾起人们对这位昔日叱咤风云人物的缅怀。

丁溪场胜驾河,在场中,伪吴张士诚十八人起兵时所开。
军捕河,在场西,张士诚事战处。
张王墓,士诚父墓也。④

这引起乾隆年间小海场盐课司大使林正青的不快,他认为这样做是不妥的,尤其是提到张王墓时,他不理解何以在盐场灶民眼中张士诚成了鼎鼎有名的大英雄。所以他在《小海场新志》"张士诚父墓"条中记载了下述的话:

张士诚父墓,在九龙沟范堤下土神祠边。按:士诚,白驹场人,原为纲

---

① 〔清〕赵之侨、赵彦俞:《重修兴化县志》卷八,《人物志·武功》,载《中国地方志集成·江苏府县志辑48》,江苏古籍出版社,1991年,第256页。
② 〔明〕佚名:《两淮运司志》卷五,《泰州分司·丁溪场盐课司·山川目》,明弘治间刻本。
③ 〔明〕佚名:《两淮运司志》卷五,《泰州分司·丁溪场盐课司·山川目》,明弘治间刻本。
④ 〔清〕汪兆璋:《重修中十场志》第二卷,《古迹》,清康熙十二年木刻本。

甲，兼业私贩，乘时倡乱，焚掠村落，驱民为盗，攻陷城邑，据有平江路。其劫掠奸杀，惨不可言，为明徐、常二将所扼，身俘自缢。迹其所为，与王仙芝、黄巢先后同辙。缘白驹与小海隔三十里，故父骨葬九龙沟，一坏孤冢，生无德于乡邻，死遗臭于万世，惟有私枭奉为祖师，传为嘉话，而场志载为张王墓，士人乐道之，予所不解。①

林正青站在王朝正统的立场上，认为张士诚残忍、无情，是个十恶不赦的盐枭，该遭人唾弃，但是盐场上的人们却不这么看待张士诚，而是把他当作一个可歌可泣的英雄人物，就连他的父亲也被尊称为张王。盐枭奉之为祖师爷也就罢了，士人也津津乐道张士诚的事迹。尽管张士诚起义给当地社会带来破坏，但是当地人民并不怨恨他，正如流传的民谣所说："死不怨泰州张（张士诚），生不谢宝庆杨（杨完）。"②从林正清的这段记载和百思不得其解的反应可以看出，地方信仰与国家信仰是有差异的，尽管跨过了整个明朝进入清朝，几百年过去了，官府对于张士诚还是讳莫如深。

林正青决定从风俗入手，根除盐场灶民对于张士诚的信仰。讽刺的是，他反而留下了关于张士诚信仰的珍贵史料。据他记载，在丁溪、草堰、小海三个盐场流传一种说法，叫"丁不打不硬，草不打不长"，以及盛行一种独特的习俗，即"以打降为雄"。此习俗举行的时间一般是从元旦到正月底，具体是这样开展的：

> （丁溪、草堰）二场集小海南闸，小海人阴左右，其间始则詈骂，继则打降，即损伤立毙，不告官，亦无悔心，甚至兄弟、叔侄分居两场，即同强敌。丧心病狂，不知其非，诘之则曰："自张士诚以来，以此兆丰年，非大雨雪不休。"……夫士诚一草窃之雄耳，身死家灭，何足称述？况天人感应，和气致祥，垂气召殃，岂有打降能兆丰年？予严行约禁，元旦以后，同丁、草二公，亲行巡察，不敢聚闹。③

---

① 〔清〕林正青：《小海场新志》卷一，《地理志》，载《中国地方志集成·乡镇志专辑17》，江苏古籍出版社，1992年，第217页。
② 〔清〕钱谦益：《国初群雄事略》卷七，《周张士诚》，民国适园丛书刊汉唐斋藏旧钞本。
③ 〔清〕林正青：《小海场新志》卷八，《风俗志》，载《中国地方志集成·乡镇志专辑17》，江苏古籍出版社，1992年，第228—229页。

林正青将张士诚定为无足称道的草寇之雄,将崇拜张士诚的地方民众视为愚昧之徒,并试图改变这个习俗。林正青代表着朝廷官府的意志,当然是欲铲除之而后快。他的这种举动反映的是官府试图改造地方信仰的努力,然而这种努力显然是徒劳的,因为当地的民众巧妙而智慧地用民俗的方式保留着对心目中英雄的景仰。如草堰场的老百姓利用地(祭)藏(张)王的谐音,在农历七月三十日变相地纪念张士诚。[①]

第三节 民灶赋役纠纷与赋役改革

明初,灶田税粮由州县里长和粮长催征,由所在州县带缴上仓,差役优免的制度设计,存在先天性的缺陷,埋下了日后州县官与盐场官之间赋役纠纷的隐患。在明前期,双方之间的矛盾主要表现在州县官肆意向灶民摊派差役。至明中叶以后,豪强民灶利用优免灶田差役条例,大量诡寄田产,使民灶、州县官与盐场官之间的赋税和徭役矛盾不断升级。最终,明廷于嘉靖、隆庆、万历年间在两淮盐场推行了民灶赋役改革。

一、民灶赋役纠纷

(一)有关灶户纳粮当差的制度设计

洪武初年即规定,民属民籍,灶属灶籍,民由州县管辖,灶由盐场管辖。这易让人产生灶民仅是盐业生产者的认识偏差。其实,灶民往往具有双重身份,他们既是盐业生产者,又是农业生产者。只不过,他们以从事盐业生产为主,辅以农业生产。故灶民除纳盐课以及承担与盐业相关的力役外,每年仍需像州县民一样缴纳田赋和应承差役。灶民之所以要像州县民一样纳粮当差,是因为他们占有田地。朱元璋曾说:"民有田则有租,有身则有役,历代相承,皆循其旧。"[②]

明初,编佥盐场所在州县民为灶民。《古今鹾略》记载,"国初制,沿海灶丁,

[①] 周玉奇主编:《盐城民俗》,南京大学出版社,2004年,第46—47页。
[②] 《明太祖实录》卷一百六十五,"洪武十七年九月己未"条。

俱以附近有丁产者充任"①。《盐政志》记载,明初,括金"丁田相应之家,编充灶户"②。被括为灶民者,有的迁往滨海盐场居住,从事盐业生产,称为"滨海灶户";有的则仍居住在州县,并不从事盐业生产,这部分不谙煎盐者,称为"水乡灶户"。无论是滨海灶民还是水乡灶民,他们本多是盐场所在州县拥有田地产业之人,成为灶民后,其原有的田地产业称为灶田,依然由灶民耕作,以完粮当差。

灶田税粮由州县里长、粮长催征,由所在州县带缴上仓。之所以如此规定,是因为明初称灶户为"寄庄人户",编入州县民里。明代乡村实行乡都里制,即县辖乡,乡辖都(或图),都(图)辖里。两淮富安、安丰、梁垛、角斜场编入泰州宁海乡一都一里;栟茶场编入泰州宁海乡一都四里;何垛、草堰、小海、白驹、刘庄场编入泰州东西乡三十五都一里;东台编入泰州东西乡三十五都二里;石港、西亭、余中、余东、金沙、吕四场编入通州青干乡十图一里;掘港场编入如皋县沿海乡二都六里;新兴场和伍祐场分别编入盐场县建三四都五图一里和三里;庙湾场编入阜宁县建三四都三图一里,从而形成"场盐课属运司,版图属县"③的复杂局面。盐课司和州县官的具体分工是,"县场分治,场理盐政……县理民政,如谳狱、籍贯、考试、水利、疆域等"④。可知,在盐场和州县二重管理制度下,属于民政范畴的事务均由所在州县官处理。

据弘治《两淮运司志》记载,两淮盐场共约有灶田3585顷。"役随田出",有田即有役。但是,附着在灶田上的差役与附着于州县民田上的差役有所不同,明朝廷对前者实行优免政策。由于制盐业和农业都深受时令节气的影响,往往旺煎时节也是农忙时节。灶民同时从事盐业生产和农业生产,已属十分不易,若还同时承担徭役,在时间上会存在冲突,灶民将难以顾及,如宣德三年(1428),户部尚书夏元吉指出,"素闻灶户验丁煎盐,岁办不给,岂可别役……蠲其夫役"⑤,明廷也不愿灶民因为承担徭役而耽误盐业生产,所以优免灶民杂泛差役。此后,该政策成为定制,为继任者所遵循。

明初,有关灶民赋役的制度设计存在先天性的缺陷。就差役而言,优免灶

---

① 〔明〕汪砢玉:《古今鹾略》卷五,《政令》,清抄本。
② 〔明〕朱廷立:《盐政志》卷七,《疏议下》,明嘉靖刻本。
③ 〔明〕夏应星:《盐城县志》卷三,《课程志》,明万历十一年刊本。
④ 李恭简:《续修兴化县志》卷一,《舆地志》,1944年铅印本。
⑤ 《明宣宗实录》卷四十一,"宣德三年夏四月壬申"条。

丁杂泛差役,即意味着这些杂泛差役须由盐派灶丁所在州县民代办。该政策是在确保国家差役不减的前提下,以强制性的手段,牺牲州县民的利益,优恤灶丁。从设计上看,该政策厚此薄彼,忽视了州县官与盐场官在差役佥派上"意存畛念",存在不同的利益追求。盐场官灶自然极力拥护,但是,州县官民则心存不满。在实际执行过程中,受到凡天下之田,纳粮当差乃天经地义之事的固有观念的影响,同时,为取得更多的人丁驱使或最大量的代役金,州县官置优免政策于不顾,依然按田编派灶丁的杂役,"灶户各有盐课,而有司概以徭役苦之"①,"有司以灶得盐利,多方困抑。凡杂办差役,悉与民等"②,从而与盐场官产生了有关灶田差役征派方面的矛盾。就赋税而言,规定灶田税粮由所在州县带征,民里里长、粮长负责催征。该制度的不足在于,它是以灶民在制盐和农耕之间始终能够兼顾为前提的。事实上,灶民在制盐和农耕之间并非总能兼顾。当不能兼顾时,灶民的第一身份是盐民,首要任务是制盐,故灶民的选择往往是重制盐轻农耕,结果可能是为确保盐课而割舍了田赋。当灶民不能按时完纳田赋,规定"拖欠税粮者,府县官催征"③,若仍无结果,只得由州县民户赔纳。其结果必然是州县苛待灶民,盐场官怕妨碍盐课加以阻挠干涉。故明初有关灶民赋役的制度安排,埋下了州县官与盐场官之间赋役纠纷的隐患。

(二)民灶赋役纷争的表现

早在明前期,两淮盐场官与州县官之间就不断产生有关赋役科征方面的摩擦与冲突。就差役而言,主要体现在盐场官不满州县官肆意向灶民科派在优免范畴之内的差役。如,宣德二年(1427),两淮都转运盐使司判官杨陵上奏疏于朝廷,说:"灶丁老幼岁无宁时……比来有司概令养马当差,不获安业,以致盐课日亏,累及官民,乞申饬所司,遵洪武、永乐旧例优免,庶民无重役,盐课可足。"④又如,弘治元年(1488),两淮巡盐御史史简在《盐法疏》中指出,"近年以来有司多不遵行,将各场灶丁或佥点解军等役,或小事一概勾扰,或税粮借辏起运,间有存者,却又多收加耗脚价,以致灶民流移,盐课拖欠"⑤。对此,明廷予以支持,

---

① 〔明〕陈子龙:《明经世文编》卷一百三十七,《许文简公奏疏·复盐法事宜疏》,明崇祯平露堂刻本。
② 俞光编:《温州古代经济史料汇编》,上海社会科学院出版社,2005年,第346页。
③ 〔明〕陈仁锡:《皇明世法录》卷二十八,《盐政志》,载《四库禁毁丛刊(史部第14册)》,北京出版社,1998年,第500—501页。
④ 《明宣宗实录》卷三十三,"宣德二年十一月丙申"条。
⑤ 〔明〕朱廷立:《盐政志》卷七,《疏议下》,明嘉靖刻本。

重申洪武旧例,但是,从朝廷反复申明遵照旧例本身,透露出洪武差役优免旧例在实际的执行上沦为具文,州县官置若罔闻。就田赋而言,盐场官与州县官之间的矛盾,主要体现在盐场官不满州县官肆意勾扰拖欠田税的灶民。如弘治十七年(1504),都御史王璟"题准行令淮扬二府所属州县,今后各场灶丁有欠税粮,止许催促上纳,不许监追"[①]。后来,朝廷进一步削减州县官的职权,规定由运司分司官追问灶丁拖欠灶粮之事。"灶户如有拖欠税粮,在由运司追问,有司不得勾扰。"[②]但是州县官依然越权肆意勾扰灶民。

旧矛盾未能有效解决,新问题又产生了。明中叶以后,豪强民灶利用优免灶田差役条例,或大量置买、侵占灶田,或大量诡寄田产。嘉靖十八年(1539),如皋知县黎尧勋指出,"又见本州地方与守御千户所军、十二盐场灶户杂处,小民田地节因凶荒,尽被军灶饵买为业,不行认粮,又不当随田粮站"[③]。无论是大量置买、侵占灶田,还是大量诡寄田产于灶民,其结果都导致州县官完成田赋差役征派任务的压力逐日剧增,州县民户则包赔钱粮日盛,怨声载道。在新旧矛盾的综合作用下,州县官与盐场官之间的赋役矛盾不断升级。

二、盐场赋役改革

(一)嘉靖年间灶田赋役改革

明中叶以后,在全国刮起兼并土地的狂潮,"自洪武迄弘治百四十年,天下额田已减强办",由于吏治腐败,又"田连阡陌者诸科不兴,室如悬罄者无差不至"。[④]为缓解财政危机,实现赋役均平,嘉靖年间,明世宗开始了全国性的土地清丈运动。两淮盐场灶占民田,影响到州县官税粮差役的科征;民占荡地,同样影响到盐业的生产和灶课的科征。于是,州县官和盐官均希望借助全国赋役制度变革之机,通过清丈土地的方式,厘清各自的赋役。由此催生出嘉靖年间的民灶赋役制度变革。

民灶赋役制度变革是以清丈田地为前提的。巡盐御史洪垣率先帮助兴化

---

① 〔明〕史起蛰、张榘:《两淮盐法志》卷五,《法制二》,明嘉靖三十年刻本。
② 〔明〕盛仪:《惟扬志》卷九,《盐政志》,明嘉靖刻本。
③ 〔明〕欧阳东凤:《兴化县志》卷三,《田赋》,民国传抄本。
④ 〔明〕陈全之:《蓬窗日录》卷六,《事纪二·癸巳二月日与府县言上中户书》,明嘉靖四十四年刻本。

县知县傅珮清丈了本县灶民侵占的民田和泰州民灶侵占的兴化县民田。① 嘉靖二十年前后,泰州知州黎尧勋在泰州地区进行了以均平赋役和清理诡寄为目标的改革,其在《请均泰州田粮转闻疏》中指出,"比照兴化、如皋等县均摊事例,将概州田地丈量均摊,永苏贫困"②。对此,巡抚都御史王某批准,"惟照高邮等州县事例,酌量均摊田地征粮,永为定规,行令军灶一体照田纳粮,随粮出站,事完造册缴报"③。在清丈灶田的基础上,州县官开始着手灶田赋役改革。

改革的第一步是设置灶里,规定从灶里中遴选灶长、催头催征灶田税粮。该治理方法最早于嘉靖十二年由漕运总督巡抚凤阳刘节提议,他提请,"要将有田灶户编充里甲,户部行下盐法衙门勘议,未报",但实际上,各州县已开始在盐场设置灶里,在灶户中佥编里长老人、催头、马头等名色。这对灶民不利,导致"逼逃灶户数多"④。

盐官予以反对。如嘉靖十五年(1536),巡盐御史陈蕙说:"自有盐法以来,灶户田粮俱是民间里递比岁带征,并无灶里催头之设……有田灶户,令于民里寄庄,每岁带征粮差,以省纷扰,以复百有七十年旧规。"⑤他主张遵行旧例,仍令州县带征粮差。他还指出,灶里之设,还牵涉对逃亡灶丁遗留下灶田税粮的征纳问题,"自有盐法以来,逃灶遗下田粮俱系民里耕纳,向无异议。近该邻场各州县创立灶里,勒陪亡粮,以致告扰纷纷,累下正课。盖逃灶亡粮与灶里催头其事相同者也,灶户所以不愿充里者,惧于陪粮;民户所以求设灶里者,亦欲其陪粮"⑥。由灶里催头赔纳逃亡灶丁遗留下的税粮,导致灶民的普遍不满。

但是,在博弈较量中,州县官占据上风,设置灶里,由灶长催征灶田税粮的做法成为事实,若干年后,灶里催头征粮,连巡盐御史也不得不认可,予以接受。灶里的设置旨在防止州县官借机将灶里与民里混为一谈,一体佥派差役。如嘉靖十九年(1540),巡盐御史吴悌指出,"该淮扬二府兴化、盐城二县灶里、催头编立已定,止于催纳税粮,事完即放,不许有司常川拘留,与民田一概科派,致妨煎

---

① 〔清〕赵之侨、赵彦俞:《重修兴化县志》卷一,《舆地志》,载《中国地方志集成·江苏府县志辑48》,江苏古籍出版社,1991年,第271页。
② 〔明〕刘万春:《泰州志》卷九,《铨艺文·请均泰州田粮转闻疏》,崇祯六年刻本。
③ 〔明〕刘万春:《泰州志》卷九,《铨艺文·请均泰州田粮转闻疏》,崇祯六年刻本。
④ 〔明〕刘万春:《泰州志》卷九,《铨艺文·请均泰州田粮转闻疏》,崇祯六年刻本。
⑤ 〔明〕史起蛰、张榘:《两淮盐法志》卷六,《法制三》,明嘉靖三十年刻本。
⑥ 〔明〕史起蛰、张榘:《两淮盐法志》卷六,《法制三》,明嘉靖三十年刻本。

办"①。他主张灶里只负担灶田税粮，至于附着在灶田上的差役全部优免。但是，州县官往往妄图让灶民承担更多的差役。如，如皋县民灶共四十二里，其中民户三十六里，灶户六里。根据优免制度，"灶里人丁不当民差"，但是，州县官将本州县均徭等差分作三十里派，其中只三里的灶户需要承担均徭等差，另外三里灶户的均徭等差由州县民户代办。这种折中办法仍让州县官感到不满，认为"其原派三里俱系民间代办，事已不得其平……民心未尽贴服，况民里管征钱粮，又管供亿，上司措办夫马、支应、廪给、日粮、出备舆皂铺陈、差马上宿又解人等项，百务丛胜，而灶里止管征催钱粮而已，其余一无所与，又复免其田上差徭，民情其何以堪之耶"②。设置灶里，是在由州县带征灶粮的前提下，改民里里长催征为灶里催头催征，故仅部分调整了灶田税粮的管理问题。

赋役改革的第二步是厘定灶户新置灶田税粮差役的征派范畴。州县官规定，清丈出的灶田划分为祖遗和新置两种，其中祖遗指嘉靖二十一年之前的灶田，新置指嘉靖二十一年以后的灶田；祖遗灶田仍遵旧例，灶户只纳粮不当差，新置灶田的灶户则不仅需要纳粮还需当差。这一思路是抛弃滋生弊端后患无穷的优免灶田差役法，回归凡田均需纳粮当差的法定制度上来。如嘉靖十八年（1539），如皋知县黎尧勋指出，"沿海赤岸等乡与运司所属富安、角斜、栟茶等场为界，多被各场富灶与泰州等处富民、掘港等寨备倭强军侵买为业，恃其官司，势分隔约，不肯承认纳粮，前任多有为民之官，使之陈告所司，每执偏灶之见，不与区分，至视下县如仇毒无事，致死者年常有之，卒无控告"③。针对盐场官不合作的态度，他呼吁"灶户不完者，罪坐该场官吏，军民不完者，罪坐该管军卫。有司如此，则田粮均，徭役平，贫困可苏，逃亡可复"④。盐场官反对新置灶田的灶户既要纳粮又要当差，主张只纳田粮不当差。如，嘉靖十九年（1540），巡盐御史吴悌指出，"里甲十年一次，系干正役，淮扬灶户置买民田，原未应当里甲，止令输照灶粮，与民粮一例编派银两输纳，以供正办，免其亲身应役及买马、当日支应、买办铺陈什物等项，仍将解军一应杂差尽行优免……其灶长催办事完，有司仍复拘留，及纳粮正差之外，妄肆科派，听运司指实参究"⑤。折中的做法是，灶

---

① 〔明〕史起蛰、张榘：《两淮盐法志》卷五，《法制二》，明嘉靖三十年刻本。
② 〔清〕杨受廷：《如皋县志》卷五，《赋役二》，清嘉庆十三年刻本。
③ 〔清〕杨受廷：《如皋县志》卷四，《赋役一》，清嘉庆十三年刻本。
④ 〔清〕杨受廷：《如皋县志》卷四，《赋役一》，清嘉庆十三年刻本。
⑤ 〔明〕史起蛰、张榘：《两淮盐法志》卷五，《法制二》，明嘉靖三十年刻本。

民通过多纳实征税粮,不纳免征税粮的方式,解除了附着在免征税粮上的养马、驿传、均徭、里甲等差役。嘉靖二十二年(1543),如皋知县黎尧勋指出,"每田一顷,税粮七斗七升三合八勺,以四斗三升三勺输米麦黄豆上仓,名曰实征;以三斗四升三合五勺供办养马驿传,名曰免征。外又照粮编审里甲、均徭等差,灶户惮养马、驿传繁劳,由欲均徭、里甲等差,具情告县,愿认通纳实征七斗七升三合八勺,免征尽属民间代办。灶除免征而加实征,民加免征而实征稍减,此通融两便之法"①。但是,此通融之法乃权宜之计,至嘉靖二十九年,巡盐御史李廷龙和海道副使刘静韶,又制定新规,"将嘉靖二十一年均粮为准,当时丈过灶里田地定作祖田,上办原额免、实二税,其均徭、里甲、大户等差免派。均粮之后所买民田,与隔属灶户置买本县民田者,俱遵例一体照田纳粮,照粮当差"②。他们主张祖遗灶田灶户都需办纳免征税粮及附着其上的部分差役,新置灶田,则与民田一体纳粮当差。

赋役改革的第三步是变革灶田税粮征解方式。洪武旧规,各场灶户"一应杂差、派买颜料及解军等项照例优免,其该纳税粮照旧存留本处仓分交纳"③。但是,嘉靖时期,州县官试图破除灶田税粮只办存留不办起运的旧规,提出祖遗灶田只派存留,新置灶田则既派存留又派起运。

嘉靖年间,在州县官民和盐场官灶之间长期的拉锯战中展开的两淮灶田赋役改革,虽取得了一些成效,如设置灶里成为定制,但在厘定灶户新置灶田税粮差役和灶田税粮办纳起运方面的效果并不容乐观。万历年间的陈应芳指出:"两淮运司盐课甲于天下,灶场三十,泰州居三之一有奇,灶买民田十之三四,其输粮同也,其论差以新旧为则也。盖嘉靖二十一年以前为旧灶,二十二年以后为新灶,亦既体恤之者至矣。乃新者诡而为旧,以避差役,已属弊窦。而征输之法,又往往束于灶,而法有所不行。起运、存留额数也,灶稍完起运,而不纳存留。催科比较通例也,灶专抗催科,而不赴比较。官亦且无如之何,专责民间完及分数,而其拖欠者,尽举而属之灶矣。"④他指出在赋役改革的推行过程中,灶民或以新置灶田冒充祖遗规避差役,或新置灶田只纳起运而不纳存留,或故意

---

① 〔明〕崔桐:《重修如皋县志》卷三,《食货》,明嘉靖三十九年刻本。
② 〔明〕崔桐:《重修如皋县志》卷三,《食货》,明嘉靖三十九年刻本。
③ 〔明〕史起蛰、张榘:《两淮盐法志》卷五,《法制二》,明嘉靖三十年刻本。
④ 〔明〕陈应芳:《敬止集》卷一,《附泰州利病》,清文渊阁四库全书本。

拖欠灶粮等,可谓弊窦丛生。

(二)隆庆年间灶田赋役改革

隆庆年间,随着特大水灾的爆发,民灶税粮差役纠纷问题又被激化了。纠纷集中在灶田税粮办纳起运上。

以兴化县为例。隆庆二年(1568),兴化县民灶税粮差役纠纷首先是由州县军民鲍茂、周东等挑起的,他们向地方有司控诉,"种地纳粮无问起运存留一色科派,此国朝定制也。向使灶不买民田,谁能以粮加之?又使民田尽规于灶,则起运将何输纳?且兴化原额之田止有此数,即今灶户承买已居四分之一,犹曰灶田尽纳存留,则起运之数势必偏重于民。计今扬州一府十州县,起运不过九万石,兴化一县该三万有余,复欲以灶买民田不派起运,是为灶者益富,为民者益贫"①。可知,兴化县民反对灶民只纳粮不当差,纳粮又只纳存留,不纳起运(扬州府起运之税粮是由民运至徐州仓,存留之税粮存留本地)。其理由,一是凡种地纳粮办起运和存留是天经地义之事,属明朝定制;二是灶民置买民田数额巨大,约占到兴化县总田数的四分之一,若灶民只办存留,不办起运,势必极大地加重兴化县民的起运负担,富裕不均的后果是灶富民穷。

灶丁杨策等予以辩驳,指出"各有田地坐落兴化地方中间,有祖遗、新置二项不等,是以前院俯念煎办之劳,欲少加优恤,嘉靖二十四年以前祖遗之田尽派存留,二十年以后新置之田不佥头役。奈有司民灶异视,凡有差粮,不照明例,动辄加派,有站粮,有水夫,有四料,有马夫工食等项银两,名色甚多,十分困苦,不胜征求,乞查节年题准事例宽恤除豁等情"。他们声称灶户纳粮不当差,纳粮只纳存留,不纳起运,乃是依据明朝廷优恤灶丁免除一切杂泛差役的条例而为之(明初,规定贫难灶户只纳存留,免其起运),既合情理,又合法度;反倒是地方有司不遵照优免则例,肆意差派,造成灶民生活十分困苦。

民灶双方各执一词,纷纷告诘。争辩的焦点集中到嘉靖二十年以前祖遗灶田是否也要像新置灶田一样既办存留,又办起运。淮扬海防兵备副使傅希挚等,针对兴化县民粮起运过重而州县有司肆意佥派灶民当差,民灶两困的局面②,从中予以调停。

---

① 方裕谨编选:《明代隆庆年间两淮盐务题本》,《历史档案》,2000年第2期。
② [明]傅希挚:《议兴化县民灶粮疏》,载中国第一历史档案馆、辽宁省档案馆编《中国敏超档案总汇》(第88册),广西师范大学出版社,2001年,第113—118页。

职等勘得有田则有租,若将嘉靖二十年以前灶田尽派存留,其不足以服百姓之心也,宜矣。试问灶户祖遗之田,当伊祖存之时更无置买别田,未知尽纳存留之税,否也。今酌为调停之法,莫若将各灶田自捍海堰运盐河西以至县治一带五千六百余顷,尽数派入该县征粮数内起运存留。凤阳等仓,与民一体征派,不许一毫偏重,其站由田出,按粮起科,似应一体增派。此外银差、力差,如四料银及杂派经费银,与夫力役之征,俱系人丁之差,难以横加灶户,合宜尽行除免。①

他提议,将在捍海堰运盐河西至县治和在捍海堰运盐河东至县治的区域划为灶田,后者遵循前例,不分祖遗和新置,均纳粮不当差,纳粮只纳存留,不纳起运,前者则变通前例,不分祖遗和新置,纳粮既纳存留,又纳起运,起运则附带科派站粮的差役,其余银差和力差则概予免除。

对此提议,两淮盐运使和扬州知府基本赞同。"据此,看得起存田赋皆小民惟正之供,银力差徭俱岁派额办之数,但地方之征科曾无定规,而州县之沿袭各有旧例,或照田起科,或照丁起派,或照丁田通融科派。为今之计,必须剂量调停,使之各得分愿,无以民灶分粮差,惟以丁田定征派。凡照田起科,如夏秋税粮、驿递站粮三项无分起存,俱民灶一体办纳,不许偏累编民……如均徭银力二差,里甲靛猪等银及经费听差等项,灶户通行豁免,用示优恤。如此事体人情似属公溥,熟思审处,计止于斯,仍乞行通泰等州县一体遵行。"②可知,他们一致主张在起运、存留和站粮这三项上,无论民灶都需缴纳,其余各色科派,灶民无须应承。

巡抚凤阳等处都御史、总理江北等处盐屯都御史庞尚鹏,也赞同此提议。

议照两淮盐课供边岁以百万计,皆出灶丁煎办,其艰苦万状,控诉无由,视民间劳逸相悬何啻百倍,故一切杂役悉与蠲除。至于夏秋税粮,亦欲多派存留,量免起运,特示优恤至意。此在各州县莫不相安,惟兴化县田粮自先年孙关保奏称欺隐,遂致增额数多,故扬州一府所属起运粮凡九万石,

---

① 方裕谨编选:《明代隆庆年间两淮盐务题本》,《历史档案》,2000 年第 2 期。
② 方裕谨编选:《明代隆庆年间两淮盐务题本》,《历史档案》,2000 年第 2 期。

而兴化额派至三万有奇,则其繁重难堪不待言矣。若该县灶田只派存留,尽免起运,即民力困竭势起能支,此鲍茂等所以纷纷有词也。今据兵备司府等官议称,凡起运、存留及站粮三项,俱民灶一体均纳,其余各色科派,不得复累灶丁,曲示调停,似无遗论。此在兴化粮重之地,乃为权益区处。若各州县一概比例通行,则灶丁日疲于奔命,其偏累益不能胜矣。伏乞敕下该部再加查访,早为处分,将该县民灶起存及站粮照议坐派,其灶丁银力二差通行豁免,各州县不得援引为词以起争端,则舆情安而国赋悉裕矣。①

他们认为该调停之法合情合理,不过,该做法是针对兴化县粮重的现实情况而采取的权宜之计,其他州县不得效法,以防加重灶民的负担。至此,此次的民灶赋役纠纷告一段落。

(三)万历年间灶田税粮民灶分征

这次改革的力度很大,因为这是从根本上推翻洪武旧制。灶田税粮不再由州县带征,改由盐场征解。

至万历时期,民灶赋役纠纷问题又凸显出来。如万历二十三年(1595),泰州知州刘应文说:"先是,民间苦灶户灶粮轻而差寡,奸人概以灶田影射徭役,民病之。及至催征,灶户不赴比较,保家争为包揽,粮户胥吏交相窟穴其中,而官不能诘。每年起运京边,完不及十分之一,存留钱粮则全逋矣,往往责抵解于民间。"②他指出泰州税粮征解时遭遇到严峻的税粮空虚局面:一方面是民灶诡寄灶田,规避田赋和徭役,拖累民户赔补,另一方面是州县带征灶粮滋生了胥吏和奸总等舞弊问题,造成灶粮完纳严重不足。又如,陈应芳指出,"已往不论,姑自万历十九年以后言之,仅五年尔,而灶间拖欠者,至二万四千三百八十两有奇,民间代灶纳解者,至二千二百六十两有奇"③。于是,刘应文(北直隶东光县人)奏请民灶税粮分征之事。"属征灶于分司,责催比于场官,领解额于泰州,一仿如皋故事,则官司民灶俱利,催科国计两得矣。此今又一左券哉!"④他主张民灶分征税粮,民粮由州县官征解送;灶粮则由盐场大使催征,上缴至盐运分司官,

---

① 方裕谨编选:《明代隆庆年间两淮盐务题本》,《历史档案》,2000年第2期。
② 〔明〕刘万春:《泰州志》卷四,《官师志》,明崇祯六年刻本。
③ 〔明〕陈应芳:《敬止集》卷一,《附泰州利病》,清文渊阁四库全书本。
④ 〔清〕汪兆璋:《重修中十场志》卷四,《赋役纪》,清康熙十二年木刻本。

再由盐运分司官解送至泰州。

这种灶粮征解方式早已在如皋县推行过,但是,刘应文的奏请遭到上司、灶民、盐官等方面的阻力。"公加意民瘼,细心讲求,尽得其要领。身请命于当道,当道颇狃拘挛之议,初难之,奸灶又驾词赴诉盐法,而盐直指不能不右灶而左其民,议几寝。格至舌敝颖秃,率士民所在哀□,如是者积有年余,然后报可。推灶粮与醝司,设限征纳,各自起解,而从前积弊自此一空矣。"①最终,在他的不懈努力下,民灶分征税粮的主张还是得到明廷肯定的批复。

鉴于民田诡寄灶田,给盐场治理带来不便,刘应文的主张得到盐运分司徐某的支持。"迩以刘职方力主分征之议,徐司理痛清影射之奸,民灶两苏,诚为便计。"②但是,灶粮分征主张没有得到较好的实施,没过多久,又恢复为民灶合征。至天启四年(1624),海防兵备道周汝玑指出民灶合征弊窦丛生,再次吁请民灶分征,灶粮由盐运司征解,"闵泰州民灶合征,钱粮混淆,有司坐累,毅然以分灶力请于当道,推灶粮于醝司,设法征解,不为异议所扰"③。崇祯《泰州志》编纂者刘万春在序言中说,"民间为灶里包赔钱粮最一秕政"④。又如,"独灶粮代征于民里,为十场剥床之灾,其深根固蒂,不可不力为拔也"⑤。可知,灶粮征解很快又堕于合征之途。

其实,分征的主张难以有效实施,阻力有来自盐官方面的反对,更有来自州县污胥和盐场奸总、灶里催头等的从中作梗和暗中破坏。

> 昔之显明监司、仁廉州守,汲汲以民灶分征请命当路,竟能得之。尔后之不肖有司,辄居灶粮数千之羡金为奇货,猾胥利于包赔,用此为饵,仍请合征,而良法遂罢。⑥
> 百姓歌于市,良灶舞于途。然后称不便者,独奸总包揽不能,污胥窟奇不得,犹未贴心耳。⑦
> 灶间里役往往多豪猾,通同胥吏,善为奸利,每遇催征,多方影射,闻有

---

① 〔明〕刘万春:《泰州志》卷四,《官师志》,明崇祯六年刻本。
② 〔清〕汪兆璋:《重修中十场志》卷四,《赋役纪》,清康熙十二年木刻本。
③ 〔明〕刘万春:《泰州志》,《序》,明崇祯六年刻本。
④ 〔明〕刘万春:《泰州志》,《序》,明崇祯六年刻本。
⑤ 〔清〕汪兆璋:《重修中十场志》卷四,《赋役纪》,清康熙十二年木刻本。
⑥ 〔明〕刘万春:《泰州志》,《序》,明崇祯六年刻本。
⑦ 〔清〕汪兆璋:《重修中十场志》卷四,《赋役纪》,清康熙十二年木刻本。

一贫者输当灶里,因而致富。又闻往年灶里曾征粮数百,赴州上纳,而一吏反教之携归,因而瓜分。①

在百般阻挠下,灶粮征解始终在合征与分征之间来回摇摆。

总之,通过全面梳理明代两淮民灶之间赋役纠纷的原因、表现与官府应对举措,可以得出以下两点结论:一是在两淮盐场存在豪强灶民狡猾地利用有关灶民赋役的制度设计的先天性缺陷进行套利的行为;二是无论是州县官还是盐场官在解决民灶赋役纠纷时均心存畛念,缺乏通力合作,这导致明代两淮盐场民灶赋役纠纷始终难以得到较好解决。

第四节 灾害及其应对

一、倭患与设置抗倭官、灶勇

灾害既包括自然灾害也包括人为灾害。就明代两淮盐场的人为灾害而言,最大者莫过于倭患。为防御倭患,明初在两淮盐场进行了卫所、巡检司、备倭营、备倭水寨、墩台烽堠等海防建设。嘉靖时期,由于明朝海防废弛,倭寇的入侵呈现出进犯次数频繁,持续时间长,入侵规模大的特点。它给两淮盐场造成了惨重的灾难。为荡平倭患,明朝廷增设兵备副使等抗倭官和组织灶勇予以应对。

(一)明初两淮地区的倭患与海防建设

元末明初,方国珍、张士诚相继被诛灭后,其余党亡命海上为盗,与倭寇结合,进犯东南沿海。《明史纪事本末》记载,"张士诚、方国珍余党导倭寇出没海上,焚民居,掠货财,北自辽海、山东,南抵闽、浙、东粤,滨海之区,无岁不被其害"②。其中,遭受倭寇侵扰的沿海地区,以山东为最,辽东为次,南直隶(今江苏、安徽两省)次,浙江次,福建次,广东次。两淮地区直接遭受到倭寇之乱,最早是在洪武二年八月乙亥,"倭人寇淮安,镇抚吴祐等击败其众于天麻山,擒五十七人,事闻,赐祐等绮帛有差"③。为了解决倭寇问题,明太祖恩威并施,一方面

---

① 〔明〕陈应芳:《敬止集》卷一,《附泰州利病》,清文渊阁四库全书本。
② 〔清〕谷应泰:《明史纪事本末》卷五十五,《沿海倭乱》,清文渊阁四库全书本。
③ 《明太祖实录》卷四十四,"洪武二年八月乙亥"条。

派遣使者出使日本,要求日本国王严加管束国人,另一方面优抚怀柔日本国王。但是,效果不佳,日本方面且贡且寇。《明史》云:"倭性黠,时载方物戎器,出没海滨;得间,则张其戎器而肆侵掠,不得,则陈其方物而称朝贡。"①在试图通过外交交涉手段与日本解决纠纷的努力以失败告终后,朱元璋厉行海禁政策以防倭。洪武二十七年(1394),严禁人民私往海外市易。"帝以海外诸国多诈,绝其往来,惟琉球、真腊、暹罗许入贡。而沿海之人往往私下诸番贸易香货,因诱蛮夷为盗。命礼部严禁绝之。违者必置之重法。"②此外,朱元璋开始在沿海地区大力建设海防。

就淮扬地区而言,首先是设置卫所。明初,扬州府设扬州、高邮、仪真3个卫指挥使司和兴化、泰州、通州3个守御千户所;淮安府设淮安、大河、邳州3个卫指挥使司和盐城1个守御千户所。扬州府:洪武四年(1371)末,置扬州卫于扬州府;洪武元年(1368),置高邮守御千户所于高邮府(州),四年末,升置高邮卫;洪武八年(1375),置仪真守御千户所于仪真县,十三年,升置仪真卫;洪武年间,置兴化守御千户所于兴化县;洪武年间,置泰州守御千户所于泰州;洪武五年(1372),置通州守御千户所于通州。淮安府:洪武元年,置淮安卫于淮安府;洪武五年,置大河卫于安东县东北云梯关;洪武十三年(1380),置邳州卫于邳州;洪武二十二年(1389),置盐城守御千户所于盐城县;洪武二十三年(1390),创建海州守御中前千户所;洪武十七年(1384),创建东海守御中千户所。

其次,作为对卫所的补充,建立大量的巡检司。淮安府:山阳县设马逻乡、庙湾镇、羊寨乡3个巡检司;清河县设洪泽、马头镇2个巡检司;盐城县设清沟、喻口镇2个巡检司;安东县设东海、五港口、长乐镇、人上4个巡检司;桃源县设古城、三义镇2个巡检司;海州设惠泽、高桥2个巡检司;赣榆县设荻水镇、临洪镇2个巡检司;邳州设直河口、新安2个巡检司;宿迁县设刘家庄1个巡检司。扬州府:江都县设邵伯镇、方寿镇、上官桥、瓜洲镇、归仁镇5个巡检司;仪真县设旧江口1个巡检司;泰兴县设口岸镇、黄桥镇、印庄3个巡检司;高邮州设张家沟、时堡2个巡检司;宝应县设槐楼镇、衡阳2个巡检司;兴化县设安丰1个巡检司;泰州设西溪镇、宁乡镇、海安镇3个巡检司;如皋县设掘港、石庄、西场3个巡检司;通州设狼山、石港、安东坝上、白塔河4个巡检司。卫所主要负责作

---

① 〔清〕张廷玉:《明史》,中华书局,2007年,第8347页。
② 〔清〕嵇璜:《续文献通考》卷二十六,《市籴考》,清文渊阁四库全书本。

战,巡检司主要负责盘查,二者相互补充,强化了淮扬地区的海防。

最后,建立掘港、泰兴、通州、扬州、盐城、庙湾、海州等备倭营和刘庄、白驹、石港、角斜、栟茶、吕四等备倭寨。并在这些备倭营和备倭寨建立大量的烽堠墩台,用以报警。"明时沿海通潮泊舟之所,垒土为墩……按,明制凡墩拨营军五名管领,琼徒举号传烽,所以侦瞭海洋警息也。"①以如皋县掘港备倭营为例,共在沿海置墩台10座:"彭家灶墩,高三丈五尺,周二十五丈,相连蟹子洼,离洋十五里;方前墩,高四丈,周二十五丈,相连方前港,离洋十里;寨前墩,高四丈,周二十五丈,相连陈家丁港,离洋十里;新团墩,高三丈五尺,周二十四丈,相连川腰港,离洋五里;长沙墩,高三丈八尺,周二十五丈,相连川沙洼港,离洋十里;火烧苴墩,高三丈五尺,周二十五丈,相连挨沙横港,离洋八里;唐家苴墩,高四丈,周二十六丈,相连唐家褉(水旁)港,离洋七里;尹家堡墩,高三丈五尺,周二十五丈,相连沙鱼洼港,离洋七里;白沙口墩,高三丈六尺,周二十七丈,相连湾港及黄沙洋港,离洋十里;丰利墩,高三丈八尺,周三十丈,相连甜水港,离洋十五里。每墩防军五名。"②

到洪武末年,淮扬地区的卫所、巡检司、备倭营、备倭水寨、墩台烽堠基本完备,这些军事设施大小相间,延绵相续。如有倭寇进犯,一旦登岸,就有烽堠报警,巡检司进行盘查,水寨防御,而卫所军则围追堵截,从而在沿海构建起一道防线。这一体系防敌于近海,以岸防为主。尽管如此,自永乐历宣德、正统、成化、弘治、正德、嘉靖,一百数十余年间,无代不有倭寇。如明永乐二年(1404),"倭犯通州,诸场警乱"③。随着时间的推移,该体系问题日益暴露。如,卫所军战斗力逐渐减弱,逐渐走向衰败。至明中叶,海防已废弛,最终酿成了为害甚巨的嘉靖两淮倭患。

(二)嘉靖两淮盐场的倭患

嘉靖时期,两淮地区遭受到严重的倭患。晚明学者姜宸英说:"嘉靖之乱,首犯福建以及浙、直,而蔓延于淮扬。"④明人郑若曾说:"倭患之作岭峤,以北达于淮阳,靡不受害。"⑤在此之前,倭寇进犯的次数较少,时间较短,规模较小。至

---

① 《明神宗实录》卷三十九,"万历三年六月乙未"条。
② 《明神宗实录》卷三十七,"万历三年四月甲午"条。
③ 〔明〕潘季驯:《河防一览》卷十三,清文渊阁四库全书本。
④ 〔明〕潘季驯:《河防一览》卷十三,清文渊阁四库全书本。
⑤ 〔明〕胡宗宪:《海防图论》,《山东预备论》,清咸丰长恩书室丛书本。

嘉靖年间,朝政腐败,海防废弛。通政唐顺之曾不无痛心地说:"国初海防规画,至为精密,百年以来海烽久熄,人情怠玩,因而堕废。"①而此时倭寇不再如之前登岸掠财便走,而是登岸盘踞,建立据点,长期掠夺,甚至攻掠城池,给两淮地区带来巨大损失和深重灾难。

两淮盐场作为倭寇进犯的前线更是如此,屡遭进犯,庐舍被焚烧,灶民被杀戮,财产被抢夺,导致盐业生产被迫中断,盐场社会秩序破坏殆尽。如嘉靖三十三年(1554)三月二十四日,有倭船3只到达吕四场寨团;二十五日,又有倭船3只到达江家便场,当日二更又有倭船2只,各船共有倭寇800余人,俱登岸,从吕四、余东、余中、余西诸场及张港巡检司等地方一路放火,烧毁民灶房屋1400余家,所过伤残;二十六日,前倭内有50余人抢入金沙场盐课司,烧毁灶民房屋220余家,杀死灶丁陈淮等男女43口;二十八日,倭贼流入西亭场,烧毁灶丁房屋40余家,杀死灶丁潘完等2口。

表8 嘉靖年间淮扬地区的倭患

时间	倭患事件
嘉靖三十二年	倭寇松江太仓,其支党掠通州江家场。
嘉靖三十三年三月	倭入掘港,犯如皋,主簿阎士奇率乡兵迎敌于曹家庄,击败之。
	贼首徐海号明山者,汪直之党也。残破江阴等县,仍屯松江柘林,分掠江北。倭寇四十余人由掘港焚掠至马塘丛家坝,屯聚丁堰镇且逼县,官民震骇,逃匿一空,知县陈雍欲逸,有宗橡者坚请出战,(主簿阎士)奇率乡兵四百余奋勇截杀,斩倭首三级,生擒一人,日渐昏黑,倭夺气去。
嘉靖三十三年四月	是月二日,倭众三千余人寇通州,时承平久,民不知兵,四出窜匿,倭大肆劫掠,纵火焚城外居民庐舍及寺观殆尽,杀男妇数千人,僵死蔽道。二十四日,率众攻城,箭如蜻集,又为云梯攻城,城几不守。(参将解明)道与扬州通判唐维督众乘城,自城上投甓石发火器拒之,自寅及巳,倭创死者百余,始退走狼山,徐、宿、邳援兵至,合城中兵追之,倭从数十艘遁去。扬州千户洪岱、文昌龄、泰州千户王烈率兵援通州,与倭战于黄茅港,死之。巡抚都御史郑晓檄岱等援通,至黄茅港不虞有伏,力战死之,晓上其事于朝,赠指挥金事。

---

① 〔明〕唐顺之:《荆川集》卷二,《外集》,四部丛刊景明本。

续表

时间	倭患事件
嘉靖三十三年四月	倭屯掘港,守备杨缙败绩。缙时戍如皋,倭屯海上,更番劫掠,巡盐御史黄国用令仪征守备张青松御之,松观望不进,缙率兵独出,陷淤淖中,遂败绩。时乡民义勇曹顶者勇力过人,执竹铳数杆迭掷杀倭,常以一身横扼倭,冲杀倭数十人,令之不得追杀奔逃者,所全活以数万计,屡战辄胜,倭最惮之,后卒死于倭,东南平倭战功,顶为第一,至今通人祭祀焉。
嘉靖三十三年五月	倭劫东陈,奇督兵截杀,获铜佛郎机二架。倭众百余,复突入蒋婆铺,时皋无城邑几陷,会(淮徐兵备副使李天)宠自徐州来援,率所部兵至,遇敌接战,部阵严整,斩倭十二人,生擒一人,倭遁入海。宠兵至通,以城南石桥与甕城势相垺,恐为敌所乘,乃撤去之,行视四境,见被焚戮者辄痛哭而返。
嘉靖三十三年八月	倭犯通州江家便仓。是月十六日,倭至便仓,势益炽,据李秀才宅阻水为固,官军围之数重,倭凿壁为窍,矢及铅弹自窍中出,死者相踵。
	淮扬兵备副使张景贤歼倭于吕四场。是月六日,贤兵至,亲督军事,纵火攻之,一鼓歼焉。
嘉靖三十三年九月	巡抚郑晓行部,至通招抚流离,使复旧业,民赖少苏。通州为淮扬属郡,地当江海之会,士兵习诗书……入国朝几二百年,渐被文明休养之化,生齿寝盛,土风益饶,然郊野晏然,素无兵革之警,故居人相对不谈矛戟之事,亦既久矣。顷岁壬子,倭夷倡乱,盖始于浙之东隅,延蔓三吴,频年不解。追甲寅春月,乃窥倭疆里,扬帆卒至,民庶创闻,莫不惊皇奔匿,自相蹂践。贼见知我城无备,遂大肆焚劫之,烟焰蔽天,昼夜不息,郭外数里顷刻遂成邱墟,其民庶遭其屠戮,积尸遍野,哀哭之声彻于远近。斯殆一方之尸连,今古所未闻者也。
嘉靖三十四年三月	贼首徐海屯松江之柘林,知官兵将捣其巢,遂分掠江北,率众五百余人由单家店趋狼山,所至焚掠,鼐督弓兵御之,被擒不屈死。贤兵逆战于州南门之外,倭夺舟去,截其后,侧于军山,歼二十余人。

续表

时间	倭患事件
嘉靖三十四年三月	郡人江一山《平倭颂》……迩漳民无良招纳岛寇,干卖天纪。岁甲寅夏四月,舶倭狼山,卒至城下,焚杀荼毒,死者以万计,事闻天子,震怒,用廷议,属眉山张公景贤以经略之责。是年秋,寇再犯吕四,公纵火攻之,全胜而归。明年暮春,寇复至山下,公率文武士,大战于城南,设伏追……无遗民得刈亩而食,一方以宁。抚臣上其事,天子嘉之,公及将士进秩赐赉有差。呜呼,我国家涵育万类二百年,于兹民不知兵,一旦变起,常卒束手无备,得公殚力剿除。
嘉靖三十四年四月	倭犯海门,知县赵卿败之。
嘉靖三十四年五月	同知印采与京营参将乔基、扬州指挥使张恒等败倭于吕四场,大使吕政率灶丁逐之。
嘉靖三十四年十月	倭自山东日照流劫安东卫,至淮安赣榆、沭阳、桃源至清河,为官兵所歼。
	倭不过数十人,流害千里,杀戮千余,其悍如此,时乡官沈坤方家居散家赀募乡兵千余,屯城外,倭纵火焚烧,官兵却,坤率众力战,身当矢石,射中其酋,倭退去。
嘉靖三十五年四月	千百户戚继爵等提兵戍通州狼山,遇倭死之。扬州卫千户洪岱、文昌龄领军至通州,遇倭死之。倭薄扬州城,都指挥张恒、千户罗大爵、曾忻御之于教场,兵溃死之。
嘉靖三十五年五月	淮扬兵备副使马慎败倭于狼山、福山,把总邓城又追败之,沉其舟。
	倭犯瓜州,民夫击走之。是盐脚夫百人见倭,即用扛奋击,倭不能当,各弃刀仗,逃走,伤倭颇多,官目为脚兵。倭复犯扬州,府同知朱襄等死之。
嘉靖三十六年三月	倭寇淮安府诸县。时贼首麻叶、陈东、徐海皆已死,江南浙西诸寇略平,江北之寇自金沙等岸犯如皋、泰州,复犯天长、趋盱泗,入清河、安东,又犯高宝至淮,倭夷二十二船从泗而下,焚杀尤甚,沈坤率乡兵悉力会战,大破之,倭乃溯东乡,由盐城至庙湾。

续表

时间	倭患事件
嘉靖三十六年四月	倭由掘港入寇白蒲镇,慎督所部兵围于陈家庄二日,倭奔,郡人曹顶追击至单家店,斩首三十余级,死之。倭奔天生港,食尽,如皋知县陈道遣土兵夹战,斩首二十余级。倭攻海门,扬州中所俞宪章死之。倭犯泰兴,泰兴筑城甚坚,城上人射杀两倭,倭惊逸。倭入宝应县。
	倭见扬州东关及瓜洲俱设添城堡,不得肆掠,乃从高邮至宝应县,县旧无城,焚掠殆尽,后始建城。
嘉靖三十六年五月	倭六十余人至白蒲、丁堰、林梓等镇,芹湖等庄,所过焚劫杀伤,乡民逃窜,闾甲萧然,即抵城下,四面攻围,知县陈道、主簿叶梦麟砌门严守,贼退。论全城功,钦赏银五两。
	是年倭贼屡寇掘港等场,巡按御史马斯臧奏备倭,把总韩德贞失事充军。倭寇卢家场,千户汪时中击败之。倭从大河口、吕四场入者以千计,据卢家场,中与把总张大义合兵围之,义欲待诸并齐至,然后进击。中愤然曰:"我等既受委任,坐视贼之肆虐,民之遭毒,而不肯前,何也?"单骑提双刀突入倭营,斩数人,倭相顾错愕,莫敢谁何。中绕出倭后,倭追之,部卒踵至,倭大败走,为之丧气。
嘉靖三十六年六月	副使于德昌、参将王介、刘显击泗州倭,破之,倭遁出海,追至安东庙湾,又败之。
	六月,兵备副使于德昌及参将刘镇夹击倭,追至庙湾蛤蜊港海口,杀获无算,余党开洋逸去,其走云梯关者亦自刀门港道。
嘉靖三十六年八月	倭遁至寥角嘴,苏松兵备副使熊桴败之。倭为官军所窘,将遁出海,总督胡宗宪檄桴帅舟师设伏海上,倭至败之,副总兵卢镗又追败之。
嘉靖三十八年四月	倭犯淮安府。壬寅朔,倭大举入寇狼山,副总兵邓城败绩。巳酉,倭及官军战于丁堰,河南千户王良、吕雄死之山。癸卯,倭由狼山登岸,知州李汝杜督民兵受城,倭趋白蒲镇。庚戌,淮扬兵备副使刘景韶、通判姜寿守、如皋升陈兵县东门击之,倭退据龚家庄,邓城再战,败绩。庚戌,城发兵击倭,交锋即奔,倭乘胜长驱,皋民死者一千余人,城以失律,论斩首。乙卯,景韶、升败倭于海安镇。初攻之镇西曹家堡,斩俘八十一级,其夕,步校陈忠又追斩一百二十六级,戮其酋一人。壬戌,升追倭于周宣庄,败绩。巳巳,景韶、升追倭于泰兴新洲,败之。

续表

时间	倭患事件
嘉靖三十八年五月	江北官兵攻倭于庙湾,斩首四千余。通政唐顺之谓可一举扑灭,自持矛麾兵以进,彼此皆伤,贼亦出掠为走计,顺之以功擢金都御史,未几卒。是年,贼从庙湾遁去。
	倭据庙湾日久,副使刘景韶督兵填壕堑,贼终不出,乃令哉苇焚其舟,进兵捣巢,追至匡子港,斩获颇多,余众乘风遁去,江浙之倭稍平。胡宗宪以功加兵部尚书兼右都御史。
嘉靖三十八年六月	推游击邱升为扬州参将。二十七日,刘景韶、邱升与倭战于西场仲家庄,斩首二百级;守备杨缙亦斩首二十级。二十九日,刘景韶、邱升穷追倭贼,升力战死之,刘景韶蹑倭尽歼之于刘庄场。
	时缙任掘港守备,倭自闽中来沿海剽掠,出没无定踪,都御史李遂檄缙以计取之,捕获靡遗,斩其酋八大王孟得山。
嘉靖三十八年七月	崇明三沙之倭溃围北渡,韶等迎击于西场,倭奔仲家庄,以火烧之,焚毙无算,比夜大雨解围,倭走锅团,升穷追马蹶,遇害。倭至海上,不得渡,自十灶施灶转之刘家桥小海团,讫于牛王河,所至刎溺相乱,乘夜窃入刘庄,官军围之,倭致死,缘海奔走,追及之白驹场,又之七灶,又及之茅花墩,获数小舟逸去,食乏出掠,复为乡兵所格,倭散,殄无遗类。
嘉靖三十八年八月	巡抚都御史李遂督副总兵刘显、曹克新等击倭于白驹场,大破之,倭悉平。
嘉靖三十九年正月	巡抚都御史唐顺之阅兵海上,城海安镇。盗劫泰兴县库,杀人,诏夺知县梁栋等俸。时御倭浙上,事宁,严边招聚为盗。

[资料来源:〔明〕刘万春:《泰州志》,崇祯六年刻本。〔明〕夏应星:《盐城县志》,万历十一年刊本。〔明〕杨洵:《扬州府志》,明万历刻本。〔明〕欧阳东凤:《兴化县志》,民国传抄本。〔明〕崔桐:《重修如皋县志》,明嘉靖三十九年刻本。〔清〕梁园棣:《兴化县志》,咸丰二年刻本。〔清〕杨受廷:《如皋县志》,清嘉庆十三年刻本。]

嘉靖时期倭寇内部的组成非常复杂。戴裔煊指出嘉靖年间倭寇与明初的倭寇及万历年间的倭寇性质不同,真倭的比例极少。顾炎武说:"维扬倭患至嘉靖甲寅以后极矣。闻之土人官兵,所俘斩倭大率皆胁从华人,其魋结者无几,岂直胁从？其造谋而导向之者,皆吾人也。"①崇祯《泰州志》中记载御史屠仲律曾说:"江南倭警,倭居十三,而中国叛逆居十七也……夫海贼称乱,起于负海奸民通番互市。夷人十一,流人十二,宁、绍十五,漳泉福人十九。虽既称倭夷,其实多编户之齐民也。"②可知,烧杀抢掠两淮盐场的倭寇中,并非都是真倭,其中混入了大量的盐徒和沿海百姓。据嘉靖三十三年(1554)四月十二日,通州直隶州上报凤阳巡抚郑晓称:"本州倭寇约有二三百人,并本处无籍盐徒及胁从百姓一二百名围城,闻有人报,俱是先问。充徒顾表等扬言倭寇万余,遂使来兵畏阻……总甲马德入倭探得实有贼寇六百余名,并伙太仓、泰兴、如皋、海门各场盐徒四百余名。"③凤阳巡抚郑晓则指出华人与倭寇勾结的事实及其原因:"切见倭寇类多中国之人,间有膂力胆气,谋略可用者,往往为贼躏路踏白,设伏张疑,陆营水寨,据我险要,声东击西,知我虚实,以故数年之内地方被其残破,至今未得殄灭。缘此辈皆粗豪勇悍之徒,本无致身之阶,又乏资身之策……是以忍弃故乡,番从异类,倭奴藉华人为耳目,华人藉倭奴为爪牙,彼此依附……况华夷之货往来相易,其有无之间,贵贱顿异,行者逾旬,而操倍蓰之赢,居者倚门,而获牙行之利。"④崇祯《泰州志》的编者也指出,"再照倭寇侵犯,其中类多福建、浙江、并江南北,直隶之人。或奸豪射利之徒,或勇悍无聊之众,斋粮漏师,肆无忌惮,结党效尤,苟活旦夕"⑤。故在嘉靖倭寇的性质上,有学者认为它是东南沿海地区私人海外贸易集团与明朝的海禁政策矛盾激化的结果。如林仁川指出,嘉靖时的"御倭"战争并不是什么反对外国侵略的民族战争,而是一场海禁与反海禁、压迫与反压迫、剥削与反剥削的斗争。⑥还有学者认为,它的本质不是"日本海盗"入侵而引起的"御倭战争",而是嘉靖政权下社会矛盾并发引起的"社会动乱"。如戴裔煊指出:"嘉靖间的倭寇问题实质上是中国封建社会内部的阶级斗争,不是外族入寇。"⑦

---

① 〔清〕顾炎武:《天下郡国利病书》,《扬州》,稿本。
② 〔明〕刘万春:《泰州志》卷八,《艺文志》,明崇祯六年刻本。
③ 〔明〕郑晓:《郑端简公奏议》卷一,《淮扬类》,明隆庆五年项氏万卷堂刻本。
④ 〔明〕郑晓:《郑端简公奏议》卷一,《淮扬类》,明隆庆五年项氏万卷堂刻本。
⑤ 〔明〕刘万春:《泰州志》卷八,《艺文志》,明崇祯六年刻本。
⑥ 林仁川:《明末清初私人海上贸易》,华东师范大学出版社,1987年,第74—75页。
⑦ 戴裔煊:《明代嘉隆间的倭寇海盗与中国资本主义萌芽》,中国社会科学出版社,1982年,第77页。

(三)抗倭官与灶勇

面对倭寇的进犯,两淮地区作为倭寇登岸之处,其盐官灶民进行了抗倭活动,两淮盐场成为官民抗击倭寇的第一线。在调动地方军队抗倭之前,主要是盐场民众自发抗倭。如,嘉靖三十三年(1554)三月二十七日,吕四场灶户毛葵等人在该场与倭贼交战,斩获首级3颗。嘉靖三十六年(1557)四月,倭由掘港入寇白蒲镇,余西场灶民曹顶追击至单家店,斩首30余级后英勇牺牲。① 起初,两淮盐场官员在倭寇来临之际,畏惧逃亡,如金沙场官程良增、掘港场官靳瀛、石港场官马呈云、马塘场官姚大鹏、西亭场官籍□、余东场官张济时、余中场官战勇、余西场官白元高、丰利场官王坤、栟茶场官万策、角斜场官吕金等人,"皆有地方之职,而无保护之计,致使地方伤残,依法俱应交予巡按御史提问论罪;惟念承平日久,久疏兵事,情有可有,姑予免究,俱令戴罪杀贼立功"②,自此各盐场官吏皆知奋勉,其中表现优异者如两淮运司判官马仑,他曾于嘉靖三十三年五月初二,督率民灶等相机剿捕倭寇,斩获倭首37级。

抗倭官作为我国海防的领导力量,在抗倭斗争中发挥了积极的作用。自明初至永乐十七年,主要抗倭官有捕倭总兵官、巡视海道侍郎、巡视海道都御史等,这个时期倭寇主要在海上活动,威胁海运安全,捕倭总兵官等率领水军于海上追捕。自永乐十七年至嘉靖二十七年,主要抗倭官为总督备倭都指挥、海道副使等,这段时期形势相对缓和,主要由总督备倭都指挥在海岸设防备倭。自嘉靖二十七年至万历前期,由于倭寇深入腹里,占据城池,杀掠地方百姓,明朝廷在沿海一带,设置的抗倭官有巡抚、总督、总兵官、参将、兵备副使、备倭把总、海防佥事、海防同知等,以调集军队,征剿倭寇。嘉靖时期这些抗倭官领导沿海军民最终取得了抗倭斗争的胜利,保卫了沿海人民的生命、财产安全。

在嘉靖时期,两淮地区的抗倭官中最为著名的是刘景韶。刘景韶,字子成,号白川,湖广武昌府崇阳县人,嘉靖二十三年登进士。嘉靖三十八年(1559)四月,倭寇数千人乘海船多只来犯,打败通州副总兵,直逼如皋,西窥淮扬。凤阳巡抚李遂认为只有逼倭寇从富安沿海向东至庙湾,方能确保两都及运河的安全。时任淮扬兵备副使的刘景韶奉命率部抵抗,先后在丁埝、如皋对倭作战,连战连捷。随后又尾随追击,最终与李遂合围于庙湾。此时倭寇胆寒畏战,坚守

---

① 〔清〕赵宏恩:《江南通志》卷一百五十四,《人物志》,清文渊阁四库全书本。
② 〔明〕郑晓:《端简郑公文集》卷十一,《剿逐倭寇查勘功罪疏》,明万历二十八年郑心材刻本。

不出,刘景韶命令水兵烧毁倭贼船只,趁其救船之时,攻占西街。五月二十四日夜,倭寇趁大雨潜逃,刘景韶挥军追至虾子港,大获全胜,共歼敌1500余人。至此江北倭寇全部平定。嘉靖三十九年(1560)春,如皋知县童蒙吉刻《刘公平倭冢记》石碑,立于西场镇东郊,以纪刘景韶功绩,此碑至今犹存。

除抗倭官和盐场官员的积极抗倭外,嘉靖两淮两场的抗倭活动中,两淮灶勇也发挥了重要的作用。

表9　嘉靖年间两淮灶勇抗倭统计表

时间	事件
三十三年五月二日	两淮运司判官马仑令各盐场官吏督率灶勇潘岑等相机剿捕倭寇,斩获倭首37级。
三十三年八月十五日	场大使朱汲、副使李政、义官卢汉、大河口备倭千户常潮,各领民兵、灶勇人等与倭贼对敌,被伤亲兵王伸等3名、灶勇顾松等3名,仅获倭弓1张、箭37支。
三十三年八月二十七日	各贼复到新港,被官兵截杀,余西场灶勇曹大化斩获首级2颗。
三十三年八月二十九日	余中场大使战勇督同义官周民,灶勇徐贵、翟名、唐奉、严杲、周木、陆礼、王炳等,共斩获首级3颗,得获倭弓1张、箭10支、刀与鋆篙各2把。
三十三年九月五日	吕四场义官卢汉,灶勇潘檄、秦泮、彭清等人,与倭对敌,斩获首级1颗,戳死倭贼1名。
三十三年九月六日	吕四场灶勇朱苍与贼对敌,被贼用铳打死。
三十三年九月九日	余中场灶勇张相、王安等斩首1颗,获倭弓1张、箭33支;余东场灶勇张瑞、王安等斩首2颗。
三十三年九月十日	灶勇江毕、江庄等斩首7颗,得获竹柄铁刀1把、倭刀2把;余中场大使战勇督同灶勇严旺、周保、王祖、曹栗等,共斩首4颗,获倭刀3把、点枪1根、鋆篙4根;余东场大使张济时、副使李凤督同灶勇徐簏等200余人,共斩首22颗,获倭刀9把、倭衣1件、倭帽1顶、倭箭30支、倭弓1张、标枪2根、小倭甲1件、丫篙1把、铅锡铳1个、红缎系腰1条。灶勇徐簏等53人亦被倭贼戳伤。

续表

时间	事件
三十三年九月十四日	丰利场副使杨虎督领灶勇前往追剿,各贼回船开洋停泊。
三十三年九月十六日	倭贼弃船登岸。有栟茶场攒典倪堂督率灶勇与贼对敌,阵亡灶户朱汉等3人,被伤灶户董智等数十人。该场灶勇徐果、王铠、杨臣等40余人并力向前,斩获倭首10级,得获倭刀8把、弓1张,贼船并所劫灶户船亦被我兵放火烧毁。
三十三年九月十八日	倭寇驾船至丰利场湾港住泊。该场副使杨虎督领灶勇到达湾港,至十九日午时与贼交战。斩获倭首8级。
三十三年十月三日	有倭船1只,从江南来到余西场北海地方住泊。倭贼20余人登岸,有近海义官陈科、总催陈租等人率领灶勇前至沙涂地方与贼对敌,斩获倭首4颗,得获花布旗1面、草帽2顶、竹箭4支、马叉2把、錾篙2支。
三十四年四月十四日	倭众突入通州南门,攻城不克,烧民房20余间而去。通州、海门官军、民兵及各盐场灶勇合共斩获倭首29级。
三十四年五月四日	余中场灶户何细、蒋栋斩获倭首1颗,灶勇姜清等人、吴滔等人各斩获倭首1颗;余西场义官周民等斩获倭首1颗,得获倭刀1把,骁勇季炳等夺得倭驴1头;金沙场灶勇季伦、耆民王霞等人各斩获倭首1颗。
三十四年五月五日	余中场亦有倭贼100余人登岸,在本场盘灶一带劫掠。吕四场场官李政督率灶勇民兵与贼交战,灶勇毛芳等人奋勇向前抵敌,戳伤倭贼数人,各倭狼狈奔回原船。
三十四年五月六日	各倭纠伙约200人尽数登岸,分两路齐攻吕四正场场署。场官带领灶勇潘檄等,前往倭寇泊船之处剿捕在船倭贼,斩获首级数颗,灶勇潘喜、夏继光、朱真、朱瑞、成素等人亦被倭贼杀伤将死。
三十四年五月七日	倭寇在吕四、余东等场烧劫。兵备道张景贤行委通州同知印寀与京营参将乔基、扬州指挥使张恒等人统兵及各场灶勇合力剿捕。余东场灶勇江信等斩首2颗,获倭刀1把、枪1根;印寀部下同余东场大使张济时、灶勇徐炳等、总催蔡绅等共斩倭首12颗。

续表

时间	事件
三十四年五月九日	吕四场耆灶成枚等斩首1颗;潘檄等斩首1颗,获倭弓1张、箭5支、刀1把;毛芳、袁济等斩首1颗,又生擒斩首1颗;义官潘枢、潘廷等斩首1颗,获倭弓1张、箭22支、箭袋1个、倭船1只。吕四场副使李政,吏史孝鲁、张芝,耆灶彭清、毛逵等人,共斩获倭首45颗,得获倭刀、弓、箭各若干件。众灶勇又生擒奸细2人,一名史皮阿,一名何梁柱。
三十四年五月二十九日	吕四场百户伯永福带上家兵4名,与通州同知印案及部下、耆灶秦泮等灶勇百十余人合兵对敌。倭大败,共斩获倭首35级。
三十五年八月二十日	倭贼逃至唐家溁,乃复登岸掠食,当即被所在乡兵灶勇追逐竞杀,共斩首140余级。

[资料来源:徐靖捷:《嘉靖倭乱两淮盐场盐徒身份的演变》,《盐业史研究》,2013年第1期。]

明代,两淮盐场民风强悍好斗。嘉靖年间,御史戴金指出,"通州、淮安二处所属诸场俱各附近海滨,沿袤千里,土旷俗野,强悍成风,众寡相凌,视为常事,况利之所在,人所易乎?"①康熙《两淮盐法志》记载灶俗,"人多逞强暴,好格斗,健讼,不顾其身,恃气一往至不可训诲"②。在丁溪、草堰、小海3个盐场流传一种说法,叫"丁不打不硬,草不打不长",以及盛行一种独特的习俗,即"以打降为雄"。此习俗举行的时间一般是从元旦到正月底,具体是这样开展的:"(丁溪、草堰)二场集小海南闸,小海人阴左右,其间始则詈骂,继则打降,即损伤立毙,不告官,亦无悔心,甚至兄弟、叔侄分居两场,即同强敌。"③故在嘉靖年间有官员提议利用两淮盐场灶民为人质朴、果敢、不畏生死的特质,招为灶勇。"淮之南北有上、下、中三十盐场,皆边海斥卤延袤数百里而遥,即汉吴王濞招娱游子弟煮海富强倡乱地也。胜国之张士诚即草堰场灶丁也,其场密迩丁溪,至今两场之人每岁首必持械而争,以为年例,死伤亦所不恤,此则流弊之一征也。但其人

---

① 〔明〕刘万春:《泰州志》卷八,《艺文志》,明崇祯六年刻本。
② 〔清〕谢开宠:《两淮盐法志》卷十五,《风俗·灶俗》,清康熙二十二年刻本。
③ 〔清〕林正青:《小海场新志》卷八,《风俗志》,载《中国地方志集成·乡镇志专辑17》,江苏古籍出版社,1992年,第228—229页。

朴直，其气果敢，弃之遂为龙蛇，练之可为貔虎，计在端表率乎严防范。平练灶勇而兵不必募，移营署而将不必选也，此安灶即所以防倭制陆，所以御海也。"①嘉靖三十七年(1558)，李遂上《议设狼山副总兵疏》，亦提出招募组织灶勇抗倭。"查大河口、徐稍营、廖角觜等处悬接大洋，屡经倭患，祖宗朝设立备倭营寨连络，虽武备尽弛而规制犹存。又盐城县治畈临海澳，尤为淮安扼塞，此地不守，则淮扬高宝皆可长驱……召募现操民兵及吕四、余东、余中、余西、金沙、西亭各场灶勇，悉听约束。"②他们的建议最终被朝廷采纳。

灶勇最早设于两淮盐场，但是具体于何时创设则不得而知。据台湾学者何维凝推测，"当为嘉靖三十八年以后事"③。为了御倭，于两淮三十个盐场选取了3000个灶民，组建了一支灶勇军。漕运总督褚铁指出，"两淮转运通泰淮安三分司所辖三十盐场灶丁繁伙，皆生长海滨，素称勇敢，嘉靖间倭寇入犯，多得其力，先经题准选取三千名为灶勇，每年三月初一日防汛起，至五月中旬汛毕止，有警听就近各营将领调用截杀，其工食不动有司，钱粮出自各场"④。组建的灶勇军，每十场以一千总统之，每一场立一百总管理。灶勇的工食主要出自盐羡，还有一部分是来自盐商给灶丁的赈济银。"商人每引上纳银五分存留司库，遏年岁灾伤以为赈灶之用，后该蔡御史议将应纳银每引扣银三厘，给灶勇工食，余四分七厘，准抵折色。"⑤工食的及时供给尤为重要，若工食不能及时给付，灶勇必定疏于操练，战斗力下降。

倭患平息后，灶勇没有被遣散，而是分为三营，其中疏理营驻扎扬州，忠义营驻扎通州，忠勇营驻扎泰州，均不受重视。嘉靖四十二年(1563)，御史徐爌指出，"查灶勇原为倭警而设，岁以三月朔上班，五月中撤散，例从臣衙门。详允听海防道臣分拨于沿海，将营凑数备汛，计两月有半，每名止给工食银一两五钱。盖就无事时无所用之，故姑为是，若有若无云"⑥。灶勇的主要职责也由御倭转为御盗，即"盐有事则防盐，民有事则防民"⑦。就御盗、防盐而言，主要是缉捕私盐贩。万历年间，盐引壅滞，袁世振施行纲盐法疏通盐引，他建议利用灶

---

① 〔明〕欧阳东凤：《兴化县志》卷三，《人事之纪上》，民国传抄本。
② 《明臣奏议》卷二十六，《议设狼山副总兵议疏》，清武英殿聚珍版丛书本。
③ 何维凝：《明代盐军与灶勇》，《益世报》，1937年3月21日，第15页。
④ 〔明〕张萱：《西园闻见录》卷七十九，《土兵》，民国哈佛燕京学社印本。
⑤ 〔明〕汪砢玉：《古今鹾略》卷五，《政令》，清抄本。
⑥ 〔明〕房可壮：《房海客侍御疏》，明天启二年刻本。
⑦ 〔明〕毕自严：《度支奏议》卷六，《山东司》，明崇祯刻本。

勇捕获私盐贩。"因募兵与各场灶勇犄角连营,营以三十人为率,相去二三里编次甲乙,捕私贩者,乙营获功则甲营治罪,癸营获功则九营皆罪。"①除御盗、防盐外,万历年间,一部分灶勇军甚至还被调用防守扬州运库。虽然对于灶勇军做了御盗、防盐等职责安排,但是灶勇军的重要性一落千丈是不争的事实,甚至有官员认为灶勇不过是虚糜糗粮,提议裁革灶勇。

天启二年(1622),梁垛场王虎子为寇,祸害盐场,被捕后,其党羽仍盘踞一方作乱。于是,灶勇不但未被裁革,反而得到重用。不少官员提议重用灶勇,以荡平王虎子党羽之害。如监察御史房可壮上奏疏,恳乞"就近擢久缺之道臣,及时整顿久虚之灶勇,以图早弭祸乱,早安商民事"②。又如陈仁锡指出,"两淮煮海输课,灶为本,商为标。迩者(天启二年)三十盐场屡因旱涝不常,民多为盗,不事耕煎,哨聚亡命,千百为群,白昼劫掠,富户奔窜,总催逋亡,以致盐课羁縻。即如梁垛场大寇王虎子,杀人焚劫,倡乱年余,在有司不敢请蘗剿除,幸天败灭,渡江被擒,目今已服天刑矣,而余党千人尚虎视眈眈,盘踞一方,分布劫掠丁美舍,虽有把截,不过二百人,一闻贼警,兽惊鸟散。合无移扬州灶勇营于场以备御之。灶勇营,新设之营也,曾议裁革,未果。今在城既有大营可卫,国课又焉用此兵坐食城外,以供其游闲哉？所当会议,抚按不必裁革,令其驻节盐场,如安丰一场地方冲繁,商灶愿请保障,即以各场灶勇听其操练,分哨别场,巡缉报功"③。他倡议将扬州灶勇营也移驻于盐场,希望各场灶勇通过勤加操练,起到防寇缉私,保障盐场商灶的生命和财产安全的作用。

明朝廷不但赞同移扬州灶勇营驻于盐场,并特设灶勇守备一职,以武举任之,专属疏理道提调,以教练盐场的灶勇。

> 诸场各有灶勇,每十场以一千总统之,一场立一百总,其官皆土人,其饷则盐羡,原以滨海之地防倭寇也。不犹九边防虏兵乎？相沿既久,其人不任干戈,耳目不闻训练,名存实亡,一旦迫有倭患,三十场海口在在可犯可蹂,如掘港、余东之诸洋、小海之茅花墩、东台之丁美舍、刘庄之北团皆嘉靖倭奴阑入之处也。天启壬戌,当事者虑及于此,则设灶勇守备,以中式武

---

① 〔清〕顾景星:《白茅堂集》卷三十八,《袁师振传》,清康熙刻本。
② 〔明〕房可壮:《房海客侍御疏》,明天启二年刻本。
③ 〔明〕陈仁锡:《无梦园初集》劳集二,《两淮盐政》,明崇祯六年刻本。

举任之,使练三十场之灶勇,募民兵六百为防守教练之。选锋最善策也,乃全驻扎扬州,距场数百里,顾名思义设官谓何？曷不即以所统之兵移驻于栟茶场近海之地,南联掘港、大河诸营,北联丁芙、庙湾诸营,相为犄角,为边海之长城。即以土人千总别选二三科武举及实职之有胆略者充之,教练各场灶勇,总守备与饷兵一体团练,如谓道里远不能兼三十场,则灶勇守备止统中十练之,上十则掘港守备可团练也,下十则庙湾游击可团练也,如此沿海皆可用之兵,海口有金汤之固,即盐盗亦不能窃发矣。海内安则海外可防,民生遂则煮海不扰,盐课足则边饷无亏,此一举数利之道也。①

明廷本期望通过设置灶勇守备,起到激励灶勇御寇防盗,加强海防的作用,但是,灶勇在得不到工食保障的前提下,多偷闲,虚应故事,早已名存实亡。至清朝,两淮盐场的灶勇营被裁革。从此,灶勇制度退出了历史的舞台。

组织灶勇抗倭是明中后期海防建设的重要内容之一,也是明廷的一项制度创举。它源于明代两淮盐场面对倭患冲击出现的社会危机,也反映了明廷因地制宜的应对举措顺应了盐场社会的需求,较好地解决了盐场社会的安全问题,维护了盐场社会正常的生产生活秩序。惜嘉靖倭患被荡平后,明朝廷的海防建设又呈日渐废弛之态,而两淮盐场灶勇防患的制度也渐荒废。

二、自然灾害与建设盐场蠲赈制度

(一)明清两淮盐产区的自然灾害

明清时期,地处海滨的两淮盐产区常常受到潮灾、雨灾、旱灾、蝗灾、地震、雪灾等的侵害。在《明实录》和盐法志中,有关两淮盐产区自然灾害的史料较为丰富。如,洪武二十二年(1389)七月,海潮泛涨,决捍海堰,溺两淮运司吕四诸场灶丁三万余人。又如,嘉靖十八年(1539)闰七月时,海潮暴至,陆地水深丈余,漂庐舍,没亭场,损盘,灶丁溺死者凡数千人。从浩繁的灾害史料中可见,整个明代两淮盐产区自然灾害发生频繁。

在众多自然灾害中,以潮灾、雨灾和旱灾为主。灶户煎盐对气候的依赖性特别大。煎盐所需的卤水只有达到一定的浓度之后,才能煎煮成盐。若碰上倾

---

① 〔明〕陈应芳:《敬止集》卷一,《论盐场海口》,清文渊阁四库全书本。

盆大雨或是连日阴雨绵绵的话,卤水的浓度会被冲淡,灶民花费的柴薪和人力成本会增加,但产量却会减少。遇上干旱又易导致卤水减少,同样是灾害。对于"盐产于地,成于人,而实因于天"的特性,唐人刘晏就说过:"霖潦则卤薄,暵旱则土坟。"①危害最大的是潮灾,一旦潮灾来临,大量的灶民会在顷刻间变得一无所有,甚至葬身鱼腹。如,万历十年(1582)正月,风雨暴作,海水泛涨,两淮运司通州、泰州、淮安三分司所属丰利等30个盐场,一时淹死男妇二千六百七十余丁口,淹消盐课二十四万八千八百余引。②

(二)赈济制度建设前的措施

一是免征当年或拖欠的盐课,这是通常采取的办法。如,天顺六年(1462)十月,因海潮冲溢新兴等盐场,免盐课三十万余引。③又如,成化十七年(1481)二月,因旱灾严重,吕四等30个盐课司的盐课全部免征。④还如,正德十年(1515)闰四月,盐运司余西等场,被海潮漂溺,免征盐三万一千八百九十四余引。⑤再如,雍正二年(1724)十月,两淮海潮冲决范公堤,沿海29个盐场,"溺死灶丁男妇四万九千余名人,盐地草荡,尽被漂没",雍正帝立即批示调动盐课银三万两进行赈恤,并蠲免尚未完纳的四万余两折价钱粮。⑥雍正七年(1729)七月,江南、浙江沿海地方,海潮成灾,盐场被毁,灶丁深陷困境。清廷除动用运司库银买米平粜外,两淮所属地方经奏请,被蠲免雍正元年、二年灶户未完折价银四万余两。⑦

二是在他场煎盐补课。如正统七年(1442)八月,两淮盐使司所属29个盐场中有掘港等6个盐场,因地下潮涌,不堪煎办,盐课连年逋负,下令使该六场灶丁,在富安等盐场,暂时借他们的空闲锅盘、灶具、盐滩、草场等煎办盐课,以完成所欠的盐课,等到完成盐课任务以后,便回到本场继续煎盐。⑧

三是由盐运使动用运司库内余银、工本银、挑河银、余盐银、赃罚银等赈济灾灶,这是基本做法。如,嘉靖三十八年(1559)九月,30个盐场灾伤异常,应赈

---

① 〔清〕谢开宠:《两淮盐法志》,《盐务图·图说》,清康熙刻本。
② 《明神宗实录》卷一百二十,"万历十年正月辛未"条。
③ 《明英宗实录》卷三百四十五,"天顺六年十月庚午"条。
④ 《明孝宗实录》卷二百一十二,"成化十七年二月丁巳"条。
⑤ 《明武宗实录》卷一百二十四,"正德十年闰四月庚申"条。
⑥ 《清世宗实录》卷二十五,"雍正二年十月庚寅"条。
⑦ 〔清〕单渠、方浚颐:《两淮盐法志》卷四十一,《优恤门·恤灶·附盐义仓》,清嘉庆十一年刊本。
⑧ 《明英宗实录》卷九十五,"正统七年八月丙午"条。

贫灶共六万五千六百余丁,动支运司库所贮挑河银一万九千余两,酌量赈济。①又如,嘉靖四十五年(1566)十月,水灾,留运司工本盐银二万两,赈济灶丁。②还如,隆庆三年(1569)十月,盐场水灾,扣留商人正盐纳银,每引一分,及挑河银二万两,赈恤灶丁。③再如,万历二年(1574)十一月,吕四等30个盐场,受灾伤十分、九分的极贫灶丁达七万六千七十三丁、次贫丁六千三百三丁,发银二万两赈济,以救秋冬之急,并在余盐银内,借留三万两,以待来春接济。④又还如,万历十年(1582)正月,通州、泰州、淮安三分司所属丰利等30个盐场,风雨暴作,海水泛涨,一时淹死男妇二千六百七十余丁口,淹消盐课二十四万八千八百余引,将两淮库贮、经纪、换帖、纳稻等银一万二百一十二余两,照数动支,分别赈给。⑤又再如,万历十四年(1586)十一月,两淮各场淫雨为灾,动支运司库贮、备赈、赃罚等银共一万七千七百四十一两,对被灾灶丁及淹死男妇,各分别赈恤。⑥再还如,万历二十一年(1593)八月,盐场滨海水灾,30个盐场受灾,灶丁分别极、次贫,计算丁口,动支运司仓贮备谷二千一百八十石,并收贮巡盐项下积余、赃罚与挑河等银内,通融凑赈。⑦考虑到沿海被灾地区很可能米价变得腾贵,小民难以为生,所以清廷于雍正七年迅速动用司库银两,往山东买米六万石,河南买米四万石,湖广买米十万石,江西买米六万石,选派廉干贤能官员,陆续运交给苏州巡抚、浙江巡抚按正常价格卖给老百姓。所收回的银两,仍旧移还补库。⑧

四是直接让他场代办盐课。如嘉靖二十四年(1545)十月,栟茶、角斜、余东等盐场,海水沸溢,御史暂时让富安、丁溪等盐场代办该三场的盐课,并且在各盐场濒海之处,多筑堤堰,以防冲决。⑨又如,吕四盐场额定盐课银是二千二百两,但因其地濒海临江,历年以来荡地被冲坍大半。康熙五年(1666)五月,又因"海水潮涌,男妇淹没,仅存百余灶丁,资生无计,皇皇思逃,责其纳二千余两之

---

① 《明世宗实录》卷四百七十六,"嘉靖三十八年九月乙亥"条。
② 《明世宗实录》卷五百六十三,"嘉靖四十五年十月戊午"条。
③ 《明穆宗实录》卷三十八,"隆庆三年十月丙辰"条。
④ 《明神宗实录》卷三十一,"万历二年十一月壬辰"条。
⑤ 《明神宗实录》卷一百二十,"万历十年正月辛未"条。
⑥ 《明神宗实录》卷一百八十,"万历十四年十一月戊午"条。
⑦ 《明神宗实录》卷二百六十三,"万历二十一年八月癸卯"条。
⑧ 〔清〕单渠、方浚颐:《两淮盐法志》卷四十一,《优恤门·恤灶·附盐义仓》,清嘉庆十一年刊本。
⑨ 《明世宗实录》卷三百四,"嘉靖二十四年十月丙申"条。

课,势所不能"①,所以御史黄敬玑提议,让现存灶丁,勉强完纳一半的盐课银,另一半则按照徐渎废场之例,暂时由其他盐场均摊代纳,等到吕四盐场恢复后,再照原数额纳课。户部议定"俟该场灶丁生聚众多之日,将各场摊课仍归本场自纳"②。再如,康熙十年(1671)正月,处理余中盐场的情况也是如此,"照徐渎、吕四二场例,均摊各场,俟水退地出之日,仍照旧征收"③。

(三)赈济的制度建设过程

一是盐商支盐需纳"赈济灶丁银米"。正统六年(1441),两淮巡盐御史张裴提出两淮、两浙盐商若要支盐,则必须捐输一定量的米麦,以充赈济贫难灶民之资。朝廷于当年采纳了他的提议,规定:"两淮、两浙劝借支盐客商米麦,收积该场,赈给贫难灶丁,其该支引盐仍挨次放支。"④后来,逐渐形成"客商每盐一引,劝借米一斗,或麦一斗五升"⑤的成例。随着"盐商守支"现象日益严重,到弘治元年时,该成例便难以实行下去。所谓"盐商守支"是指盐商响应明廷开中赴边纳粮后,明廷却无现成官盐供其支取,使其被迫困守盐场,长期待支。其实,盐商守支现象在洪武时期就出现,经永乐朝而急剧恶化,至宣德时期达到极点。

长期不能支到盐,商人自然不愿意捐纳米麦赈济灶丁。"不分年岁远近,盐课有无,每盐一引,劝借米一斗,有盐关支者,固为甘心;其买补者,既无盐支,又纳赈济,实是无名。"⑥所以,御史史简提议根据盐商支盐数量的多寡定该捐纳米麦的数量。⑦朝廷批准了他的提议,所以在《惟扬志》中有"客商每盐一引,劝借米一斗,或麦一斗五升,其无盐自行买补者,免其劝解"的规定。⑧

向盐商劝捐米麦以赈济贫难灶民的做法一直为后世所沿用,不过盐商须输纳的数量也稍有变通,如有时是:"上客每引劝借米二升,水客每引劝米四升。"⑨不过通常还是纳米一斗。后来,灶户盐课折收白银,盐商支盐须捐纳米麦

---

① 〔清〕谢开宠:《两淮盐法志》卷十二,《奏疏三》,清康熙刻本。
② 〔清〕谢开宠:《两淮盐法志》卷十二,《奏疏三》,清康熙刻本。
③ 〔清〕谢开宠:《两淮盐法志》卷十二,《奏疏三》,清康熙刻本。
④ 〔明〕申时行:《大明会典》卷三十四,《户部二十一·课程三·盐引式》,明万历内府刻本。
⑤ 〔明〕朱廷立:《盐政志》卷五,《制诏》,明嘉靖刻本。
⑥ 〔明〕申时行:《大明会典》卷三十四,《户部二十一·课程三·盐法通例》,明万历内府刻本。
⑦ 〔明〕朱廷立:《盐政志》卷七,《疏议下·史简盐法疏》,明嘉靖刻本。
⑧ 〔明〕盛仪:《惟扬志》卷九,《盐政志》,明嘉靖刻本。
⑨ 〔明〕朱廷立:《盐政志》卷四,《制度下》,明嘉靖刻本。

的制度亦随之发生变化。"弘治元年劝借赈济灶丁之粮,变为折银,从商便也。"①也就是说商人以前纳米一斗,折收白银后,改成纳"赈济盐丁银"五分。"商人每引上纳银五分,存留司库,遇年灾伤,以为赈灶之用。"②这一制度从正统六年创立以来,一直到清朝还在推行。当然推行中也会出现一些问题。如嘉靖四年(1525),两淮御史张珩在订立禁约时指出:"灶丁每盐一引,商人或出米一斗,或纳银五分,以偿其劳,贫富不分,一体给赈。近年以来,有富实颇过者,朋丁帮贴者,俱不给赈,是以苦乐不均,逃窜甚多。"③有的灶户因得不到赈济银而逃亡,亦对盐业生产造成一定的影响,所以张珩提出如下均平赈济的建议:"为今之计,每场除总催一名不赈外,其余不论产业之厚薄,人丁之多寡,办盐十引者给与十引赈银,办盐五引者给与五引赈银,办盐多寡随盐赈济。况灶丁煎盐一引,方得一引赈济,是赈济银两皆出自灶丁己力之所致,非取于官仓官库之比。"④

二是开辟各种渠道,建预备仓储谷备赈。盐区濒海傍水,极易遭自然灾害的侵袭,加上一般离省城较远,粮食供应有限且不便购买,于是,正统十三年朝廷规定:"令两淮运司,于各场利便处置立仓囤,每年以扬州、苏州、嘉兴三府所属附近州县及淮安仓并兑军余米内,量拨收贮。"⑤这是有关盐场建仓储谷的最早记载。弘治元年(1488),刑部侍郎彭韶被任命整理两浙盐法,上任后他亲自下两浙盐运司所辖各盐场勘查,对灶丁的贫苦有了深入的了解,并因此产生深切的同情,创作了著名的盐场八景图与诗。次年,回到京师的彭韶立即向朝廷上《预备赈济贫灶疏》,请求在各盐场设置几间预备仓。他在奏疏中说:"干碍盐法事内人犯,杖徒以上罪名,应该纳米赎罪者,俱发所在场仓,照罪上纳米谷,及应入官船只、头畜、货物亦各变卖价银送发该场,责令官弁看守,如该场无仓,则于有司官仓上纳,另廒收贮,俱申巡盐御史处查考盘验,积攒预备,遇有凶荒,庶可赈济。"⑥由上可知,预备仓的谷物来源有以下两类:一是灶民触犯盐法而被处以杖、徒以上罪名所纳的赎罪米;二是变卖被盐官没收的私盐贩的船只、头畜、

---

① 〔清〕贺长龄:《清经世文编》卷五十,《户政二十五·历代盐政沿革》,清光绪十二年思补楼重校本。
② 〔明〕汪砢玉:《古今鹾略》卷五,《政令》,清抄本。
③ 〔明〕朱廷立:《盐政志》卷十,《禁约·张珩禁约》,明嘉靖刻本。
④ 〔明〕朱廷立:《盐政志》卷十,《禁约·张珩禁约》,明嘉靖刻本。
⑤ 〔明〕朱廷立:《盐政志》卷四,《制度下·工本米》,明嘉靖刻本。
⑥ 〔明〕朱廷立:《盐政志》卷七,《疏议·彭韶预备赈济贫灶疏》,明嘉靖刻本。

货物后所得的银两。当然,预备仓所积之谷物,需要有人专门看管,巡盐御史还需不时查验。若盐场没有设立预备仓,则将所收谷物送到盐运司官仓上纳收储。遇到凶荒之年,就动用这些收入预备仓的谷物,赈济贫难灶民。

这一举措在当时起到了"赈济甚众"的良好效果。可惜该措施并未推行多久就被废除。所以,嘉靖九年两淮巡盐御史李士翱发出如下的感慨:"弘治三年,有刑部侍郎彭韶建议,立仓备赈,惜乎未行,于今思之,臣愚亦熟思之,使其当时建有仓廪,为之充实,灶丁倚为命脉,夫何逃亡至于今日之甚也?"①于是,他效仿彭韶的做法,提出了类似的建议:"为今之计,合无令通泰淮三分司判官,既常住居于分司,随相司边之空地,查臣问过盐犯项下,动支银二百七十两,各给发本司官九十两,各令暂盖仓一十四间,再查盐犯项下赃罚银两,于其三分之中存留二分,候解边用,量支一分,均给各司官,责令殷实人户,趁今秋收,买稻上仓,其各场灶户,犯该徒杖等罪,各该司官受理者,但审有力及稍次有力,照依近年题准赎罪收稻事例,责令赴仓上纳,不许折收银两,其经簿籍之法,敛散赈恤之方,一切事宜容臣于运司等官,公同会议,着实举行,夫如是数年之间,仓充足,一则可以招复逃移,一则可以固结见在,或遇凶荒时其赈济,使灶户得沾实惠,有所顾藉而无所逃亡,则国课岂有不完者哉。"②

后来,预备仓的谷物来源渠道日益趋于多样化。如嘉靖七年(1528)三月,长芦盐运司极贫灶丁四千余人嗷嗷待赈,而仓内只剩下一百余石粟谷。江南常熟人巡盐御史王舜耕恰好到此地巡察,了解到此情况后,"暂将纸米价银,连前粟谷,量行凑给"③。此外,他还从长远考虑,从巡盐衙门收贮在库的三千六十两牙行银内拨出一千两,其中解送五百两到长芦运司,五百两到山东运司,作为二运司积谷储仓备灾的启动资金。"著令及时籴买粟谷收,候青黄不接之际,一遇有司赈济饥民,随亦酌量动支,照依赈恤贫灶,其余剩银两,仍留通州贮库,以备缓急之用,如此则先事有备,临时无患,将来灶丁不致流离失所,而盐课不致缺人煎办矣。"④嘉靖九年(1530)朝廷下令:"运司将一应无碍官钱及上司、本司赃罚等项,悉籴米收贮。"⑤再如嘉靖十八年(1539),两淮运司动用余盐银五万两

---

① 〔明〕朱廷立:《盐政志》卷七,《疏议·李士翱盐法疏》,明嘉靖刻本。
② 〔明〕朱廷立:《盐政志》卷七,《疏议·李士翱盐法疏》,明嘉靖刻本。
③ 〔清〕莽鹄立:《山东盐法志》卷十一下,《前朝奏疏附》,清雍正刻本。
④ 〔清〕莽鹄立:《山东盐法志》卷十一下,《前朝奏疏附》,清雍正刻本。
⑤ 〔明〕申时行:《大明会典》卷三十四,《户部二十一·课程三·盐引式》,明万历内府刻本。

赈济通、泰、淮三分司所属盐场受灾的灶民,"灶丁极贫无妻者,每丁给银三两使自娶"①。

万历中期,御史陈禹谟亦疏请建立积谷仓,大致每个分司设二至三处。但是这类惠民裕国的举措至迟到雍正时已经不施行了。既然盐商支盐需纳"赈济灶丁银米、免赔受损盐课"等已被列入《大明会典》,本身就表明它们已经由临时性的举措升格为典章制度了,故所谓乾隆元年前"无赈恤之典"和"随盐赈济"的说法均不准确。

三是建盐义仓。雍正三年(1664)十二月,因两淮盐商共捐银二十四万两,盐院缴公务银八万两,次年正月,皇上下旨:"以二万两赏给两淮盐运使,以三十万两为江南买贮米谷,盖造仓廒之用。所盖仓廒赐名盐义仓。"②此后,盐义仓作为一种保障性设施开始在产盐区(主要是沿海各盐区)推广兴建。建仓经费初多源自商人捐输,随着国库渐充也依赖国家出资。雍正十二年(1734),两淮盐政高斌于清查规费、酌给养廉案内奏准,将各项支出余剩银两统作盐义仓,添补每年积谷之用;十三年,两江总督赵宏恩又查出通州分司所属陋规银、草荡租银等二百余两,也归盐义仓使用。张岩对清代盐义仓的研究已显示:在两淮盐区,雍正四、五年,由商捐在扬州建四仓,通、泰、淮建六仓,雍正十三年又规定在巡费、陋规项下为通、泰、淮增仓。③

四是按照民田则例救济。乾隆元年以后:"凡水旱成灾,盐政会同督抚,一面题报情形,一面发仓,将乏食穷灶,不论成灾分数,先行正赈一个月。于四十五日限内,查明成灾分数,极、次贫具题加赈。原纳折价作为十分,被灾十分者,蠲正赋十分之七,极贫加赈四个月,次贫加赈三个月。被灾九成者,蠲正赋十分之六,极贫加赈三个月,次贫加赈二个月。被灾八分者,蠲正赋十分之四;被灾七分者,蠲正赋十分之二;八分、七分极贫加赈二个月,次贫加赈一个月。被灾六分、五分,蠲正赋十分之一,六分极贫加赈一个月,次贫借给口粮,五分酌借来春口粮。应赈每口米数,大口日给五合,小口二合五勺,按日合月小建。扣除银米,兼给谷则倍之。谷为本色,银为折色。初赈本色,次赈折色,展赈出首,本折各半。折赈米价,江苏省每米一石,定价一两,每谷一石,定价五钱,谷拨灾地就

---

① 〔明〕申时行:《大明会典》卷三十四,《户部二十一·课程三·盐引式》,明万历内府刻本。
② 〔清〕胤禛:《雍正上谕内阁》卷四十,清文渊阁四库全书本。
③ 张岩:《清代盐义仓》,《盐业史研究》,1993年第3期。

近之盐义仓,银动库储盐课分司。大使不能兼顾,委员协办,散赈处查明极、次贫大小口。临赈遇有事故闻,赈归来,补给运谷水脚,水路每石每里二毫五丝,陆路每石每里一厘五毫。赈竣,如遇青黄不接,开仓平粜或借口粮,中有连年积歉收,及当年灾出非常,再加抚恤。归时题奏灾地钱粮。灾停征蠲月眷钱粮。十、九、八分三年带征,七、六、五分二年带征,五分以下勘不成灾,缓至次年麦熟以后,次年麦熟钱粮递行,缓至秋成。中有被灾之年,深冬方得雨雪及积水方退者,应将缓至麦熟以后钱粮,再缓至秋成以后,新旧并征。蠲余钱粮,谓之蠲月眷,灾前征完,谓之溢完。存为下年正赋,谓之留抵。房屋费:瓦房每间银七钱五分;草房每间银四钱五分。盐池修费:大池一两;小池五钱。淹毙丁口埋葬银:每大口自五钱至八千为率;小口自二钱五分至四钱为率。荡草歉薄,购备陈草,整理亭场,借给草本,分项扣还,因灾出粜,照依市值减价二钱为率。"[1]所有这些,均是赈济行为制度化的具体表现。

  总之,明清海盐产区较农业区域遭遇更多的灾害袭击,但海盐产区赈济制度建设却显得较农业区域落后,不过也呈现出逐渐制度化的倾向。在制度化之前,明前期曾采取过免征当年或拖欠的盐课、折纳绢或布、在他场煎盐补课等办法;明中后期则多由盐运使动用运司库内余银、工本银、挑河银、余盐银、赃罚银等赈济灾灶,偶尔直接让他场代办盐课;清前期政府已采取补赈办法补偿灾民,或由他场代纳,或由灶民输谷备灾,或动用盐义仓米麦赈济,最后走向了"照民田则例"。

---

[1] 〔清〕王定安:《两淮盐法志》卷一百四十一,《优恤门·恤灶》,清光绪三十一年刻本。

第四章　盐商介入与参与两淮盐场事务管理

国家有意识地充分吸纳盐商的力量,让其协助管理两淮盐场社会。于是,盐商得以通过向灶户供给工本、控制盐业生产工具、收盐储盐等手段,介入两淮盐场的生产领域;又通过获得稽查私盐的特权和开展盐场社会慈善公益事业等手段,介入两淮盐场社会的管理领域。

第一节　盐商介入生产领域

一、介入的制度条件

明初实施开中法的初衷是解决边疆粮储问题。如章懋说:"圣祖以边城险远,兵饷不充,而粮运劳费,乃命商人输粟边仓,而多给引价,以偿其费。商人喜得厚利,乐输边饷。公私两便,最为良法。"①开中法在给予民间商人一定的经济利益后,充分调动了民间商人的积极性,不仅缓解了边疆粮储问题,而且有助于国家摆脱盐业完全专卖制度下资金周转速度缓慢、经营风险大的难题。"盖高帝之初,籍灶丁,征商税,灶丁煎盐,每引与工本钞一贯五百文。商人一引,征白金八分,酌所在米价贵贱、道里远近险易而重轻之,使灶不为我困,而商乐为我输。"②不过,开中法的维系需要兼顾国家、商人、盐民三者之间的利益。国家虽让出一部分盐业利润,却可以吸引商人纳粟于边,盐民上缴盐可得到工本钞或

---

① 〔明〕陈子龙:《皇明经世文编》卷九十五,《章枫山文集·议处盐法事宜奏状》,明崇祯平露堂刻本。
② 〔明〕陈子龙:《皇明经世文编》卷九十五,《章枫山文集·议处盐法事宜奏状》,明崇祯平露堂刻本。

米,故于国家、于商人、于盐民都有利。

但当开中法变成了国家敛财的手段后就难以为继,其最突出的表现是过度开中盐引,致使商人不能及时下场支到盐。盐商响应开中,赴边纳粮后,持引下场却无盐可支,被迫困守盐场,长期待支,这一现象被称为"守支"。"守支"现象在明朝初年便存在,如洪熙时户部尚书郭敦指出:"洪武中,中盐客商年久物故,代支者多虚报。"①明人叶向高指出守支的危害:"守支之害兴,程期累次,鱼贯积薪,没身无及,妻子代支。资斧竭与糇粮,钱神疲于公府。"②

"守支"问题的产生是由于开中数量远大于额定供应数量,但国家没有通过增加盐业生产量缓解此问题。据李明明、吴慧的说法,明代盐法的一个特点是国家严格控制盐产量,以确保盐的价格,这与元代盐产量超过社会需求量有根本的不同。③ 明代食盐供给,是按照大口每月一斤,小口减半的思路筹划,并以此确定全国各盐种的岁办引额,保持产销平衡。但各边仓盐粮开中,则是根据各边仓的实际需求而定。在国家严格控制盐业生产量的大前提下,国家开中的盐引过多是"守支"现象产生的重要原因之一。"宣德以来……旧引未给,新例复行,致使商贾积年守候,不得关支。资本既失,流落垂老。"④"守支"现象产生的另一重要原因是势豪染指开中。洪武二十七年规定,"凡公侯伯及文武四品以上官,不得令家人奴仆行商中盐,侵夺民利"⑤。但弘治年间,"庆云侯周寿家人周洪,奏买两淮残盐八十万引;寿宁侯张鹤龄家人杜成、朱达等,奏买长芦、两淮残盐九十六万余引。名虽买补残盐,其实侵夺正课,以召物议沸腾,人心积怨,商贾不通。盐法弊端,莫此为甚"⑥。韩文说:"近年以来,势豪之家,往往主令家人,诡名报中,及至赴官上纳,则减削价值;下场关支,则不等挨次;货卖则夹带私盐;经过则不服盘诘;虚张声势,莫敢谁何。以致资本微细者,敛迹退避,不敢营私。"⑦如御马监太监李棠的家人,恳求开中两淮存积盐五万八千引,朝廷允准一万引。⑧ 成化四年(1468),尚膳监太监潘洪"奏两淮积有余盐五万九千

---

① 〔清〕张廷玉:《明史》,中华书局,2007年,第1379页。
② 〔明〕叶向高:《苍霞草》卷二十,《盐政考》,明万历刻本。
③ 李明明、吴慧:《中国盐法史》,台北文津出版社,1997年,第192页。
④ 〔明〕朱廷立:《盐政志》卷七,《疏议下·舒广便商议》,明嘉靖刻本。
⑤ 〔明〕申时行:《大明会典》卷三十四,《户部二十一·课程三·盐法三》,明万历内府刻本。
⑥ 〔明〕陈子龙:《皇明经世文编》卷八十五,《韩忠定公奏疏·题为钦奉事》,明崇祯平露堂刻本。
⑦ 〔明〕陈子龙:《皇明经世文编》卷八十五,《韩忠定公奏疏·题为钦奉事》,明崇祯平露堂刻本。
⑧ 《明宪宗实录》卷三十七,"成化二年十二月癸亥"条。

引,乞令其侄潘贵中纳关支",结果朝廷下旨,"朝廷存积余盐以待边用,祖宗明有禁例,食禄之家尚不可中,况内臣乎!内臣给事内廷,凡养生送死,自为之处置,固不必营利以殖生,况乃损国课以益私家乎!其勿与"①。尽管潘太监的要求被拒绝了,但到了弘治、正德年间,皇亲、阉宦奏讨余盐多能得逞,成为破坏盐法的重要力量。"弘治末年以及正德之世,皇亲阉宦以余盐为名,辄多请买补两淮、长芦盐引,又夹带影射,不可诘治。至则买盐而窝之,商人报中必索其利息,私盐愈贱,官盐愈贵,盐法坏矣。"②

"守支"问题往往导致商人无利可图,他们不愿参与开中。国家为确保其对粮食的获得,则又只好在不同时期,出台不同的政策,以吸引商人。其一是降低开中则例规定。如洪武九年(1376)五月,"中书省言,兰县河州旧募商人入粟中盐,每引计米一石,道远费重,故商人稀少,宜减其价,庶边储可积。于是命淮盐减米二斗,浙盐减米三斗,河东盐减十之四"③。又如,宣德二年(1427)十二月,"行在户部奏:近召商于辽东广宁卫,中纳盐粮,淮浙盐每引纳米三斗五升,道里险远,转运甚艰,趋中者少。请如万全右卫例,每引纳米三斗。从之"④。降低开中则例规定的办法减少了盐商的一部分成本,但未能保障商人开中后支到盐,所以商人开中的热情并未被调动起来。于是,朝廷又出台了一项新政策,叫"不拘资次支给"。该政策规定,对已造成的积压的盐引,仍按照原有秩序守支,但当边地出现新的开中需求时,中纳者可不挨在原有秩序的后面守支。"不拘资次支给"政策出台的具体时间不详,但早在洪武二十三年十一月就有此记录:

> 尚书赵勉言,旧例纳粟凉州,支淮浙盐,则每引米四斗,河东盐每引五斗,不拘资次支给。今议输粟甘肃,宜比凉州,量减淮浙盐入粟三斗,河东盐入粟四斗,不拘资次支给。⑤

"不拘资次支给"政策施行不久,又在"不拘资次支给"商人中形成新的"困守支"者。商人开中盐引的积极性又遭打击。朝廷宣布以钞锭(大明宝钞)偿还

---

① 〔明〕王世贞:《弇山堂别集》卷九十二,《中官考三》,清文渊阁四库全书本。
② 〔明〕申时行:《大明会典》卷三十四,《户部二十一·课程三·盐法三》,明万历内府刻本。
③ 《明太祖实录》卷一百六,"洪武九年五月甲戌"条。
④ 《明宣宗实录》卷三十四,"宣德二年十二月丁丑"条。
⑤ 《明太祖实录》卷二百六,"洪武二十三年十一月辛未"条。

盐商成本。

> （宣德时）令各运司、提举司查中盐商，若士民年远事故、无子支给者，行原籍官司，每引给资本钞二十锭优之。①

> （正统时）令远年客商中盐未支者，每引给资本钞三十锭，愿守支者听。②

为了兑现盐商能凭借盐引支到盐的承诺，国家出台兑支搭配政策：若一个盐场不能支到足够的盐，则允许盐商到别的盐运司或本盐课司的其他盐场支盐。正统二年（1437），"令永乐年间两淮客商应支引盐，以十分为率，支与淮盐四分，其六分兑与山东支给。不愿兑者，听守支"③。次年又下令，"客商中纳官盐，支给不敷者，两淮运司、云南盐课提举司于河东、陕西、福建、广东各运司提举司兑支，河间、长芦及河东、陕西运司于广东、海北盐课司兑支"④。除不同运司间配支外，本运司不同场之间也行搭配支给法。正统八年十二月令，"两淮盐司所属盐场，以路途便利者为上场，弯远者为下场。每数上场，配一下场。凡支盐时，上场派尽，方以下场凑数补派"⑤。具体规定是，"富安、马塘、西亭、安丰、新兴五场配搭莞渎场；梁垛、余东、东台、余中四场配搭临洪场；何垛、庙湾两场配搭兴庄场；草堰、掘港、角斜、伍祐、栟茶五场配搭徐渎场；丰利、刘庄、石港、金沙、白驹、石港、刘庄、余西、小海、吕四、丁溪十一场配搭板浦场"⑥。兑支和配搭盐的方法，使得盐商疲于四处奔波。

长期支不到盐、被困盐场的现实，打击了商人开中的积极性，"虽减轻开中，少有上纳者"⑦。为了吸引商人继续开中，朝廷在正统四年推行存积常股之法。在两淮、两浙、长芦，将灶户每年盐课的八分名曰常股，二分名曰存积，"每岁收贮岁课，存积在官，客商执引照支，各有次第，课谓之常股盐；近因边储急用，增

---

① 〔明〕朱廷立：《盐政志》卷五，《制诏·给资本钞诏》，明嘉靖刻本。
② 〔明〕申时行：《大明会典》卷三十四，《户部二十一·课程三·盐法三》，明万历内府刻本。
③ 〔清〕嵇璜：《续文献通考》卷二十，《征榷考·盐铁》，清文渊阁四库全书本。
④ 〔明〕申时行：《大明会典》卷三十四，《户部二十一·课程三·盐法三》，明万历内府刻本。
⑤ 〔清〕嵇璜：《续文献通考》卷二十，《征榷考·盐铁》，清文渊阁四库全书本。
⑥ 〔明〕盛仪：《惟扬志》卷九，《盐政志·改配场分》，明嘉靖刻本。
⑦ 〔清〕阎镇珩：《六典通考》卷九十三，《市政考·盐政》，清光绪刻本。

值召商中纳,不依资次,人到即与支给,谓之存积盐"①。尽管开中存积较开中常股价格更高,但可以越次支盐,躲避守支,加速资本周转,于是,"报中存积者争至,遂仍增至六分,淮、浙盐犹不能给,乃配支长芦、山东以给之。一人兼支数处,道远不及亲赴,边商辄贸引于近地富人,自是有边商、内商之分"②。边商与内商的分化是盐商为缩短经商距离、减少经营成本、缩减经营周期的产物。

存积常股之法的推行,虽暂时缓解了商人的"守支"问题,但最终反而加剧了该问题。国家继续出台新的盐业政策,其中有三项政策产生了深远的影响:

其一是余盐开禁。明初规定,灶户生产的所有盐(包括正额盐和余盐)均须上缴官仓,但余盐可获得高于正额盐一倍的工本费,商人必须在官仓支盐。商人长期"守支"于盐场的结果是"报中寝息""塞粟空虚""司库空虚"。无奈之下,国家把目光投向余盐,在成化年间,打破洪武初年禁令,准许商人出钱收买灶户的余盐。

> 余盐者,灶户正课外所余之盐也。洪武初制:商支盐有定场,毋许越场买补;勤灶有余盐送场司,二百斤为一引,给米一石;其盐召商开中,不拘资次给与。成化后,令商收买,而劝借米麦以振贫灶。③

这样,守支商人可凭借盐引向灶户直接购买余盐。"劝借米麦"的规定,反映的是在宝钞形同废纸后国家已不能支付灶户工本费的现实,其结果是国家在解决盐商守支问题时还将灶户工本费甩给了盐商;商人则既要支付盐引的费用,又要支付灶户的工本费。有的官员指出,余盐买补就等于开余盐私卖之禁,会加剧私盐问题。

> 客商若无见盐,许本场买补。夫曰本场买补,即开余盐私卖之禁矣。故奸商借官引以影私盐,然商人、灶户两得赢利,州县民士亦食贱盐,惟私盐愈行则官盐愈壅,而法遂大坏。④

---

① 〔明〕邱浚:《大学衍义补》卷二十八,《治国平天下之要·制国用》,清文渊阁四库全书本。
② 〔清〕阎镇珩:《六典通考》卷九十三,《市政考·盐政》,清光绪刻本。
③ 〔清〕阎镇珩:《六典通考》卷九十三,《市政考·盐政》,清光绪刻本。
④ 〔明〕张萱:《西园闻见录》卷三十五,《户部四·盐法前》,民国哈佛燕京学社印本。

但隆庆年间庞尚鹏主张"余盐绝不能革",因为"各场灶丁,皆倚此为命","一旦革除,则课额大亏,商灶绝望,于盐法何利焉?"①要调动民间资本与劳力的积极性,就必须给盐商一定的获利空间,所以庞尚鹏接着说:"但令商人稍有盈余,乃为通商足边之长策。"②

不论推行余盐买补之制的结果是好还是坏,有一点需要强调的是,通过此项制度盐商与灶民开始建立起直接的联系。余盐买补导致余盐的全面开禁。嘉靖年间,凡守支客商,每行一引正额盐,可带销若干斤余盐。巡盐御史霍韬在整理两淮盐课时提出,"凡各商人中正额盐一百斤,许带中余盐三百斤。正盐纳边粮二斗五升,余盐纳边粮二斗,听与灶户价买"③。隆庆年间,庞尚鹏整理盐法时,规定每引重五百五十斤,其中正额盐二百八十五斤,余盐二百六十五斤。

其二是开中折银。天顺八年(1464)十一月,"巡抚宣府左佥都御史叶盛奏,淮、浙、长芦、河东盐引米价过重,中纳者少,边储不给,请量减之。户部因议,两淮盐每引减五升,两浙减三升,长芦、河东俱减二升。其愿折纳银者,淮盐每引银五钱,余各视所减米为等。从之"④。成化十七年(1481)十一月,"户部奏改长芦运司卖盐则例。先是一内库金银缺用,命所司出新旧盐课百四十万引卖之,每引银三钱,而商人以价重,少有买者,乃改为三等:自正统五年至天顺八年者,引减银八分;成化元年至十二年者,引减银五分;十三年至十六年者如旧。从之"⑤。

弘治五年的叶淇变法,是明代盐法史上的一次重大变革。它允许盐商直接向盐产地所属运司上纳白银以取得盐引,以取代昔日盐商必须赴边地上纳粟麦等实物方可获得盐引的规定。

> 弘治初,户部尚书叶淇与内阁徐溥同年最厚。淇淮安人,盐商皆其亲识,因与淇言:商人赴边纳银,价少而有远涉之虞,在运司纳银,价格多而得易办之便。淇遂奏准:两淮运司盐课,于运司开中纳银,解户部,送太仓银

---

① 〔明〕陈子龙:《明经世文编》卷三百五十七,《庞中丞摘稿·清理盐法疏》,明崇祯平露堂刻本。
② 〔明〕陈子龙:《明经世文编》卷三百五十八,《庞中丞摘稿·清理蓟镇屯田疏》,明崇祯平露堂刻本。
③ 〔明〕潘游龙:《康济谱》卷十二,《征榷·霍文敏淮盐利弊议》,明崇祯刻本。
④ 《明宪宗实录》卷十一,"天顺八年十一月丙子"条。
⑤ 《明宪宗实录》卷二百二十一,"成化十七年十一月丙子"条。

库收贮,分送各边,盐价积至一百余万。人以为便而不知坏旧法也。①

李文节指出叶淇变法导致边地粮饷不济:

> 输之不粟而银也,不之塞而之鹾司也,自司农叶淇始也。取目前之近利,忘久远之大计,遂至边储资于内币,商迹绝于塞垣,卒然有警,仓皇召中,类多观望,即有至者,所入甚寡,坐令储蓄外空,则非计也。②

像李文节的论述一样,史书上充斥着史官对叶淇的批判,他们认为叶淇改变了开中法借助商人之力以充实边地军饷的精神,是历史的罪人,但开中之法的精神并非叶淇时才改变。朝廷不顾病商又病灶,不断滥发盐引,所追求的无非是财政利益,只不过打着充实边地军事力量的旗号罢了,这种做法早就与开中法的初衷背道而驰。庞尚鹏说:"论者每归咎于淇,谓其废坏成法,自改折色始。而不知自淇改废者,今已复其旧矣……飞挽艰难,商人利薄。"③另外,明前期至明中叶,全国发生实物折银的重大变革。明初,"禁民间不得以金银物货交易,违者罪之"④。至正统元年(1436),则"弛用银之禁,朝野率皆用银"⑤。盐课折银是全国赋税折银的一个部分。叶淇变法后,并不是说"以粮中盐"政策终止了,而是正额盐仍在边地开中,"以粮中盐",但商人购买开禁之余盐,只需在盐产地所设的运司缴纳余盐课银。

叶淇变法的直接目的是解除商人守支的困苦。它带来的一个重大影响是,边境地区的商人纷纷南下,向盐运司所在的行政中心地聚集。胡世宁在《备边十策疏》中说:"今山陕富民,多为中盐,徙居淮浙,边塞空虚。"⑥从边境内徙的盐商后来成为和边商相对应的内商群体。弘治年间,内商已进一步分化为场商与水商。如弘治十四年(1501)二月,"巡按监察御史冯允中奏,盐法之弊,多因商人匿引不缴,有司纵商不究,是以水客有影射之弊,场商有那移之私"⑦。场商

---

① 〔明〕陈建:《皇明通纪法传录》卷二十五,《孝宗敬皇帝纪》,明崇祯九年刻本。
② 〔明〕陈子龙:《明经世文编》卷四百六十,《李文节公文集·盐政考》,明崇祯平露堂刻本。
③ 〔明〕陈子龙:《明经世文编》卷三百五十七,《庞中丞摘稿·清理盐法疏》,明崇祯平露堂刻本。
④ 〔明〕何乔远:《名山藏》卷五十一,《钱法记》,明崇祯刻本。
⑤ 〔明〕何乔远:《名山藏》卷五十一,《钱法记》,明崇祯刻本。
⑥ 〔明〕陈子龙:《明经世文编》卷一百三十六,《胡端敏公奏议·备边十策疏》,明崇祯平露堂刻本。
⑦ 《明孝宗实录》卷一百七十一,"弘治十四年二月戊子"条。

负责守支,并将所购盐货转卖给水商,由水商负责将盐货运往引地销售。盐商职能的分化是经营专门化的体现,是规避风险的一种方式。

其三是纲盐法。商人不愿开中时,官府逼迫边地富户或原开中商人纳粮或银开中盐引。如庞尚鹏指出:"迩来边上中纳,多不依时估;及虽依时估,而转运交收,领给堪合,其间私费尤难尽言。甚或以劝借为词,而阴行科罚之。访边商之不堪命久矣。粮草涌贵,商人规避,遂督责沿边有司,或报殷实富户,或捉原日商人,驱逼上纳,如捕重囚。其间鬻田宅,括资财,破家以奔命者,饮泣呼天,无从吁告,可胜叹哉。"①至万历时,不但正引仍须守支,而且余盐银也须预纳。袁世振说:"朝廷预借商银四百余万,今不言借而言征。惟征之一字,可以行法,故执敲扑以鞭笞之。预征于十年之前,又套搭于十年之后,惨刑血比,总为岁解。岁解不足,势必责逃亡于见在;横征不已,将复驱见在为逃亡。其所以免脱未能者,惟陈陈旧引,为祖父积累制艰。倘得早为销掣,掉臂而去如远坑阱耳。其专欲旧引之亟行者势也。"②当逼迫的办法都无法招徕商人中盐时,以及盐引壅滞不销之时,盐政就到了崩溃之际。万历四十五年(1617),袁世振实施盐政改革,厘定纲盐法,建立商专卖制度,规定:凡纲册上有名的盐商,可以世世代代垄断盐利,无名者不得加入充当盐商。当时因为"每引减盐一百四十斤",且增价四钱,商人观望,莫肯中盐,乃以"占窝"饵之,以限制竞争,保证独占专利招徕商人。具体来说,将巡盐御史所持淮南红字簿中所载纳过余盐银而未得掣盐的商人名字,"挨资顺序,刊定一册"。当时未掣盐引约二百万引,"以圣、德、超、千、古、皇、风、扇、九、围十字,编为十纲",以纳过二十万引余盐之盐商编为一纲。每年轮流,"以一纲行旧引,九纲行新引","行旧引者,止于收旧引本息,而不令有新引拖累之苦;行新引者,止于速新引超掣,而更不贻旧引套搭之害,两不相涉,各得其利"。③ 十字纲册自刊行后,凡纲册上有名的盐商,得"永永据为窝本,每年照册上旧数,派行新引",册上无名者,不得"钻入而与之争鹜"。④ 淮北有纳过盐课而未得行盐之引,计积一百四十万引,立为天、杯、庆、寿、齐、南、岳、帝、藻、光、辉、动、北、辰十四字,编为十四纲,每岁以一纲行旧引,十三纲行

---

① 〔明〕陈子龙:《明经世文编》卷三百五十七,《庞中丞摘稿·清理盐法疏》,明崇祯平露堂刻本。
② 〔明〕陈子龙:《明经世文编》卷四百七十五,《两淮盐政编·盐法议六》,明崇祯平露堂刻本。
③ 〔明〕陈子龙:《明经世文编》卷四百七十七,《两淮盐政编·纲册凡例》,明崇祯平露堂刻本。
④ 〔明〕陈子龙:《明经世文编》卷四百七十七,《两淮盐政编·纲册凡例》,明崇祯平露堂刻本。

新引,其旧引每岁七万引,新引每岁十五万三千引,自万历四十六年起至崇祯三年止,共十三年,将积引销完。①

总之,纵观明代整个盐法制度的变革,如他场配搭、分盐引为存积和常股、余盐买补、开中纳银、盐课折银、纲盐法等,是国家面临盐法困境时做出的调适,它所产生的一个重大影响是将盐商不断推向盐场,促使盐商与盐民建立起紧密的、直接的联系。具体而言,明以前的盐法,无论是商贩还是官贩,收购均为官府掌控;明中叶后,官府逐渐从盐业生产领域退出,至万历四十五年后施行纲盐法,国家将专卖权赋予特定的商人,官府不再收购灶户生产的食盐,而是由盐商代为接管。盐商与灶民之间被专卖制下人为割断的联系得到修复,灶户和商人之间建立了直接的交易关系。这是明清盐法较以前的盐法的显著不同之处。

二、供给灶户工本

盐场独特的地理特征,使得盐场较少生产粮食,也就是说盐场的粮食供应主要是由外界社会提供的。

为维持盐业的再生产,明代沿袭宋元时期的做法,对灶丁在生产盐的过程中所耗费的劳动时间予以偿付。专卖制度下的盐是特殊商品,它与普通商品不同,其价格主要不是由生产劳动时间决定,而是取决于官府的定价。尽管盐的价格高昂,但是灶丁所获得的偿付非常少,仅能满足基本口食和维修生产工具之需。据袁世振奏报说,两淮地区灶户出售余盐,每桶重150斤,价格为0.3两,也就是说每吨盐3两白银。而内商向水商出售时,每吨售价不低于9两。在许多内陆城市,每吨价格常常在15两左右。明朝建立之初,便规定无论是正盐还是余盐官府均给予灶丁一定补贴性质的偿付。不过,官府给灶丁提供生产盐的生产资料,灶丁承担课额正盐就理所当然,朝廷给予正盐的偿付自然会少些;余盐作为灶丁额外生产出来的盐,朝廷给予的偿付会更多些。这种偿付在史料记载中称为"官给工本"。官给工本米和官给工本钞既是它的两种类型,也是它的两个阶段。单纯从时间上看,这一制度一直延续到明末,而从实际效果上来说,它在明中叶就已名存实亡。

在传统中国社会,盐课是王朝政权第二大税源。盐由灶丁煎办,没有灶丁,

---

① 〔明〕毕自严:《度支奏议》卷三,《山东司·覆两淮盐台张养更纲疏》,明崇祯刻本。

盐课便成无源之水。明初规定，无论是灶丁生产的正盐还是灶丁生产的余盐，均由朝廷统一收购，并向灶丁支付工本。有关明代灶丁工本问题，以往学者如何维凝、藤井宏、陈诗启、徐泓、刘淼等讨论的焦点是官给灶丁工本制，但实际上，明中叶以后，商给灶丁工本逐渐取代官给工本，成为盐业管理体制运作的重要机制。但无论是官给还是商给，各项权宜之计最终都未能彻底解决明代盐场灶丁工本供给所面临的财政困境。

（一）明前期官给灶丁工本制的实施与困境

明朝建立之初，沿袭宋元时期的做法，规定无论是正盐还是余盐，朝廷均给予一定补贴性质的偿付。这种偿付在史料记载中称为"官给工本"，它对于维持盐业的再生产是必需的。"官给工本"分为实物工本和货币工本两种类型。实物工本和货币工本是"官给工本"制经历的两个阶段。

1. 官给灶丁工本米

洪武元年（1368），规定盐场灶丁上缴正盐后，朝廷按引给予其工本米。"每引重四百斤，官给工本米一石。"①为便于散给灶丁工本，明初，朝廷还在盐场建仓储粮，"置仓于场，岁拨附近州县仓储及兑军余米以待给"②。对于余盐，早在洪武初年就确立了官收政策。"勤灶有余盐送场司，二百斤为一引，给米一石，其盐召商开中，不拘资次给与。"③朝廷收购余盐的价格是每二百斤盐给米麦一石，而正盐的工本则是每四百斤盐给米一石。也就是说，余盐的补贴相当于正盐的两倍。等到边事紧张急需粮饷时，朝廷就将收购的余盐用来召商开中，并规定盐商开中余盐随开随支，不用挨次等候。朝廷一方面高价收购余盐，另一方面则严禁灶丁私贩余盐，"凡各场盐丁人等，除正额盐外将煎到余盐夹带出场及私盐货卖者，同私盐法，百夫长知情故纵及通同货卖者，与犯人同罪"④，旨在避免余盐脱离政府掌控，转化为私盐，扰乱盐政的正常运行。

明朝初期推行的官给工本米制是务实可行的，它既保障了灶丁最基本的生活所需，也有利于盐业的再生产。不过，受制于独特的地理环境，盐场一般不适

---

① 〔明〕申时行：《大明会典》，载《续修四库全书》（第789册），上海古籍出版社，1995年，第617页。
② 〔清〕张廷玉：《明史》，中华书局，2007年，第1937页。
③ 〔清〕张廷玉：《明史》，中华书局，2007年，第1938—1939页。
④ 〔明〕周昌晋：《福建鹾政全书》，载《北京图书馆珍本古籍丛刊》（第58册），书目文献出版社，2000年，第765页。

合种植粮食作物,盐场的粮食供应本应由外界市场提供,故盐场与外界市场必然产生联系,但是,官给工本米制人为地割断了灶丁与外界市场的联系。这是朝廷对盐场实行超强控制的一种表现。

2. 官给灶丁工本钞

随着明代宝钞制度建立,盐场灶丁工本由全部支米麦,转而变成以支米麦为主,"兼支钱钞,以米价为准"①。洪武十六年(1383),规定"各盐场给工本钞"②。至此,官给工本米制退出历史舞台,代之而起的是官给工本钞制。因考虑到各盐区煎盐难易、所费工本不同,洪武十七年(1384),规定正盐"淮、浙每引,官给工本钞钱二贯五百文;河间、山东、海北,八百文;福建,上色者七百文,下色者六百文"③,而官给余盐的宝钞数量是正盐的两倍。工本钞的发放起初是"遣监生管运给散",后罢之,宣德五年后,规定"每岁照山东例于官库内关给"。④ 官给工本钞制实行后,灶丁需要将手中的钱钞转换成日常生活必需的口粮,从此灶丁与外界市场的联系增多,盐场社会的封闭性局面开始被打破。

起初,宝钞一贯折铜钱一千文,或白银一两,钱钞二贯五百文能兑支到粮米一石,"当时法严钞贵,灶丁得利"⑤,后来,钞法日坏,宝钞急剧贬值,至正统十三年(1448),"每钞一贯折铜钱二文"⑥,而米一石值宝钞一百贯。可知,官给工本钞制名存实亡。其后果,一方面导致灶丁大量逃移,盐课征收严重不足。如宣德四年(1429),两淮运司在册的灶丁仅有 23100 名,与 14 世纪的 36000 名灶丁形成了鲜明对比。⑦ 另一方面导致灶丁日渐贫困化,私贩现象屡禁不止。在景泰年间,"各处灶丁,多有通同该管官员,不将己煎盐课入官而私卖与人"⑧。明朝廷企图通过向地方盐政官员施压解决上述问题,让他们"今后务令逐季催督足备,年终类奏。如有逋负,于官员考满之时罢俸,追完方许赴部"⑨。但是,这不是用严刑峻法能解决的。倘若灶丁最基本的口食之需都无法得到满足,势

---

① 〔清〕张廷玉:《明史》,中华书局,2007 年,第 1937 页。
② 〔清〕张廷玉:《明史》,中华书局,2007 年,第 1962 页。
③ 〔明〕申时行:《大明会典》,载《续修四库全书》(第 789 册),上海古籍出版社,1995 年,第 617 页。
④ 〔明〕申时行:《大明会典》卷三十四,《户部二十一·盐法三》,明万历内府刻本。
⑤ 〔明〕谈迁:《枣林杂俎》,中华书局,2006 年,第 7 页。
⑥ 《明英宗实录》,台北"中央"研究院历史语言研究所,1962 年,第 3209 页。
⑦ 黄仁宇:《十六世纪明代之财政税收》,生活·读书·新知三联书店,2001 年,第 259 页。
⑧ 《明英宗实录》,台北"中央"研究院历史语言研究所,1962 年,第 4440 页。
⑨ 《明英宗实录》,台北"中央"研究院历史语言研究所,1962 年,第 4440 页。

必铤而走险,冒死贩卖私盐。嘉靖时人霍韬以同情的口吻指出,"国初灶丁岁办盐,每引四百斤给工本钞二贯五百文,盖洪武年间,钞一贯直钱千文,故灶丁得实利,如是而冒禁卖私盐绞死可也。今钞一贯,不易粟二升,乃禁绝灶丁勿私卖私盐,是逼之饿以死也"①。他还从逻辑上梳理了余盐工本无着落私盐泛滥的必然性,并向当权者敲响甚至可能发生灶丁揭竿而起的警钟。"钞法废,则县官何术以收余盐? 余盐积而无所售,则灶丁困。乃曰挟余盐者绞,货私盐者绞,将能行乎? 行之而灶丁必枵腹以毙,不然即为变。"②

3. 暂时恢复余盐官给灶丁工本米制

灶丁有义务向明朝廷交纳正盐,明朝廷似乎可以此为借口,不向灶丁支付正盐工本,但是,余盐是灶丁勤劳所得,属额外之所得,强行令灶丁缴纳余盐却不支付工本的做法,便实在找不到任何的理由。更何况这种做法所带来的恶果,是灶丁或私煎,甚或逃移,最终导致明朝廷盐课亏损严重。于是,朝廷试图恢复余盐给散工本米制。

正统二年(1437),朝廷规定,"两浙两淮贫难灶丁除原额盐课照旧收纳,其有余盐者不许私卖,俱收贮本场,运司造册,发附近州县,每一小引官给米麦二斗"③。余盐的官收价格由洪武时的每引米一石跌至每引米二斗,仅为洪武时期的五分之一,而且对象仅针对贫难灶丁。

正统十三年(1448),在两淮巡盐御史蒋诚的奏请下,明朝廷"令两淮运司于各场利便处,置立仓囤,每年以扬州、苏州、嘉兴三府所属附近县及淮安仓并兑军余米内量拨收贮,凡灶户者有余盐,送赴该场,每二百斤为一引,给与米一石,年终具奏造册申报,其盐召商于开平、辽东、甘肃等处开中,不拘资次给与"④。虽然明朝廷规定余盐的官收价格恢复到洪武时的每引米一石,可惜最终沦为具文。《皇明九边考》记载,"(正统)十三年令曰:'每余盐二百斤,给与米麦一

---

① 〔明〕史起蛰、张榘:《两淮盐法志》,载《四库全书存目丛书》(第274册),齐鲁社,1996年,第257页。
② 〔明〕陈子龙:《明经世文编》,中华书局,1962年,第1923页。
③ 〔明〕申时行:《大明会典》,载《续修四库全书》(第789册),上海古籍出版社,1995年,第561页。
④ 〔明〕申时行:《大明会典》,载《续修四库全书》(第789册),上海古籍出版社,1995年,第561页。

石',当时此令虽出,米实无措,官司徒挟此令以征余盐,不能必行此令,给民米麦"①。可知,该政令并未使灶丁得到每引一石工本米的实惠,反倒给盐官强令征收灶丁余盐提供了借口。

景泰二年(1451),明朝廷又如法炮制了正统十三年的政令,规定"淮、浙、长芦运司所属,多系滨海,不产五谷。盐禁既严,恐贫乏灶丁生计艰难,今后除煎办本家课程之外,果有余盐,许送本盐课司交收,却于附近有司官仓给米麦以偿灶丁,淮引每引八斗,浙盐六斗,长芦盐四斗"②。结果又不了了之。

可知,在米粮难以筹措和宝钞名存实亡的事实面前,官给工本制已陷入困境,难以为继。

(二)明中期商给灶丁工本举措的实施历程

明中叶,盐法大坏。一方面官灶关系因工本问题而紧张;另一方面是过度开中引发严重的盐商长期守支问题,《明史》所载"商人有自永乐中候支盐,祖孙相代不得者"③,官商关系也面临破裂。为了维系开中盐法,明朝廷致力于寻找在不增加财政开支的前提下,既落实灶丁的工本又缓解盐商守支问题的途径。此后,一系列新政策的出台正是探索解决官商和官灶之间矛盾的产物。在此过程中,灶丁工本供给走向了由官给到商给之路。

1. 正盐"劝借赈济"

"劝借赈济"是供给灶丁正盐工本的一种尝试。正统六年(1441),两淮巡盐御史张裴提出开中盐商若要支盐,必须向贫难灶丁捐输一定量的米麦,"劝借客商米麦,协济贫灶,易钞为米自此始"④。当年朝廷采纳了他的提议,但是,没有确定具体的劝借数额,"守支商人情愿者,不拘米麦,量力劝借,收积在官,协济贫灶,此乃一时权宜,初无定额",后来,逐渐形成"客商每盐一引,劝借米一斗,或麦一斗五升"的成例。⑤ 随着盐商守支现象日益严重,纳劝借赈济的规定遭到盐商的抵触。"不分年岁远近,盐课有无,每盐一引,劝借米一斗,有盐关支

---

① 〔明〕魏焕:《皇明九边考》,载《明代蒙古汉籍史料汇编(第六辑)》,内蒙古大学出版社,2009年,第223页。
② 《明英宗实录》,台北"中央"研究院历史语言研究所,1962年,第4441页。
③ 〔清〕张廷玉:《明史》,中华书局,2007年,第1937页。
④ 〔明〕史起蛰、张榘:《两淮盐法志》,载《四库全书存目丛书》(第274册),齐鲁书社,1996年,第218页。
⑤ 〔明〕史起蛰、张榘:《两淮盐法志》,载《四库全书存目丛书》(第274册),齐鲁书社,1996年,第218页。

者,固为甘心;其买补者,既无盐支,亦纳赈济,是徒取而无名也。"①于是,弘治元年(1488),两淮巡盐御史史简提议根据盐商支到正盐数量的多寡确定需捐纳的数量:"乞令守支商人全支者全纳赈济;支五分者上纳五分;支三分者上纳三分。俱计止纳米一斗,或小麦一斗五升。自买补者免其上纳。一时粮斗不敷,灶丁缺食,即发官仓赈济,庶处置得宜,而商困可苏矣。"②朝廷基本上采纳了史简劝借赈济同时兼顾苏商困的建议。弘治初年,叶淇变更盐法,盐法由开中纳粮转为开中折银,盐商劝借赈济灶丁之粮亦随之改为折银,"劝借赈济灶丁之粮,变为折银,从商便也"③。折银后每引纳银五分,"商人每引上纳银五分,存留司库,遏年灾伤,以为赈灶之用"④。

劝借赈济的受惠对象仅限于上纳正盐的贫难灶丁,这对同样上纳正盐的其他灶丁显然是不公平的。嘉靖四年(1525),两淮巡盐御史张珩建议一体赈济:"为今之计,每场除总催一名不赈外,其余不论产业之厚薄,人丁之多寡,办盐十引者给与十引赈银,办盐五引者,给与五引赈银,办盐多寡,随盐赈济。况灶丁煎盐一引,方得一引赈济,是赈济银两皆出自灶丁己力之所致,非取于官仓官库之比。"⑤朝廷采纳了他的建议,此后劝借米麦的资助对象发生了变化,由原来的仅资助贫难灶丁,变成无论贫富一体资助。不过,在具体给散赈济银的过程中,总催往往从中舞弊,私吞灶丁赈济银。万历年间叶向高仍指出,"总催之害兴,赈济官银,全被干没"⑥。总催私吞灶丁赈济银的弊端一直没有得到有效根除,使"劝借赈济"的效果大打折扣。

劝借赈济的做法从正统六年创立以来,一直为后世所沿用,直到清朝还被推行。开中盐商在履行完所有开中正盐手续之外,又多出劝借米麦一项,其经营成本增加了。就灶丁而言,较之每引米一石,每引米一斗或银五分的劝借赈济,在工本数量上降到原来的十分之一,但是,有胜于无,在一定程度上还是起

---

① 〔明〕朱廷立:《盐政志》,载《北京图书馆珍本古籍丛刊》(第58册),书目文献出版社,2000年,第287页。
② 〔明〕朱廷立:《盐政志》,载《北京图书馆珍本古籍丛刊》(第58册),书目文献出版社,2000年,第287页。
③ 〔清〕贺长龄:《皇朝经世文编》(第11册),广百宋斋,1888年,第7页。
④ 〔明〕汪砢玉:《古今鹾略》,载《北京图书馆珍本古籍丛刊》(第58册),书目文献出版社,2000年,第56页。
⑤ 〔明〕史起蛰、张榘:《两淮盐法志》,载《四库全书存目丛书》(第274册),齐鲁社,1996年,第219页。
⑥ 〔明〕叶向高:《四夷考》,中华书局,1991年,第96页。

到安抚灶心的作用。作为支取正盐附加条件的赈济米或赈济银,实际上充当了部分的灶丁正盐工本,开启了由盐商接替朝廷承担灶丁工本的趋势。

2. 商给为凑足正盐而买补余盐的工本

为解决盐商长期守支问题,政府先后采取了一些措施进行补救,如给予宝钞以偿付守支商人开中的花费、允许盐商直系亲属代支盐、允许盐商前往本盐区其他盐场或其他盐区盐场兑支、将盐分成"挨次守支"的常股和"越次放支"的存积两种类型等。总的来说,这些做法都是治标不治本。

成化十二年(1476),明朝廷又推行余盐买补政策。"令客商派定场分守支完即打引出场,若无见盐者支许于本场买补。"[①]允许开中盐商向灶丁购买余盐以补足正盐,本属权宜之计,至弘治二年成为定制。"两淮运司守支客商,成化十五年以前,无盐支给者,许收买灶丁余盐,以补官引,免其劝借米麦。成化十六年以后至二十年以前,正支不敷者,亦许买补,该劝借米麦,仍照支盐分数上纳。二十一年至二十三年,已办未完者,严限追捕完足,给与各年应支客商,不许收买余盐,该劝借赈济米麦,亦照例上纳。"[②]由上可知,朝廷对商人下场向灶丁购买余盐设置了诸多严格的限制条件:必须是开中了政府的正额引盐,到场后又无法支取到,而且只有守支了相当年限才可以向灶户购买余盐。

余盐买补政策允许开中盐商为凑足正盐而向灶丁买补余盐,这意味着商人为支足所开中的食盐,在向朝廷纳过开中盐银外,又额外向灶丁支付了一部分购买余盐的费用。这笔额外的费用实际上充当了灶丁部分余盐的工本。余盐买补迈出了灶丁余盐工本由商给付的第一步。余盐买补政策是一次影响较为深远的盐法变革,它带来商灶关系的变化,即此前盐商和灶户不被允许直接进行交易,此后盐商则可以直接从灶户手中购买余盐以补正盐之不足。它开启了官府认可的商灶余盐交易的先河,为商灶余盐的进一步贸易打开了一扇窗。

3. 商给开中正盐外带支余盐的工本

至嘉靖时,允许盐商在正盐之外额外收买灶丁余盐。"以后各灶丁,除办纳

[①] 〔明〕申时行:《大明会典》,载《续修四库全书》(第789册),上海古籍出版社,1995年,第562页。

[②] 〔明〕申时行:《大明会典》,载《续修四库全书》(第789册),上海古籍出版社,1995年,第562页。

正课外,余积之数,听卖有引商人,照例纳银解部,赴各批验所掣割"[1]。明朝廷规定商人开中正引之后,可向灶丁购买余盐,然后和正盐一起发卖,在掣割时商人则须向明朝廷为这部分余盐交纳一定的税银。至嘉靖五年(1526),则试图将盐商正盐外购买余盐制度化。巡盐御史戴金题准,"商人每盐一包以五百五十斤为则,内除二百八十五斤连包索为正引,商人在边上纳粮草外,其余二百六十五斤为余盐,淮南原定价银八钱六分一厘二毫五丝,淮北六钱六分二厘五毫,此外若有多余割没入官照依两所架下时估斤重,令商纳银领卖"[2]。这种设计,规定盐商既必须开中正盐,又必须同时向灶丁购买余盐,否则正盐也不能运走。这一举措既强制为灶丁额外生产的余盐提供合法出路,以防止余盐落入走私者手中,又使得灶丁大部分的余盐工本通过这种方式得到给付。

起初,这种安排对于官、商、灶三者而言都是有利的。国家可以获得税银;盐商可免去奔波之苦和守支之累,快速支到盐贩卖;灶丁余盐工本有着落,可谓一举三得。但是,至嘉靖七年(1528),明朝廷要求盐商以正盐带支更多的余盐,"原在边中正盐一千引,许报中余盐二千引"[3],以从中获取更大的盐利。随着市场投入盐量远远大于实际的需求盐量,大量余盐的投入挤占了正额盐的空间,致使正盐壅滞,盐政无法正常运行,最终导致了严重的盐引壅积问题。

有些官员将盐引壅积的原因归结于余盐商收,提议恢复余盐官商共收政策。嘉靖帝本人也一直坚信是商收余盐导致了盐法的败坏,只是鉴于"房宼侵扰,太仓银积少支多",才允许"各运司余盐照旧纳银解部,以济边储"。[4] 至嘉靖三十二年(1553),明朝廷出台了工本盐[5]的做法,即廷利用割没余盐银作为工本收买一部分余盐当作正盐开中,剩余的余盐照旧还让商人收买。实际上,这是一种余盐官商共收政策,余盐工本也因此变成由官商共同给付。

工本盐旨在变相地大量发行引目,其后果是反而加重了盐引壅积的程度。

---

[1] 〔明〕申时行:《大明会典》,载《续修四库全书》(第789册),上海古籍出版社,1995年,第618页。

[2] 〔明〕申时行:《大明会典》,载《续修四库全书》(第789册),上海古籍出版社,1995年,第563页。

[3] 〔明〕申时行:《大明会典》,载《续修四库全书》(第789册),上海古籍出版社,1995年,第563页。

[4] 〔明〕申时行:《大明会典》,载《续修四库全书》(第789册),上海古籍出版社,1995年,第618页。

[5] 〔明〕申时行:《大明会典》,载《续修四库全书》(第789册),上海古籍出版社,1995年,第563页。

嘉靖四十四年(1565),巡盐御史朱炳如上言:"工本盐不罢,不惟无益边饷,而商灶两困,并往时正盐常例,一切失之。盖逋欠日多,有名无实也。"①最终,工本盐在运行不到十三年的时间后,便因搅乱正常的开中盐法而被罢废了。

隆庆二年(1568),都御史庞尚鹏奉命进行两淮盐法改革,他提出余盐首先由商人收买,商人买不尽的余盐再由国家动用割没余盐银收买,以确保收尽灶户手中的余盐,从而防止余盐变成私盐。它实际上仍是余盐官商共收政策。但是,隆庆四年,李学诗对余盐官收政策的可行性提出质疑:"近议收买余盐,以杜私贩。立法虽善,其势难行。盖割没余银,抵数解京,即欲收买,价将安出?"②于是,他提议罢废官买余盐制。至万历前期,朝廷取消了官收余盐制。

(三)明后期商给灶丁工本制的确立与影响

无论是工本盐还是庞尚鹏的盐法改革,在不能真正拨出款项,落实官收灶丁余盐银两的前提下,其结果终是沦为朝廷敛财的手段。在"盐壅商困,灶有逃亡"的残酷事实面前,开中法走到了历史的尽头,取而代之的是商专卖制性质的纲盐法。万历四十五年(1617),为确保稳定的盐税收入,明朝廷将"盐引改征折价,盐不复入官仓,皆商自行买补"③。此后,灶户向朝廷交纳的不再是食盐而是白银;朝廷也不再统一收购、存储灶丁生产的食盐,无论是正盐还是余盐均放手让商人和灶户直接交易。朝廷将收盐权下放给开中盐商,灶丁工本也完全转嫁到盐商头上。它意味着官给工本制的正式解体,商给工本制的完全建立。

商给灶丁工本制的影响之一是灶丁对盐商的依赖性陡然增强。盐商的特性是有利则往、无利则散,由他们承担灶丁工本带来的主要后果是,灶丁需要靠仰盐商之鼻息而生活。

第一种情况是盐场所在地理位置不一,有的盐场交通便利,所产之盐洁白味咸,而有的盐场则道路僻远、交通不便,所产之盐色黑味苦。趋利避害乃人之常情,"天下事利多而害少,则人情不令而自趋,利少而害多,则虽招之而不从"④。故有的盐场盐商蜂拥而至,有的盐场盐商则故意规避不往。明人袁世振指出,两淮地区的富安、安丰、梁垛、何垛、东台,乃上五场,交通便利,盐的质量

---

① 〔清〕龙文彬:《明会要》,载《续修四库全书》(第793册),上海古籍出版社,1995年,第486页。
② 《明穆宗实录》,台北"中央"研究院历史语言研究所,1962年,第1225页。
③ 〔清〕王世球:《两淮盐法志》,载《稀见明清经济史料丛刊》(第6册),国家图书馆出版社,2012年,第644页。
④ 〔明〕蔡献臣:《清白堂稿》卷三,《下四场增课议》,明崇祯刻本。

又好,在江广口岸卖价高,故盐商云集于此,对于偏远的庙湾盐场则不肯前往支取。"近年以来,群三十场支盐之商,而并聚于富安、安丰、梁垛、何垛、东台五场。场盐虽欲不贵,其可得乎?彼二十五场者,岂不以盐为业……如去岁通州分司所申庙湾一场,东南北三仓,所积盐至七百余堆,已榜派者不肯赴支,未榜派者营求不派,欲不卖之私贩,其可得乎?"①盐商挑肥拣瘦的后果是,有的盐场所产之盐旺销,灶丁也可坐地起价,获得更多的工本;有的盐场所产之盐,堆积如山,无人购买,工本无着落,灶丁难免走上贩私之路。

第二种情况是盐商与灶丁的交易方式,开始由现钱交易沦为赊欠交易,灶丁要等盐商卖完盐才可能拿到工本钱养家糊口。"商又无本现买收丁之盐,以每石五分七分计价,卖完而后给晒丁,候价无期,垆课紧急,饥饿不起……今乃以其自晒纳课官盐贱价而赊于商,不得归其工本,不得赡其八口,并不得自食其盐,如此之困,又一大变也。"②这种赊欠式交易的做法,除拉长了灶丁交易时间和增加灶丁交易风险性等外,还可能滋生盐商蓄意压低食盐交易价格的弊端,使灶丁工本缩减。有些盐商本是游手好闲之徒,根本无力购买灶户手中的食盐,"且奸商江瑞、武益等皆市井游手无儋石,投靠官门,把持中外,既不能尽所产之盐而买之,又不能偏一邑之民而食之"③。奸商不顾民灶之便而罔利的行为,甚至曾激起漳州府同安县民灶的公愤,差点酿成祸端。

商给灶丁工本制的影响之二是加剧了明朝廷和地方官府对盐商的盘剥。清人盛昱在论及盐商与官府的关系时说:"官以商之富裕而朘之,商以官之可以护己而豢之。"④资本雄厚的盐商虽然受到朝廷和地方官府的朘削,但是也通过结交朝廷和地方官府而得到庇护,从而维护自身利益。盐商获得了官给正、余盐收买权后,尽管需要支付灶丁工本,但是却获得了专商的权力,他们在排挤中小盐商退出盐业经营领域的过程中分享到了更多的盐业专卖利润。故明朝廷和地方官府视对盐商更大程度的盘剥为理所当然之事。至明末,这种相互利用的官商关系开始难以为继。天启年间,盐商已"半成婪人债户"⑤。至崇祯末期,李自成和张献忠等农民起义风起云涌,关外清军又虎视眈眈。腹背受敌的

---

① 〔明〕陈子龙:《明经世文编》,中华书局,1962年,第5216页。
② 〔清〕裁世远:《漳州府志》卷九,《赋役》,康熙五十四年刻本。
③ 〔清〕裁世远:《漳州府志》卷九,《赋役》,康熙五十四年刻本。
④ 〔清〕单渠、方浚颐:《两淮盐法志》卷四十四,《人物·才略》,清同治九年扬州书局重刻本。
⑤ 〔明〕宋应星:《野议·论气·谈天·思怜诗》,上海人民出版社,1976年,第37页。

崇祯皇帝,在国库早已亏空的情况下,为支持长期的大规模的军事战争,施行了所谓的"三饷政策",即辽饷、剿饷和练饷。三饷政策导致的一个结果,是盐课不断增加,行盐速度却愈加迟缓,更多的盐商变得贫困,乃至纷纷弃业。灶丁工本更无着落,私盐泛滥之势更加猛烈。由此可见,由盐商承担灶丁工本问题并不能解决正盐壅滞,私盐盛行的问题。

官给灶丁工本作为明代盐场体制的一项基本制度,虽然从洪武初年确立后一直延续到明末,但实际上至明中叶时就已名存实亡,代之而起的则是商给盐场灶丁工本,即由开中盐引的商人向灶丁支付工本。这一转变首先自正盐开始,然后蔓及余盐。正盐工本的商给发端于正统年间商给开中正盐"劝借赈济",即明朝廷规定盐商下场支盐必须向灶丁提供"每引米一斗或麦一斗五升"的赈济粮。商给余盐工本,始于弘治年间由商支买补余盐工本,继而于嘉万年间由商支正盐外带支余盐工本,最后至万历四十五年以后,无论是正盐还是余盐均由商给工本。这一嬗变过程反映出明代盐场社会管理的"官退商进"。

从官给到商给,盐场灶丁工本的供给问题贯穿明朝始终,但从未得到根本解决。灶丁工本的供给关乎灶丁自身的生存,但明廷囿于明初"洪武模式"的体制限制,在面对支付灶丁工本的财政困境时,只能通过从米到钞变更支付手段的方法来延缓问题的爆发;而当支付手段的变更也无法满足灶丁工本的供给时,又试图通过从官到商变更供给主体来改变上述困境。但盐场是产购销都受到王朝政权严密控制和严格管理的财政生产区域,商人与灶丁因供给工本而发生的直接接触则为市场突破官方控制而与生产直接结合提供了契机,于是损害明廷盐课收入最甚的私盐问题却因商给灶丁工本而更为严重,这亦是明廷始料未及的结果。事实上,上述变更举措的问题显而易见:均为权宜之计,缺乏通盘考虑,更未触及盐业财政体制,最终都因无法解决明朝廷财政需求与灶丁工本供给间的矛盾而失效,甚或没有解决灶丁工本供给的财政困境的同时,反而又引发了私盐泛滥等盐业管理的其他问题。这既反映出明代盐业政策逐渐背离了开中法济边、优商、恤灶的初衷,沦为明朝廷敛财的工具,也使明廷盐业管理在顾此失彼、左支右绌的窘境中尽显其僵化与无力。

三、控制盐业生产

盐商介入两淮盐场后,逐渐控制了盐业生产领域。盐商对盐业生产领域的控制主要体现在以下两个方面,即控制锅䥕、亭池和控制草荡。

(一)从国家手中接控锅䥕、亭池

明清两淮盐场中,淮南盐场采用的是煎盐法,淮北盐场采用的是晒盐法。其中煎盐使用的工具为盘铁。关于盘铁的构造,宋应星《天工开物》中的记载为:"盘周阔数丈,径亦丈许,用铁者,以铁打成叶片,用铁钉栓合,其底平如盂,其四周高尺一寸,其合缝处一经卤汁结塞,永无隙漏。其下列灶燃薪,多者十二三眼,少者七八处,公煎此盘。"①由此可知,盘铁体积庞大,适合集体煎作,因为由数块铁叶合成,每片之间用铁钉铆合,经卤汁弥缝,因而结实耐用,其缺点是笨重。后来出现了体积较小的盘铁,据明人陆容记述:"大盘八九尺,小盘四五尺,俱由铁铸,大止六片,小则全片。"②

灶户根本没有能力置办如此笨重而庞大的灶具。朝廷对铁实行严密的控制,灶户煎盐所用的炊具也只能由专门的铸造局供应,灶户不得私铸。《明经世文编》中记载:"查得淮南安丰诸场,盐出于煎烧,必藉用盘铁……盘铁原有定额……非灶户所能私专置造也。"③

盘铁由国家统一拨给灶户。若盘铁破损,国家有义务铸造新的,以方便灶民煎盐办课。如弘治元年(1488),巡盐御史史简因富安等场的盘铁年代久远而残破不堪,影响到灶民置办盐课,上奏朝廷出资添铸新的盘铁,发放给盐场灶民。"富安等场盘铁俱系洪武、永乐中铸造,年久破坏,虽屡奏铸,未有成就。每遇旺煎时月,各灶输煎多被富豪久占,贫灶无因煎鬻,渐有自置锅䥕人。又挟诈恐吓,力虽有余,器具不足,宜课额之亏也。"④每一角约用铁三千斤,加上铸造工价,每一角约用银二十六两。铸造新的盘铁所需经费,从运司库和批验所中支取。"将运司赃罚、纸价银两令查数拘集,经济人匠依时估买铁铸造,如银不敷,以仪征批验所变卖余盐价银内支用。"⑤次年,御史史简离任后,御史张贞筹到铁炭价银一万二千四百六十余两,委官监铸盘铁。嘉靖六年(1527),御史戴金铸造盘铁三百二十一角。

---

① 〔明〕宋应星:《天工开物》卷上,《作咸·海水盐》,明崇祯初刻本。
② 〔明〕陆容:《菽园杂记》卷十二,清文渊阁四库全书本。
③ 〔明〕陈子龙:《明经世文编》卷三百五十七,《庞中丞摘稿·清理盐法疏·疏通引盐》,明崇祯平露堂刻本。
④ 〔清〕王世球:《两淮盐法志》卷十八,《灶具》,清乾隆十三年刻本。
⑤ 〔清〕王世球:《两淮盐法志》卷十八,《灶具》,清乾隆十三年刻本。

委运司估计每角用铁三千斤,连铸造工价约用银二十六两,即于运司赃罚扣数动支,照依时价铸造四万铁盘,共三百二十一角,给与各场贫灶朋丁煎办,历年渐久损坏,仍补造给发。①

嘉靖十五年(1536),御史徐九皋命同知孙廷相铸造盘铁二百一十三角,给予掘港和石港二场盐民。嘉靖十八年(1539),潮灾过后,丁溪、草堰、小海三场损失盘铁二百三十六角。两年后,御史胡植命同知白浚铸造铁镢四百六十一口,散发给三场。"嘉靖十八年,海潮淹没、损失盘铁二百三十六角。二十年,御史胡植命同知白浚铸造铁镢四百六十一口,给与丁溪、草堰、小海三场。"②

除盘铁之外,煎盐工具还有锅镢。锅镢"形如釜而大",宋时就有,名称不同,称为"镬子"。"宋时……有镬子,乃私煎之器也。亭户小火一灶之下,无虑三十家,皆有镬,一家通夜必煎两镬,得盐六十斤,灶三百家,以一季计之,则镬子盐又百万余斤。"③明代,除官铸盘铁外,官府还铸造锅镢散给灶户,"又有锅镢,即宋镬子,以便贫灶"④。对于损坏的锅镢,官府予以重新铸造。"锅镢差小二薄,每户一口,锈蚀则重给之,盖使煎办官盐贮仓以待商支。"⑤嘉靖六年时,两淮锅镢数如下:

泰州分司富安403口,安丰416口,梁垛228口,东台无,何垛53口,丁溪227口,草堰160口,小海74口,角斜无,栟茶无;通州分司丰利113口,马塘无,掘港52口,石港99口,西亭无,金沙432口,余西442口,余中72口,余东130口,吕四127口;淮安分司白驹11口,刘庄59口,伍祐无,新兴10口,庙湾11口,兴庄、莞渎、板浦、临洪、徐渎俱无,凡3118口。⑥

但绝大多数时候,国家不能及时补给盘铁和锅镢。嘉靖年间,御史雷应龙

---

① 〔明〕杨洵、陆君弼:《扬州府志》卷十一,《盐法志上·盐法考》,载《北京图书馆古籍珍本丛刊25》(史部·地理类),书目文献出版社,1988年,第197页。
② 〔清〕王世球:《两淮盐法志》卷十八,《灶具》,清乾隆十三年刻本。
③ 〔清〕王世球:《两淮盐法志》卷十八,《灶具》,清乾隆十三年刻本。
④ 〔清〕王世球:《两淮盐法志》卷十八,《灶具》,清乾隆十三年刻本。
⑤ 〔清〕王世球:《两淮盐法志》卷十八,《灶具》,清乾隆十三年刻本。
⑥ 〔清〕王世球:《两淮盐法志》卷十八,《灶具》,清乾隆十三年刻本。

查访两淮盐场时,发现盐场生产工具多因维护不力毁坏严重,急需补给。"访得各场灶丁逃移甚多,卤池下欠开浚,上乏苫盖,草荡多被势豪侵占开垦为田,或取草载船发卖,盘铁缺坏,灶房倒塌,俱不修整,亦有因欠私债将弟男并卤池、埒场准折与人者。"①若国家不能及时补给的话,灶民逐渐私自置办锅镬。如嘉靖年间掘港场盘铁114角,锅镬63口。②庙湾场明初盘铁64角,嘉靖间只存5角,镬11口。③"每遇旺煎时月,各灶输煎,多被豪灶久占,贫灶无由煎者,自置锅镬。"④

嘉靖二十八年(1549),御史陈其学指出,不但贫灶被迫私自置办锅镬,富灶更是通过私置锅镬以达到私煎、私贩的目的。"富灶者私置锅镬,额外煎烧,贫难者坐视无为,逃移相继。"⑤隆庆年间,庞尚鹏指出灶民私自置办锅镬、亭池的现象十分严重。"查得淮南安丰诸场,盐出于煎烧,必藉用盘铁,淮北白驹诸场,盐出于晒,必藉用池,然盘铁原有定额,池原有定口,非灶户所能私专置造也。今则家家增镬,户户开池,场官畏而不敢问,司官远而不及知,私晒、私煎日增月盛。盖不知私盐之积,将何所纪极也。失此不治,而规规于私盐之缉捕,譬诸治水,泉源方渗,丸泥可封,洚水横流,则千防莫障矣。"⑥庞尚鹏道出了灶民置办私锅、私镬的来龙去脉,以及严重后果。它不但加剧私盐困扰正盐的问题,而且导致盐场社会发生深刻的变化。一部分灶户通过贩私而迅速累积财富成为富灶,他们凭借手中的财富侵占其他灶户的草荡、亭场等生产资料,加速灶户内部的贫富分化,使大多数贫弱灶丁更加贫困,最后沦为富灶的雇佣劳动力。

臣细加咨度,访之贫灶,极陈时弊,谓在嘉靖三十年,旧盘损坏,告官修理,富灶奸商合谋作弊,始告于官曰:盘铁重大而难于修补,锅镬轻省而便于置造,且盘煎之盐青,而锱锅镬之盐白而洁,商人有取舍焉,官司听其便宜而许之,锅镬之兴始于此。然犹官有防禁也,继而富灶与经纪合谋,再白于官曰:锅镬虽容置买,但铁冶住在镇江,隔越长江之险,置买甚难,乞要召

---

① 〔明〕朱廷立:《盐政志》卷十,《禁约》,明嘉靖刻本。
② 〔明〕崔桐:《重修如皋县志》卷五,《官政·盐筴》,明嘉靖三十九年刻本。
③ 〔清〕冯观民:《阜宁县志》卷五,《财政志·盐法》,清乾隆年间抄本。
④ 《明穆宗实录》卷二十六,"隆庆二年十一月丁巳"条。
⑤ 〔明〕朱廷立:《盐政志》卷七,《疏议》,明嘉靖刻本。
⑥ 〔明〕陈子龙:《明经世文编》卷三百五十七,《庞中丞摘稿·清理盐法疏·疏通引盐》,明崇祯平露堂刻本。

匠开铺于扬州,就近买办,免遭覆溺,官司又堕其可欺之方而信之,遂召铁匠就白塔河开场鼓铸,而擅买私镰者,明目张胆而为之,纵横络绎,荡然而莫之禁矣。是以各场富灶家置三五锅者有之,家置十锅者有之。贫灶为之佣工,草荡因而被占,巨船兴贩,岁无虚日。①

他进一步指出,富灶煎置私盐的数量和速度很惊人。"问其一锅日煎火盐几何? 谓每锅一伏火可得火盐一大桶。一伏火者,一日一夜也,一桶者,以斤计之,可得二百余斤也。夫一锅日计火盐可得二百斤,则十锅一日可得二千斤,百锅可得二万斤,各场终岁殆莫计其几千百万矣。"②对此,庞尚鹏认为解决的办法是将铁匠遣送回镇江原籍。"今欲将铁匠即日递回镇江原籍,不许留住扬州开铸,以绝其私煎之具,各分司官督令各场官吏亲诣各灶,督同总催、灶头逐场逐户查报砖池若干,私池若干,盘铁若干,官镰若干,私镰若干,尽数开申,以凭酌量每场用盘几口,用镰几口,计壹场额盐若干,该用镰若干,如盘铁不便煎烧,从宜易以锅镰亦可也,但须官为置造,每壹官镰必运司花押,无花押则为私镰。置私镰者比照私盐千斤坐以重罪,有犯而不举者,则同灶连坐,本场官吏坐赃并究,至于晒盐场分私筑盐池者,尽行填塞。每岁巡盐御史出其不意,倏委一官行查,庶几法禁严,而私盐绝,私盐绝,而兴贩息矣。"③不过,将铁匠遣送回镇江原籍只看到了私煎、私贩的表面原因,没有触及深层次的原因,也难以起到抑制私盐的效果。

万历四十五年(1617),随着纲盐法的推行,灶民盐课改纳折银,从此国家不再收纳实物盐,这给盐场社会带来重大的变化之一是,"盐不复入官仓,皆商自行买补,于是官铸盘铁锅镰之制遂止"④。煎盐所需灶具改由商置,体轻费省的锅镰逐渐取代了笨重的盘铁。"盘铁工大费重,不能添设,惟锅镰则众商出资鼓铸,然亦必请于官,然后造作以应灶用。"⑤如泰州分司富安场原盘铁 1 副,今

---

① 〔明〕陈子龙:《明经世文编》卷三百五十七,《庞中丞摘稿·清理盐法疏·疏通引盐》,明崇祯平露堂刻本。
② 〔明〕陈子龙:《明经世文编》卷三百五十七,《庞中丞摘稿·清理盐法疏·疏通引盐》,明崇祯平露堂刻本。
③ 〔明〕陈子龙:《明经世文编》卷三百五十七,《庞中丞摘稿·清理盐法疏·疏通引盐》,明崇祯平露堂刻本。
④ 〔清〕王世球:《两淮盐法志》卷十八,《灶具》,清乾隆十三年刻本。
⑤ 〔清〕王世球:《两淮盐法志》卷十八,《灶具》,清乾隆十三年刻本。

存1角,锅镦1920口;安丰场原盘铁26角,续置1副,今存1角,锅镦3858口;梁垛场原盘铁543角,今存294角,锅镦169口;东台原盘铁74副,今存33角,锅镦804口;何垛场原盘铁1副,今无存,锅镦2594口;丁溪场原盘铁无存,锅镦原860口;草堰场原盘铁无存,今置5角,锅镦132口;角斜场原盘铁无存,锅镦1372口;栟茶场原盘铁7角,今存1角,盘铁1878口。①

但国家即便不再收盐,有时候也会铸造一些盘铁、锅镦送给贫灶。如乾隆八年(1743),运使朱续晫考虑到各场贫灶无力置办锅镦,于是请求先借用商捐银1160两,铸造100副锅镦,分发给各场,其中泰州分司分到60副,通州分司分到40副。所花费的钱,"俟煎出盐斤每桶于盐价内扣银五分存场汇解归款"②。乾隆十一年(1746),为了生产出更多的盐,"资广产而备储蓄",两淮盐政吉庆上奏添铸盘角,共铸造27副,其中发给泰州分司梁垛场13副,伍祐场8副,富安场1副,安丰场1副,东台场2副,何垛场1副,刘庄场1副。③

锅镦由盐商铸造的规定,扩大了盐商在盐场社会的活动空间,为盐商掌控盐业生产所需的锅镦、亭场、草荡和灶民提供了契机。在现实中,盐商常常不遵守规定,灶民也往往不顾禁令私自置办锅镦。雍正六年(1728),江南巡察御史戴音保提到灶户私置盘铁与锅镦之事。"灶户临烧,则向本商领取旗号,举火则扯旗,息火则偃旗,垂为定例。又有巡查之人,往来场灶间,用防息火之后复又私煎。……近来灶户每多私置盘镦,而火伏又不稽查,是以任意煎烧,每多溢出之数。"④所以,他请求,"盐法官将在场盘镦彻底清查,再严火伏之法",以期望"务使烧出之盐尽入商垣,毋许颗粒私卖"⑤。

盐商拥有置办锅镦的权力后,灶民煎卤晒盐需向盐商租借,这便于盐商控制盐业生产。如小海场盐商控制了所有的锅镦、亭场。"本场镦皆商置,而各灶从无一镦。"⑥又如,"自改折后,官不收盐,听商自行交易,而灶户遂凭商与亭主招募。殷实之户自置亭场、锅镦,尚可操纵由己。本场四灶,计一百四十一

---

① 〔清〕蔡复午:《东台县志》卷十八,《考十二·盐法》,载《中国地方志集成·江苏府县志辑》,江苏古籍出版社,1991年,第494页。
② 〔清〕王世球:《两淮盐法志》卷十八,《灶具》,清乾隆十三年刻本。
③ 〔清〕王世球:《两淮盐法志》卷十八,《灶具》,清乾隆十三年刻本。
④ 〔清〕王世球:《两淮盐法志》卷十八,《灶具》,清乾隆十三年刻本。
⑤ 〔清〕王世球:《两淮盐法志》卷十八,《灶具》,清乾隆十三年刻本。
⑥ 〔清〕林正青:《小海场新志》卷八,《风俗志》,载《中国地方志集成·乡镇志专辑17》,江苏古籍出版社,1992年,第229页。

户,皆下贫,其亭、锹俱商置,供灶晒煎。未煎支值,既煎积欠,灶有克减之苦,商有挂搭之累,两受其害,积习已久,不能骤更"①。

乾隆年间,小海场共有锅锹87副,皆场商报官自铸。这87副锅锹分别是盐商李大安占24副、张大德占20副、汪森德占13副、吴公大占10副、朱恒字占10副、金逢原占10副。② 凡亭场由灶户自置者曰灶亭,由商人出资代置者曰商亭,"新兴煎亭旧多商置",乾隆年间,运使卢曾考虑到"灶为商佃,定商亭灶赎一案,议虽定,而未及践行"③。嘉庆《两淮盐法志》记载,泰州分司在乾隆二十年左右,所属十一场中除富安、安丰、梁垛、东台、丁溪、刘庄、伍祐等七场仍为灶亭外,其他四场,"草堰、小海、新兴三场,灶户亭锹十不及一,余皆场商价置,自行招丁办煎",庙湾一场,则"亭池全属商置"④。道光十年(1830),陶澍曾指出:"两淮池锹,半系灶产。"⑤魏源则说:"淮南……大抵场商(之商亭)十居五六,垣商与灶亭各居十二。"⑥

(二)荡地买卖争夺中的赢家

杨国桢先生认为中国封建社会的土地所有权,不是完全的、自由的土地所有权,它的内部结构是国家、乡族两重共同体所有权与私人所有权的结合,其中乡族所有权体现为对内部成员土地财产转移的"先买权"设定等。⑦ 原则上讲,盐场荡地属官地的一种,产权归朝廷所有,管理权则归盐场盐课司,灶丁有使用权而无处置权、继承权。⑧ 笔者认为盐场荡地所有权内部结构也是多个主体所有权的结合,其中国家所有权和私人所有权表现得明显,而"总"所有权较为隐蔽,在荡地转移中本总优先买、赎权时方才体现。"总"本是指团总生产组织与盐课催征单位,雍正十二年团总组织废止后,逐渐演变成地名,进而形成以草荡

---

① 〔清〕林正青:《小海场新志》卷五,《户役志》,载《中国地方志集成·乡镇志专辑17》,江苏古籍出版社,1992年,第210—211页。
② 〔清〕林正青:《小海场新志》卷五,《户役志》,载《中国地方志集成·乡镇志专辑17》,江苏古籍出版社,1992年,第213页。
③ 魏俊、任乃赓:《续修兴化县志》卷四,《实业志·盐场》,载《中国地方志集成·江苏府县志辑》,江苏古籍出版社,1991年,第505页。
④ 〔清〕单渠、方浚颐:《两淮盐法志》卷二十七,《场灶一·草荡》,清同治九年扬州书局重刻本。
⑤ 〔清〕王定安:《两淮盐法志》卷一五五十五,《杂记门·艺文三》,清光绪三十年刻本。
⑥ 〔清〕魏源:《古微堂集》外集卷七,《筹鹾篇》,清宣统元年国学扶轮社本。
⑦ 杨国桢:《明清土地契约文书研究》(修订本),中国人民大学出版社,2009年,第4页。
⑧ 刘淼:《明代盐业土地关系研究》,《盐业史研究》,1990年第2期。

为中心的互助团体。①

明初,规定草荡所有权归国家,灶民只有使用权,故而不得私相授受,只有在清审灶户时才对草荡进行调整。"盐场灶荡,自昔按丁分给,原属安置卤丁,为煎盐办课之地。旧制灶户按荡完纳本色引盐,五年一次清审,削除故绝,佥补新丁,不但不许商夺灶利,民占灶业,即本场本总之灶,非逢清审,亦不得私相授受。"②但两淮盐场草荡至迟在成化年间就进行了买卖,而买卖有时和侵占难以区分。"各场草荡与诸州县相邻,民多侵占,垦为田。弘治元年,御史史简奏请踏勘。"③盐场荡地买卖成风,情况又十分复杂,按照买卖双方的身份划分,有的是本总灶民之间的买卖,有的是本总灶民与隔总灶民之间的买卖,有的是灶民与州县民之间的买卖,有的是灶民与场商之间的买卖,等等。按照买卖的性质划分,有出租、典当、活卖、绝卖等。乾隆十年(1745)九月,盐政吉庆采纳伍祐场大使丁灿的建议,对于各类买卖予以规范:"令将各场引荡在本总租典,应听自便;其从前隔总卖绝与灶者,仍听买者执业;未卖绝者许其回赎;若典卖与民者,悉令回赎;若本户无力,许其另觅本总,照依时价三面会赎煎办;惟卖与场商及别属灶户,未经议及。"④

角斜场大使金陞指出,场商从赴盐场卖运盐,到在盐场置办亭场、招募盐丁煎办的过程,给盐场社会带来的一个变化,是由起初向灶民购买草薪到运用资本兼并贫弱灶民的草荡。这种与灶民争夺利益的举动导致灶民失业后逃离盐场,所以他主张严禁草荡在灶民与场商之间交易。"查场商原止令其赴场买运,间有商置亭场,募丁煎办,亦必于间荡起造买草供煎,并未许场商兼并草荡,与灶夺利,致灶户失业流移,贻日后勾补无凭,征粮莫考之病行。"⑤盐运使朱续晫、淮扬海道叶存仁认为,盐场灶户之间任意典卖荡地的不良后果,是灶户户籍混乱不清,盐场荡地被大量开垦为熟田,甚至激发民灶之间的纠纷,争讼不已。"自本色改征折价,审丁停止不行,而后灶户任意典卖荡地,高抬盐草,几忘身隶何籍,荡自何来,不论商民及本属、别属,得价即售,灶丁脱漏版籍,灶荡垦为熟

---

① 徐泓:《清代两淮盐场的研究》,台北嘉新水泥公司文化基金会,1972年,第34—35页。
② 〔清〕单渠、方浚颐:《两淮盐法志》卷四十三,《人物一》,清同治九年扬州书局重刻本。
③ 〔明〕史起蛰、张榘:《两淮盐法志》卷五,《法制二》,载《四库全书存目丛书》(第274册),齐鲁书社,1996年,第218页。
④ 〔清〕单渠、方浚颐:《两淮盐法志》卷二十七,《场灶一·草荡》,清同治九年扬州书局重刻本。
⑤ 〔清〕单渠、方浚颐:《两淮盐法志》卷二十七,《场灶一·草荡》,清同治九年扬州书局重刻本。

田,甚至民灶互争涉讼,诚宜设法清理。"①上述所列盐场灶户之间任意典卖荡地后引发的现实问题确是如此,但认为盐场灶户之间任意典卖荡地,是盐课改征折价银以后才发生的事情,显然与事实不相符合。

盐运使朱续晫、淮扬海道叶存仁指出,"窃思灶荡卖与场商,与卖与民户,微有分别,盖民户既不务煎,又不办运,其所买荡地不过图得草薪,或以□炊,或以外贩,且其荡或肥沃,即思私垦,于煎务实属有害;场商业在买补,其心本欲广产,所得引荡或买自灶户,或灶户以之抵欠,该商无不募丁樵煎,或佃租摊晒,虽业非原主,而荡仍归灶,于樵煎之事尚为无害"②。他们区分了灶民卖草荡给附近州县民人与灶户卖草荡给场商之间的不同,认为前者对煎晒盐只有弊而无一利,因为州县民人对草荡的处置没有以服务盐场需求为目的,后者对煎晒盐危害更小,因为场商即使购买兼并草荡后仍将之用于盐业生产。

> 若悉令回赎,恐奸狡之徒,冒认原主,蜂起群争,良灶未沾赎荡之惠,殷商先受讼累之苦。应酌为变通,请自丙寅年始,灶户荡地不许典卖与商,即有未清盐课,止许将荡售与邻灶,得价还商;乙丑以前,商灶交易,荡地饬令汇造清册,注明年月,典卖姓名及顷亩、荒熟、数目、契载,回赎者照本归原,绝契权听商管,俟本商转售时,仍卖与灶,不许别售于商。倘日后查出册内无名,无论活契、绝卖,即令原主照本回赎。如继后灶户仍以荡地售商,及场商以灶荡转售于商民,均照盗卖官地律治罪。至场商于活契价买荡内所置亭场,荡既灶赎,应令灶户估偿其值,其别属灶户寄籍买荡樵煎,与本灶无异,活契许赎,绝契不准回赎。若不事煎办者,活契令原主取赎,绝契按引派锹煎盐,如不愿煎盐及原主无力,听觅本总欲复业之煎丁,照依时价,三面会赎。③

他们认为一刀切式的做法,即全部让灶民回赎是不现实的,若强行执行的话,反倒会加剧盐场社会的问题。故他们在重申严禁草荡买卖的基础上,对于商灶间草荡交易的既成事实,采取分年限进行处理的办法:乾隆十年以前的商

---

① 〔清〕单渠、方浚颐:《两淮盐法志》卷二十七,《场灶一·草荡》,清同治九年扬州书局重刻本。
② 〔清〕单渠、方浚颐:《两淮盐法志》卷二十七,《场灶一·草荡》,清同治九年扬州书局重刻本。
③ 〔清〕单渠、方浚颐:《两淮盐法志》卷二十七,《场灶一·草荡》,清同治九年扬州书局重刻本。

灶草荡买卖,若灶民是活卖的话,允许赎回,若是绝卖的话,则听任场商管理,但场商在处理此草荡时只能卖给灶户,不准卖给别的场商;乾隆十一年后的商灶草荡买卖,原则上允许本总灶民之间的买卖,这反映盐场荡地买卖也存在"邻里优先权",办理买卖交易需向场官申请注册。至于草荡内场商置办的亭场,亦照草荡赎买之例进行。

他们还注意到两淮盐场草荡买卖中出现绝卖纠纷。"再查灶户交易文约,率以吐退为名,盖欲饰其违禁之罪,避其典卖之名也,习俗相沿,遂为成例。交易之后,原主以契无绝卖,理时买主以契有'永远为业'字样,执以坚拒,由此争讼不已。今请嗣后本灶交易荡地,或回赎或绝卖,及荡之或熟或荒,与丈尺四,至务于成交以前,面同丈确,逐一明载契内,不得仍前含糊,并饬场员照契录入印簿,以备稽查。"①买卖双方签订的契约中并无佃卖或绝卖字样,而是以吐退为名,所以卖主会再向买主索要钱财,理由是他并未绝卖,而买主则认为契约中已经有"永远为业"字样,这就表明是绝卖。双方对同一份契约的不同理解导致纠纷,甚至诉讼到官府。名实不符的契约书写是盐场社会民间人士私自交易草荡以规避官府稽查的做法,这给官府处理此类纠纷增加了难度。"其从前所立吐退文约,如遇控赎,按在五年以内则买主得利,有限应令将折席画字拔根,中税等费,于原价外照数偿还,方准取赎;如五年以外,买主已得花利,应听原主照原价取赎。若有筑亭开沟用费培植者,仍令中牙估值偿还。至灶户隔总交易,草荡止许活契出典,载明回赎年限,不许卖绝。自丙寅年起,隔总新立文契,虽有绝卖字样,事发到官,仍作活契断赎。"②故他们对灶户间的买卖规定如下:不准绝卖;即便是绝卖,在诉讼时亦当作活卖处理。

但是,盐政吉庆不同意盐运使朱续晫、淮扬海道叶存仁处理场商与灶民买卖草荡的办法,认为场商购买灶民的草荡危害极大。"详经盐政批开,灶户官给荡地,禁止典卖,定例昭然。场商虽志在广产,究属身隶民籍,樵煎之利既归于商,则失业之害仍中于灶。若契载绝卖者,必俟本商转售,始听原主回赎,是贫灶终无复业之人,且商买引荡既多,将来未必尽留蓄草,朦混私垦,弊难究诘,殊非正本清源之道。"③出于对两淮灶民根本利益的考虑,他主张应该一律令灶户

---

① 〔清〕单渠、方浚颐:《两淮盐法志》卷二十七,《场灶一·草荡》,清同治九年扬州书局重刻本。
② 〔清〕单渠、方浚颐:《两淮盐法志》卷二十七,《场灶一·草荡》,清同治九年扬州书局重刻本。
③ 〔清〕单渠、方浚颐:《两淮盐法志》卷二十七,《场灶一·草荡》,清同治九年扬州书局重刻本。

赎回卖给场商的草荡，规定"所有乙丑以前买卖荡地，本属违例，姑宽治罪外，契载回赎者，不拘年限，准照原价回赎。契载绝卖者，统限五年为满，听原主照契内原价回赎，原主无力，听本场灶户赎回。俟原主有力时，自向本场灶户取赎，场商不得以时值价贵契外勒掯。其有年分久远，人更数代者，查明实系原主子孙，概听回赎。否则照冒认他人田宅律治罪，余如详行"①。盐政吉庆作出上述规定，旨在维持两淮盐场社会的基本生产条件。至乾隆十九年（1754），盐政吉庆还重申了乾隆十年时对于通泰两分司所属盐场内私自买卖荡地之事处理的规定。

  凡有将荡地典与民人，及民人受典者，限一月内许其赴场自首，令本户照原价回赎，倘本户无力，许觅本总灶户会赎煎办，免其究治行。据各属将遵办原由，造册申报，由运司卢见曾具详，盐政批开。凡灶户将草荡绝卖与民者，自应照契赎回，复归灶业，然必须原主，倘原主无力，或原主已无可考，令民人将草荡照依时价，卖与本场别灶，既卖之后，即实系原主，亦不准回赎。将从前本户无力许其另觅本总，三面会赎之条删除。绝卖与商者，亦仍听原主照契内原价回赎，倘原主无力，权听商管，俟原主有力日，再向回赎。若原主并无子孙，他人不得诈冒混争，令该商于转售时，仍卖与本场别灶，不许复卖与商。将从前原主无力，听本场灶户赎回之条删除。原主有力无力，赎与不赎，总以乾隆十九年岁底为限，自此清厘以后，如灶户仍以荡地售与民商，及商民仍敢价买灶荡者与受，均照律治罪，契价、荡产一并入官。②

  乾隆二十年（1755）十月，江苏巡抚庄有恭在条奏文中指出泰州分司所辖盐场出现新的现象，即灶籍户下之灶民并不都是从事煎盐者，他们有的脱离了盐业生产，而盐场煎盐亭场并不都是灶民所有，有的为场商兼并占有。在分摊新涨荡地时按照何种标准成为棘手的问题。庄有恭的处理标准是不论民灶户籍，根据拥有亭池、锅镦等生产工具与否来确定是否享有报升荡地的权力，这样有利于场商分到新涨的荡地。

---

① 〔清〕单渠、方浚颐：《两淮盐法志》卷二十七，《场灶一·草荡》，清同治九年扬州书局重刻本。
② 〔清〕单渠、方浚颐：《两淮盐法志》卷二十七，《场灶一·草荡》，清同治九年扬州书局重刻本。

泰分司所属十一场,丈出新淤八千六十一顷八十一亩零,原应给各灶户报升,但版籍灶户并不尽业煎盐,见在煎盐亭场亦不尽皆灶业,自应分别给升。查富安、安丰、梁垛、东台、丁溪、刘庄、伍祐等七场亭场,俱系灶业,所有新淤沙荡,自应按各本场灶户,见在亭池面口匀派给升。至草堰、小海、新兴三场,灶户亭镬十不及一,余皆场商价置,自行招丁办煎。庙湾一场灶户止有一亭,亦未开煎,专以贩草渔利,亭池全属商置,该场灶户既不业煎,场商自我朝顺治初纪,即已建亭招丁办盐□引,百年以来世业相承,即与本地灶籍无殊。此四场所有新淤,应请无论为商、为灶,俱按见在煎办亭镬均匀酌配管业。无亭镬者虽系灶籍,不准给升。如有借灶强占者,按律治罪。则场商之自置亭镬者,俱各有草可刈,不须重价购买,倘恐日久商占灶业,则令地随亭镬转移。如该商亭镬歇闭,即将原给荡地另给接开亭镬之人。倘版籍灶户向不业煎者,肯自置亭镬办盐,查淤地甚多,因草未旺盛,未经会丈,嗣后草渐蕃芜,亦即照例拨给,部议覆准照行。①

总之,两淮盐商(更明确地说是场商)通过控制锅镬、亭池、草荡等盐业生产资料,进而控制了两淮盐业生产领域。他们把持盐业生产,一方面有利于改进制盐技术,如乾隆十九年(1754),掘港场盐商吴永琮发明了既节省火力又增产量的煎盐方法。"吴永琮,字廷璧,歙人,业盐掘港场,旧制煎盐以镬,二口得一火伏,得盐二桶有奇,乾隆十九年,永琮上书盐政吉庆,请增镬一口,热卤煎镬,盐成后镬卤熟,草省而盐增五分之一,试之效,遂下其法于诸场。"②另一方面加剧了商灶间的矛盾。如刘庄场有滩地五千四百三十二亩,为盐商刘永和报领开垦,由此拉开了灶民之间多年的争讼,最后的解决办法是,留滩地三百余亩作为地方义冢之用。③

民国初年,在政府废煎改垦政策背景下,新兴的公司替代传统的场商,成为盐场新的控制者,商灶之间的矛盾也演变为公司与灶民之间的矛盾,最突出的

---

① 〔清〕单渠、方浚颐:《两淮盐法志》卷二十七,《场灶一·草荡》,清同治九年扬州书局重刻本。
② 〔清〕单渠、方浚颐:《两淮盐法志》卷四十四,《人物二·才略》,清同治九年扬州书局重刻本。
③ 魏俊、任乃赓:《续修兴化县志》卷八,《善举志·义冢》,载《中国地方志集成·江苏府县志辑》,江苏古籍出版社,1991年,第567页。

表现是大纲公司与新兴场北七灶民的斗争。"民国三年,淮南设垦务局,办缴价升科,而新兴垣商尽以北七灶业售与大纲公司,由是历来商灶之争一变而为主客之争。邑人刘障东著《商灶剧争索引》一书,以发其蕴,扰攘连年,事始平息,以四成之地归公司,六成之地归灶民,而北七灶人遂脱于盐法之羁轭。同时,泰和、大祐两公司亦购地于伍祐滨海之区,兼取得场商地位,由是公司再为灶民之桎梏。"①从某种程度上说,它是传统荡地使用权争夺的延续。

第二节　盐商介入管理领域

一、收储灶盐

明洪武初年规定:凡煎盐处便设盐仓,凡所办之盐也必入于仓。灶户额盐之外所产余盐也必须由官府收买入仓,不得私自出卖,否则以贩卖私盐罪论处,盐入官仓就是统治者从源头上防范私盐的一项重要措施。当然不同的盐区对盐仓的称谓也各异,"堆盐所,在山东、长芦谓之坨;河东谓之料台;两淮谓之垣,亦谓之栈;两浙谓之廒;广东、奉天谓之仓;福建称大者为仓,小者为廒。名虽不同,其用则一,悉收以靖私,广储以便民,不惟备霖潦供求,亦盐以积久为良也"②。尽管各地区盐仓的称谓不同,但是用途相同,目的也主要是将灶户所煎作之盐全部收入盐仓,以防止私盐的透漏。

后来或因官府未及时修缮,不少盐仓逐渐地倒塌了,盐课改折对盐仓也产生了直接的影响。嘉靖《两淮盐法志》记载,"两淮岁额盐七十万五千一百八十引,除开豁逃亡及改征折色外,实征本色食盐三十七万三千二百余引耳。视之岁额仅仅强半"③。也就是说两淮有近一半的盐课改成折收银两。而据《福建鹾政全书》中记载"折征银米,其仓遂至倒废"④,盐课折银的过程也就是官不再收盐的过程,同时也是政府不再出资修缮、官府所建盐仓逐步倒塌的过程。

官仓失修或塌废易于引发私盐问题。就盐民而言,盐仓倒废之后,大量盐斤无处置放,迫于生计,他们难免不向盐商透私。像闽浙总督孙尔准所说:"灶

---

① 胡应庚、陈钟凡:《续修盐城县志稿》卷四,《产殖志·盐灶》,载《中国地方志集成·江苏府县志辑59》,江苏古籍出版社,1991年,第410页。
② 周庆云:《清盐法志》卷三十九,《场产十五·积贮一》,洪宝斋石印本,1928年。
③ 〔明〕史起蛰、张榘:《两淮盐法志》,《两淮盐法志》卷五,《法制二》,明嘉靖三十年刻本。
④ 〔明〕周昌晋:《福建鹾政全书》卷上,《盐仓》,明天启活字印本。

户皆系沿海贫民,勤劳力作。知其终归融消,势难久贮,于是减价售私,弊端百出。"①对盐商而言,盐仓颓坏也促使他们贩私盐。"各商既资本缺乏,兼以盐仓塌废,无可收贮,遂以临时采卖为捷径,而置收晒之旧章于不问。"②在临时采买中很容易滋生私盐的贩卖问题。于是万历四十五年袁世振推行纲盐法时,明文规定官府不再收盐。官修盐仓不复存在,代之而起的是盐商出资在盐场设置的收储盐的公垣。"官煎之法,灶丁逃亡消耗,万难举行,为今之计,莫如令各盐场设立公垣。"③除确立盐商可以世世代代垄断盐利外,纲盐法还以法律条文的形式明确规定今后国家不再收盐。"万历四十五年,盐引改征折价,盐不复入官仓,皆商自行买补。"④从此盐商(尤其是场商)也相应地承担起管理基层灶户产盐和收盐的事务。盐商与灶民之间的关系更加紧密化。

清承明制,纲盐法自确立之后一直持续到道光年间陶澍在淮北推行票盐法为止。顺治十七年(1660),两淮巡盐御史李赞元曾建议设公垣以杜场私。⑤"臣稽往制,各场原有铁盘,灶户皆官丁,立有团煎之法,场分几团,团分几户,轮流煎纳丁盐,即交官仓收贮,其不在团煎并贮于私室者,即作私盐问遣。今灶户已输折价,不纳丁盐,官煎之法废弛已久,所以多寡听其自烧,管私由其自卖。舍源而问流,私贩之禁终属无益。……官煎之法,灶丁逃亡消耗,万难举行,为今之计,莫如令各盐场设立公垣。"⑥康熙十六年(1677),两淮巡盐御史郝浴指出,"查淮南诸商半取给于安丰等五场,而淮北止在板浦等一二场,其余各场之盐无人买补势必尽售于私。杜私之法宜自此起,应令三分司转饬各场建立公垣,场官专司启闭"⑦。他针对场私要求在盐场设置公垣以收储盐。在盐场设立公垣的规定,在乾隆十五年列为户部则例⑧,"以杜灶丁私卖之弊"⑨。根据记载,嘉庆时期两淮盐场所设公垣数目如下:通州分司所属的丰利场2所,掘港场38所,石港和马塘场共1所,金沙和西亭两场1所(原有7所),吕四场5所,余

---

① 周庆云:《清盐法志》卷四十,《场产十六·积贮二》,洪宝斋石印本,1928年。
② 周庆云:《清盐法志》卷四十,《场产十六·积贮二》,洪宝斋石印本,1928年。
③ 周庆云:《清盐法志》卷一,《通例·场产门》,洪宝斋石印本,1928年。
④ 〔清〕单渠、方浚颐:《两淮盐法志》卷十六,《灶具》,清同治九年扬州书局重刻本。
⑤ 〔清〕王定安:《两淮盐法志》卷一百三十七,《职官门·名宦传下》,清光绪三十年刻本。
⑥ 周庆云:《清盐法志》卷一,《通例·场产门》,洪宝斋石印本,1928年。
⑦ 〔清〕佚名:《两淮鹾务考略》卷十,清抄本。
⑧ 〔清〕延丰:《重修两浙盐法志》卷十四,《律例二·现行则例》,清同治刻本。
⑨ 〔清〕官修:《清文献通考》卷二十八,《征榷考三·盐》,清文渊阁四库全书本。

西和余中两场2所,余东场3所,角斜场19所,栟茶场18所;泰州分司所属的富安场7所(原有37所),安丰场28所(原有132所后存),梁垛场13所(原有36所),东台场12所(原有30所),何垛场15所(原有52所),丁溪和小海两场27所,草堰和白驹两场15所,刘庄场2所(原有4所),伍祐场8所,新兴场2所(原有6所),庙湾和天赐两场3所(原有4所);海州分司所属板浦和徐渎两场2所(原有3所),中正和莞渎两场4所,临兴场22所。① 但是世易时移,"今多圮废且场灶迁徙,大异于昔"②。所谓"公垣",还是由场商出资修建的,后来公垣多更名为商垣,"大抵皆商自为垣,非盐仓之旧矣。然自公垣既立,灶户所煎之盐悉归垣商收买"③。

二、享有稽查私盐的特权

除让灶头、灶长管理两淮盐场外,为防范灶头、灶长纵容舞弊,清廷设立巡商、巡役协助灶头、灶长稽查火伏。清廷出资为巡商、巡役配备船、驴等交通工具,提供工食费。"灶长、灶头均属同灶丁户,恐其捏改火伏时候有等,奸顽灶丁或起火于领牌之先,或伏火于缴牌之后,匿盐济贩,无可稽考。复招募熟谙盐务之消乏商裔,充为巡商一名,带巡役二名,分派灶地,各给公费并船驴等,逐日在灶游巡,凡遇煎烧之户,必查其有无印牌,有则于循环簿内登记,无则以私煎执究。"④为了提高巡商、巡役协助督率稽查的效率,雍正六年(1728),户部答复巡盐御史噶尔泰的请求,令于"各灶适中之地搭盖草屋,令巡商率领巡役常川居住,昼夜巡查,不许寓居街市间游旷废,并验其原给巡驴、巡船,毋许虚应故事"⑤。但是,巡商参与稽查火伏的效果并不理想,"日久法弛,委商因循,巡磨懈惰,灶长作弊"⑥。至乾隆二十九年(1764),盐政高恒指出,"巡商安居街市,并不身住灶地,巡查、磨对亦不查对根单,只于照抄盐数,岁糜公项"⑦,故奏请将各场巡商、磨对全行淘汰。"查大使该管一场,较之州县地方不过一隅,果能实心经理,分司更能董率稽查,则火伏情形原在耳目闻见之内,何用巡商庞杂其

---

① 〔清〕王定安:《两淮盐法志》卷三十一,《场灶门·垣堆》,清光绪三十年刻本。
② 〔清〕王定安:《两淮盐法志》卷三十一,《场灶门·垣堆》,清光绪三十年刻本。
③ 〔清〕王定安:《两淮盐法志》卷三十一,《场灶门·垣堆》,清光绪三十年刻本。
④ 〔清〕王定安:《两淮盐法志》卷三十一,《场灶门·火伏》,清光绪三十年刻本。
⑤ 〔清〕王定安:《两淮盐法志》卷三十一,《场灶门·火伏》,清光绪三十年刻本。
⑥ 〔清〕王定安:《两淮盐法志》卷三十一,《场灶门·火伏》,清光绪三十年刻本。
⑦ 〔清〕王定安:《两淮盐法志》卷三十一,《场灶门·火伏》,清光绪三十年刻本。

间,转滋流弊？随行运司通饬各场,将巡商、磨对全行裁汰。"①清廷采用了他的建议,认为"扬商为无益,先行裁汰"②。

后来,清廷又恢复了商巡制度。还针对盐枭猖獗,"每经商巡拦阻拒捕抢劫,横行无忌,兵役追缉亦复此拏彼",清廷允许商巡随同兵役缉匪时,"准其携带鸟枪,如遇大伙枭贩持仗拒捕,准其格杀勿论,其寻常自行缉私仍照旧章办理"③。

实施商巡制度的目的在于防止灶民透漏私盐,但是由于"商巡为商所私募"④,在管理上"由商雇非官管辖也"⑤,故他们常常利用这一点而为非作歹。四川总督丁宝桢指出,书役和商巡常鱼肉小贩,"留难阻揹票贩"⑥,以致"穷民无告不得不援匪徒为护符,匪徒亦遂挟其众势为害地方"⑦。鉴于商巡的所作所为,陈文述质疑他们在缉私上所起到的作用,"兵役得规包庇在所不免,商巡之力几何？"⑧他还认为"商巡捕获私盐入店名曰功盐,作官售卖,致占额销,宜饬按斤配引遵例输课"⑨。陶澍也对商巡的作用持否定的态度,他指出"商巡报获之功盐,无非假公行私。将无课之盐先尽售卖纲食,各引安得不滞？"⑩

因为商巡并不实心稽查,常常敷衍塞责,裁革两淮商巡之议时有出现。如乾隆三十六年(1771),两淮盐运使郑大进指出,"上元、江宁二县向设商巡,原为杜私疏引起见,乃私盐仍然充斥,官引滞销,徒耗商资,所有商巡一概裁汰"⑪。又如乾隆五十四年(1789),两淮盐政全德指出,"江甘旧设商巡,相习懈弛,以致私盐充斥,官引滞销"⑫。总体而言,兵役作为清代赖以缉私的主体力量,在缉私效果上表现不佳,所以商巡制度虽然几经裁革,最终仍然得以恢复。诚如载铨

---

① 〔清〕王定安:《两淮盐法志》卷三十一,《场灶门》,清光绪三十年刻本。
② 〔清〕王定安:《两淮盐法志》卷三十一,《场灶门》,清光绪三十年刻本。
③ 〔清〕刘锦藻:《清续文献通考》卷三十六,《征榷考八·盐法》,民国景十通本。
④ 〔清〕陈文述:《颐道堂集》卷十二,《文钞·两淮盐策议》,清嘉庆十二年刻道光增修本。
⑤ 〔清〕蒋兆奎:《河东盐法备览》卷一,《盐池·铺舍》,清乾隆五十五年刻本。
⑥ 〔清〕丁宝桢:《四川盐法志》卷二十二,《征榷三·纳解·归丁》,清光绪刻本。
⑦ 〔清〕丁宝桢:《四川盐法志》卷二十四,《征榷五·票厘》,清光绪刻本。
⑧ 〔清〕陈文述:《颐道堂集》卷十三,《文钞·裴之事略》,清嘉庆十二年刻道光增修本。
⑨ 〔清〕陈文述:《颐道堂集》卷十二,《文钞·两淮盐策议》,清嘉庆十二年刻道光增修本。
⑩ 〔清〕葛士濬:《清经世文续编》卷四十二,《户政十九·会同钦差拟定盐务章程疏》,清光绪石印本。
⑪ 〔清〕王定安:《两淮盐法志》卷六十,《转运门·缉私二》,清光绪三十一年刻本。
⑫ 〔清〕王定安:《两淮盐法志》卷六十,《转运门·缉私二》,清光绪三十一年刻本。

所奏,"缉私……兵役不如商巡得力,嗣后着复商巡旧规,以杜偷漏而节靡费"①。

三、开展盐场社会慈善公益事业

盐商和灶民之间存在唇亡齿寒的关系,故两淮盐商往往会慷慨出资于慈善公益活动。

表现之一是代纳盐场灶课。顺治十八年(1661),因实施海禁政策之需,清廷遂裁革徐渎场,将之迁徙内地,尽数废毁其盘铁,其应输折价1100两,"暂令二十七场并各商均摊代纳"②。因为海滩升科,新兴场自乾隆二十一年至二十四年,"积逋甚多,亭户逃亡,课悬无着",曹莲"捐赀输官,灶始复业"。③

表现之二是出银救灾。如白驹场徽商何觉"监生,水患,三年赈米数百石"。雍正年间,伍祐场盐场汪应庚出资救灾。"汪应庚,字上章,世业淮盐,雍正中,伍祐场灾,出资赈粥凡三月,后运谷至丹徒,活饥民九万余口,事闻,特皆加光禄少卿。"④后来乾隆三年(1738),扬郡遭遇旱灾,商人汪应庚独捐赈银四万七千三百一十两。⑤ 乾隆二十四年(1759)八月,通、泰、淮三分司都遭遇潮灾,经盐政高恒疏请,先行抚恤一个月,共给银21826余两;后又因时值寒冬,盐政高恒又奏请折给一个月口粮,清廷批准允行,规定"所有抚恤各项均出商捐,奏明毋庸开销正款"⑥。乾隆四十六年(1781)秋,海州分司所属的板浦等三个盐场遭遇潮灾,淮北众商恳请借动海州板浦盐义仓谷12500余石赈济灾民,"捐给一月口粮,分年带完归款;并公捐银四千两,于各场适中之地,分设粥厂,于本年十二月十五日起至明春正月十五日止,煮赈一月;修理盐池银两亦系商捐奉,旨允行";同年十月,两淮盐政图明阿指出,通州分司所属的余东和余西二场"被水成灾七分,已蒙恩照例赈恤,所有亭场煎舍,淮南众商公捐修葺银二千六百二十两有奇,经户部议覆,奉旨依议速行"⑦。乾隆五十一年(1786)夏秋两季,海州分

---

① 〔清〕徐宗亮:《重修天津府志》卷一,《纪一·皇言一》,清光绪二十五年刻本。
② 〔清〕林正青:《小海场新志》卷六,《额征志》,载《中国地方志集成·乡镇志专辑17》,江苏古籍出版社,1992年,第217页。
③ 〔清〕陈玉树、龙继栋:《盐城县志》卷十二,《人物志三·流寓附》,载《中国地方志集成·江苏府县志辑59》,江苏古籍出版社,1991年,第230页。
④ 〔清〕陈玉树、龙继栋:《盐城县志》卷十二,《人物志三·流寓附》,载《中国地方志集成·江苏府县志辑59》,江苏古籍出版社,1991年,第230页。
⑤ 〔清〕王世球:《两淮盐法志》卷三十九,《杂志一·捐助》,清乾隆十三年刻本。
⑥ 〔清〕单渠、方浚颐:《两淮盐法志》卷四十二,《捐输三·灾济》,清同治九年扬州书局重刻本。
⑦ 〔清〕单渠、方浚颐:《两淮盐法志》卷四十二,《捐输三·灾济》,清同治九年扬州书局重刻本。

司所属的板浦等盐场遭遇水灾,所幸"勘不成灾,折价钱粮照例递缓",据盐政征瑞所说,中正和莞渎等盐场,应给坍头修费银 981 两和借修池面银 2939 两,"俱系淮北众商公捐赈恤"①。嘉庆《东台县志》中记载嘉庆十年大水,栟茶场"盐商江正泰、承裕、春元共钱一百六十缗,典商汪道生八十缗";梁垛场"盐商程起茂一千缗、汪德兴八百缗、郑敏发七百缗、程兆梓一百缗,典商戴时昌三百四十缗";富安场"盐商罗牲泰、张广德共钱二百缗。典商程恒泰一百二十八缗";角斜场"盐商汪瑶圃、宋绳武、郑享嘉、胡昆源、黄双茂、郑恒泰、叶诞初共银七百五十两"。②

表现之三是修建桥梁关津。桥梁关津对于盐商极为重要,故他们热衷于出资兴修。成化年间的余盐买补制,使得盐商与灶民之间建立起直接的联系,商人出资修建盐场上的桥梁关津之事司空见惯。成化二十年(1484),"商人薛达重修"③富安场东十三灶前的南洋桥。丁溪场的通济桥,又名牛桥,地处运盐河口,"灶民农商往来最为辐辏,年久坍塌,弘治二年,大使袁和、副使申铎重修"④。安丰场的郑家桥和东寺桥建造于明万历年间,"康熙五年,徽商郑大修葺"⑤。康熙十年(1671),商灶黄兆桢等,会大使蔡樾捐资建置位于角斜场费家滩的通便桥。⑥ 伍祐场串场河上的通济桥岁久倾圮,乾隆三十二年(1767),"场商程家润改,甃以石,工费二千三百余金,里人为立碑记"⑦。小海场的灶民邵子正曾捐银四百两建造永安桥,至乾隆二十九年(1764),业盐于此的"场商朱凤仪和吴镜裴共捐二千金,建甃以石"⑧。富安场旧有大石桥,岁久倾圮,"徽商黄修忠捐千金重建",此外,位于富安场南的盈宁桥,"久圮,今商人重建"⑨。

表现之四是置办育婴堂。如康熙三十三年创建的掘港场育婴堂,其"田亩、屋舍皆系本场商灶捐赀公建,洪成益岁捐经费"⑩。在梁垛场北街三元宫西边的

---

① 〔清〕单渠、方浚颐:《两淮盐法志》卷四十二,《捐输三·灾济》,清同治九年扬州书局重刻本。
② 〔清〕蔡复午:《东台县志》卷二十七,《传八·尚义》,清嘉庆二十二年刻本。
③ 〔明〕佚名:《两淮运司志》卷五,《泰州分司》,明弘治间刻本。
④ 〔明〕佚名:《两淮运司志》卷五,《泰州分司》,明弘治间刻本。
⑤ 〔清〕汪兆璋:《重修中十场志》第二卷,《疆域考·安丰场》,清康熙十二年木刻本。
⑥ 〔清〕汪兆璋:《重修中十场志》第二卷,《疆域考·角斜场》,清康熙十二年木刻本。
⑦ 〔清〕王世球:《两淮盐法志》卷三十四,《人物二·尚义》,清乾隆十三年刻本。
⑧ 〔清〕王世球:《两淮盐法志》卷三十四,《人物二·尚义》,清乾隆十三年刻本。
⑨ 〔清〕单渠、方浚颐:《两淮盐法志》卷五十六,《杂记十二·桥梁街道》,清同治九年扬州书局重刻本。
⑩ 〔清〕王定安:《两淮盐法志》卷一百五十二,《杂记门·善堂》,清光绪三十年刻本。

育婴堂,不知建于何时,"每婴每月乳工钱四百,岁费钱五十余万,商人程起茂、汪德兴与郑敏发等经理"①。东台场的育婴堂由前分司丁世隆建,"场商汪涛重修"②。

表现之五是修建寺观。传说神仙吕洞宾四次来到一盐场,为当地居民治病救难,后来当地人将此盐场命名为吕四盐场,并特地建造吕仙祠以表感激之情。崇祯十三年以后,很多灶民逃亡,吕仙祠也随之倾毁。清朝建立后,泰州分司杨鹤年向巡盐御史黄敬玑题请"减半场之课分带邻封,而场灶稍更,始得鸠众庇公建吕祖阁",但是因杨鹤年离任而导致该工程未竣工。后来张植莅任吕四场大使后,在士民商灶的共同努力下完成了吕祖阁的修建工程,"喜值场之士民商灶竣其阁也"③。梁垛场的三宫殿于明天启六年创建于中仓空地,"康熙三年,商人汪济之、叶旦重修";梁垛场位于环翠桥的得一庵,"顺治七年,徽商徐鸣谦捐建";梁垛场的白衣庵,于明万历年由僧人如存募建于华光寺隙地,"康熙十一年,泰州分司汪公兆璋、大使张域率同商灶重修"④。角斜场位于滩西的关帝庙,"徽商郑公完、方秉输、黄继尧同建"⑤。

表现之六是置义冢、施棺木。康熙八年(1669),何垛场徽商方鸿逵置义冢,"殓埋年久暴骨"⑥。雍正十二年(1734),商人黄郁周等在何垛场北关桥三里湾置义冢十四亩。⑦ 乾隆八年(1743),梁垛场商人黄禹卜置义冢一区。⑧ 乾隆四十五年(1780),栟茶场商灶缪英书等公建同仁堂,"岁施棺木"⑨。掘港场徽商汪相林置义冢一区,"专葬徽籍者"⑩。嘉庆二十年(1815),安丰场袁超、姚典、刘元炳等,"施棺"⑪。在安丰场经营盐业的镇江籍商人张静亭、张鹤龄等建立永安堂,"施送义棺,置义冢五亩,熟田十二亩,生息济用"⑫,且建置一所武定坊

---

① 〔清〕单渠、方浚颐:《两淮盐法志》卷五十六,《杂纪六·育婴堂》,清同治九年扬州书局重刻本。
② 〔清〕单渠、方浚颐:《两淮盐法志》卷五十六,《杂纪六·育婴堂》,清同治九年扬州书局重刻本。
③ 〔清〕谢开宠:《两淮盐法志》卷二十七,《艺文三·张植重修吕四场吕祖庙碑记》,清康熙刻本。
④ 〔清〕汪兆璋:《重修中十场志》第五卷,《坛庙》,清康熙十二年木刻本。
⑤ 〔清〕汪兆璋:《重修中十场志》第五卷,《坛庙》,清康熙十二年木刻本。
⑥ 〔清〕汪兆璋:《重修中十场志》卷二,《疆域考》,清康熙十二年木刻本。
⑦ 〔清〕单渠、方浚颐:《两淮盐法志》卷五十六,《杂纪十三·义冢》,清同治九年扬州书局重刻本。
⑧ 〔清〕王世球:《两淮盐法志》卷三十九,《杂志一·善举》,清乾隆十三年刻本。
⑨ 〔清〕单渠、方浚颐:《两淮盐法志》卷五十六,《杂纪十三·义冢》,清同治九年扬州书局重刻本。
⑩ 〔清〕单渠、方浚颐:《两淮盐法志》卷五十六,《杂纪十三·义冢》,清同治九年扬州书局重刻本。
⑪ 〔清〕汪兆璋:《重修中十场志》卷二,《疆域考》,清康熙十二年木刻本。
⑫ 〔清〕蔡复午:《东台县志》卷二,《善堂》,据清嘉庆二十二年刻本影印。

市房,为社会弱势群体提供住所。

在分化与整合的过程中,国家对两淮盐场社会的控制力遭到削弱,管理两淮盐场社会的模式发生了从直接控制到间接控制的转变。由此两淮盐场社会走上了一个独特的发展模式,即盐商在较大程度上参与了对两淮盐场社会的管理。

结　　语

在明清所有盐场中,两淮盐场最重要,也最具代表性,故本书选取明清两淮盐场为研究对象,考察其分化与整合的变迁过程,以及由此形成的盐商与官府、灶民之间的相互关系,在此基础上探讨该地域社会的发展模式。

明初,国家对盐场的控制甚严。明中叶以来,两淮盐场社会行政组织日益败坏,两淮盐场日益发生严重的社会分化。就豪强势力在两淮盐场的崛起而言,主要表现在广占灶荡、侵占民田、规避赋役、雇佣民灶煎盐贩私等方面,这使财富日益集中到少数富裕者手中,加剧了两淮盐场贫富分化,还促使贫富灶户之间形成债务关系。就荡地农垦化而言,大量的荡地被开垦为农田,引发盐场社会经济结构的变化,即由盐业向盐业和农业并举的方向转变。就宗族的建构而言,明清时期宗族建构的浪潮波及两淮盐场社会,宗族建构的过程意味着盐场社会势力的崛起,本书考察安丰王氏宗族的建构过程,发现安丰王氏在历经毁佛像以立祖先牌位、创立宗会、创置义仓、修族谱、建宗祠等事情后实现了宗族的建构,且以文化资源为手段参与对基层社会的治理。和一般基层社会广建宗祠相比,迟至康熙年间两淮盐场宗祠建设并不发达。尽管如此,仍不能忽视宗族的出现与发展对盐场社会的影响。

上述两淮盐场社会的分化现象,打破了两淮盐场旧有的社会秩序和管理格局。为此,国家积极主动地采取兴办教育事业、整顿民间信仰和防灾救灾等举措整合两淮盐场社会。就兴建教育而言,国家在两淮盐场社会创设社学、义学、书院,其办学经费或来自社田、义田等的田租收入,或来自商民的捐款。和义学、书院设置时间晚、数量少的特点相比,盐场的社学设置的时间早、维持的时间最长久、较为普及。但总体而言,三者的教育效果均不理想。就整顿民间信仰而言,在明弘治以前,两淮盐场佛教、道教思想大行其道,作为国家正统意识形态的儒家思想尚未在两淮盐场社会立足,明中叶前两淮盐场社会的教化问题仍未进入国家的视线。两淮盐场社会的分化及其后果不是单纯依靠严刑峻法就能解决的,所以产生移风易俗、教化人心等软性控制手段的需求,由此形成对盐场社会民间信仰的整顿与规范。对盐场社会民间信仰的整顿和规范,一方面体现在废除淫祠;另一方面体现在建立起符合儒家思想的祠堂,向盐场灌输儒家思想,如董子祠、五贤祠、范公祠、三贤祠、大忠祠、缪氏二贤祠,等等。但地方社会不会被动地全盘接受国家宣讲的意识形态,对之或漠视不予理睬,或加以改造,坚守地方传统的信仰,从而使国家正统意识形态与地方各种信仰交织在一起,呈现出多样复杂的面貌。如小海场五圣庙的兴废体现出国家与地方在民间信仰上的争斗与妥协;又如张士诚信仰,民间社会或以古迹,或以风俗传说的方式巧妙地保存着有关张士诚的记忆,保留着对心目中英雄的景仰。就防灾救灾而言,明清两淮盐场较农业区域遭遇更多的灾害袭击,但盐场赈济制度建设却显得较农业区域落后,不过也呈现出逐渐制度化的倾向。在制度化之前,明前期,曾采取过免征当年或拖欠的盐课、折纳绢或布、在他场煎盐补课等办法;明中后期,则多由盐运使动用运司库内余银、工本银、挑河银、余盐银、赃罚银等赈济灾灶,偶尔直接让他场代办盐课,清前期,政府已采取补赈办法补偿灾民,或由他场代纳,或由灶民输谷备灾,或动用盐义仓米麦赈济,最后走向了"照民田则例"。在乾隆元年国家出台针对海盐产区的赈济制度后,基层盐业盐官是如何开展救灾工作的?本书以乾隆四年小海盐场盐课司大使林正青抗灾救灾为个案加以说明。除自然灾害之外,国家还积极应对人为灾害,如通过整顿卫所、巡检司、备倭营、备倭水寨、墩台烽堠等海防建设和增设兵备副使等抗倭官、组织灶勇以应对倭患问题。

此外,为应对两淮盐场社会日渐分化的危机,国家还有意识地充分吸纳盐商的力量,让其协助管理两淮盐场社会。于是,盐商得以通过向灶户供给工本、控制盐业生产工具等手段,介入两淮盐场的生产领域。又通过收储灶盐、获得稽查私盐的特权和开展盐场社会慈善公益事业等手段,介入两淮盐场社会的管理领域。尽管豪商干涉盐场事务、下场支盐时百般催逼灶民、蓄意加大铁桶的容量以暗中侵害灶民的利益,盐场上的各色人等均对下场支盐的商人也进行不同程度的敲诈勒索,但是盐商和灶民之间存在唇亡齿寒的关系,这表现在商灶一同贩卖,促进了滨海盐场商业的发展和盐业市镇的形成,盐商往往会慷慨出资于慈善公益活动，如代纳盐场灶课、出银救灾、修建桥梁关津、置办育婴堂、修建寺观、置义冢、施棺木等。

在分化与整合的过程中，国家对两淮盐场社会的控制力遭到削弱，管理两淮盐场社会的模式发生了从直接控制到间接控制的转变。由此两淮盐场社会走上独特的发展模式，即盐商较大程度上参与对两淮盐场社会的管理。这与一般州县基层社会迥异。

参 考 文 献

一、历史文献资料

（一）古籍

〔汉〕司马迁. 史记［M］. 清乾隆武英殿刻本.

〔汉〕班固. 汉书［M］. 北京：中华书局，1962.

〔唐〕李吉甫. 元和郡县图志［M］. 北京：中华书局，1983.

〔宋〕乐史. 太平寰宇记［M］. 北京：中华书局，2007.

〔宋〕欧阳修. 新唐书［M］. 清乾隆武英殿刻本.

〔宋〕李焘. 续资治通鉴长编［M］. 台北：世界书局，1962.

〔宋〕王象之. 舆地纪胜［M］. 清影宋抄本.

〔宋〕谢维新. 古今合璧事类备要［M］. 北京：北京图书馆出版社，2004.

〔元〕脱脱. 宋史［M］. 清乾隆武英殿刻本.

〔元〕陈椿. 熬波图［M］. 台北：台湾商务印书馆，1986.

〔明〕陈仁锡. 皇明世法录［M］. 明崇祯刻本.

〔明〕毕自严. 度支奏议［M］. 上海：上海古籍出版社，2008.

〔明〕申时行. 大明会典［M］. 明万历内府刻本.

〔明〕陈子龙. 明经世文编［M］. 明崇祯平露堂刻本.

〔明〕王圻. 续文献通考［M］. 北京：现代出版社，1986.

〔明〕黄训. 皇明名臣经济录［M］. 台北：文海出版社，1984.

〔明〕潘游龙. 康济谱［M］. 明崇祯刻本.

〔明〕叶春及. 惠安政书［M］. 福州：福建人民出版社，1987.

〔明〕张萱. 西园闻见录［M］. 台北：文海出版社，1988.

〔明〕叶向高. 四夷考［M］. 北京：中华书局，1991.

〔明〕徐昌治.昭代芳摹[M].明崇祯九年徐氏知问斋刻本.

〔明〕徐光启.农政全书[M].北京:中华书局,1956.

〔明〕徐光启.徐光启集[M].王重民,辑校.北京:中华书局,1963.

〔明〕王世贞.弇山堂别集[M].北京:中华书局,1985.

〔明〕李默.孤树裒谈[M].济南:齐鲁书社,1995.

〔明〕姜准.岐海琐谈[M].上海:上海社会科学院出版社,2002.

〔明〕陆容.菽园杂记[M].北京:中华书局,1985.

〔明〕余继登.典故纪闻[M].北京:中华书局,1981.

〔明〕焦竑.国朝献征录[M].上海:上海书店出版社,1987.

〔明〕汪砢玉.古今鹾略[M].清抄本.

〔明〕朱廷立.盐政志[M].明嘉靖刻本.

〔明〕史起蛰,张榘.两淮盐法志[M].明嘉靖三十年刻本.

〔明〕宋应星.天工开物[M].台北:中华丛书委员会影印武进陶氏重印本,1955.

〔明〕王襞.新镌东厓王先生遗集[M].明万历刻明崇祯至清嘉庆间递修本.

〔明〕王栋.一庵王先生遗集[M].明万历三十九年抄本.

明实录[M].台北:"中央"研究院历史语言研究所校印,1962.

清实录[M].台北:华文书局股份有限公司,1970.

〔清〕王守基.盐法议略[M].清同治十二年木刻本.

〔清〕李斗.扬州画舫录[M].北京:中华书局,1960.

〔清〕贺长龄.皇朝经世文编[M].台北:文海出版社,1972.

〔清〕张廷玉.明史[M].北京:中华书局,2007.

〔清〕赵尔巽.清史稿[M].北京:中华书局,1977.

〔清〕朱彝尊.明诗综[M].北京:中华书局,2007.

〔清〕谈迁.国榷[M].清抄本.

〔清〕卓尔堪.遗民诗[M].清康熙刻本.

〔清〕包世臣.安吴四种[M].台北:文海出版社,1968.

〔清〕傅维鳞.明书[M].上海:商务印书馆,1936.

〔清〕陈寿祺.福建通志[M].台北:华文书局股份有限公司,1968.

〔清〕素尔纳.钦定学政全书[M].台北:文海出版社,1968.

〔清〕尹会一.健余奏议[M].清乾隆刻本.

〔清〕方浚颐.二知轩文存[M].台北:文海出版社,1970.

〔清〕顾炎武.天下郡国利病书[M].四库部丛刊影印稿本.

〔清〕佚名.皇清奏议[M].民国影印本.

〔清〕陶澍.陶文毅公全集[M].清道光二十年两淮淮北士民刻本.

〔清〕张岱.石匮书[M].上海图书馆藏清抄本.

〔清〕罗正钧.左文襄公年谱[M].清光绪二十三年湘阴左氏刻本.

〔清〕彭元瑞.孚惠全书[M].民国罗振玉石刻本.

〔清〕韩文绮.韩大中丞奏议[M].清道光刻本.

〔清〕吴荣光.吾学录初编[M].清道光十二年吴氏筠清馆刻本.

〔清〕魏源.古微堂外集[M].上海:国学扶轮社,清宣统二年.

〔清〕黄宗羲.明儒学案[M].上海:商务印书馆,1933.

〔清〕毓昌.淮北三场池圩图[M].清光绪石刻本.

〔清〕俞樾.春在堂杂文[M].台北:文海出版社,1969.

〔清〕谈迁.枣林杂俎[M].北京:中华书局,2006.

〔清〕吴嘉纪.陋轩诗集[M].清康熙元年赖古堂刻增修本.

〔清〕吴嘉纪.陋轩诗集[M].清道光年间泰州夏氏刻本.

〔清〕魏源.淮北票盐纪[M].清同治七年重刻本.

〔清〕王世球.两淮盐法志[M].清乾隆十三年刻本.

〔清〕单渠.两淮盐法志[M].清嘉庆十一年刊本.

〔清〕孙玉庭.盐法隅说[M].清同治延厘堂集本.

〔清〕佚名.两淮鹾务考略[M].清抄本.

〔清〕谢开宠.两淮盐法志[M].清康熙二十二年刻本.

〔清〕噶尔泰.两淮盐法志[M].清雍正六年刻本.

〔清〕铁保.两淮盐法志[M].清同治九年重刊本.

〔清〕李澄.淮鹾备要[M].清道光三年刻本.

〔清〕童濂.淮北票盐志略[M].清道光二十五年刊本.

〔清〕许宝书.淮北票盐续略[M].清同治九年刊本.

〔清〕方浚颐.淮南盐法纪略[M].清同治十二年淮南书局刊本.

〔清〕杜文澜.淮鹾纪要[M].清光绪十二年戴文俊手抄本.

〔清〕陈方坦.淮醝驳案类编[M].清光绪十八年金陵木刻本.

〔清〕陈庆年.两淮盐法撰要[M].清光绪十八年扬州刊本.

〔清〕项晋藩.淮北票盐续略二编[M].清光绪刊本.

〔清〕刘钺.北盐罪言[M].清光绪二十八年活字本.

〔清〕刘钺.淮北票盐志余续编[M].清光绪三十年活字本.

〔清〕汪兆璋.重修中十场志[M].清康熙十二年木刻本.

〔清〕林正青.小海场新志[M].清乾隆四年刻本.

故宫博物院明清档案部.李煦奏折[M].北京:中华书局,1976.

周庆云.盐法通志[M].1928年鸿宝斋铅印本.

佚名.两淮案牍抄存[M].清宣统铅印本.

佚名.整理淮南通泰二十场盐务章程[M].清光绪三十年木刻本.

袁承业.王心斋先生遗集[M].国粹学报馆,神州国光社,1912.

袁承业.明儒王心斋先生遗集[M].清宣统二年四月东台袁氏据原刻本重编校排印.

吴鸿壁.淮南新兴场北七灶商灶剧争之索隐[M].1919年本.

(二)地方志

〔明〕朱怀干.惟扬志[M].明嘉靖二十一年刻本.

〔明〕郭大纶.淮安府志[M].明万历元年刻本.

〔明〕李自滋.崇祯泰州志[M].济南:齐鲁书社,1997.

〔明〕杨洵.扬州府志[M].明万历刻本.

〔明〕张宁.江都县志[M].明万历刻本.

〔明〕崔桐.重修如皋县志[M].明嘉靖三十九年刻本.

〔明〕杨瑞云.盐城县志[M].明万历刻本.

〔明〕张峰.海州志[M].明隆庆六年刻本.

〔明〕顾清.松江府志[M].明正德七年刊本.

〔清〕孙云锦.淮安府志[M].清光绪十年刻本.

〔清〕赵宏恩.江南通志[M].清乾隆元年刊本.

〔清〕吴坤.重修安徽通志[M].清光绪四年刻本.

〔清〕嵇曾筠.浙江通志[M].清雍正十三年本.

〔清〕王有庆.泰州志[M].清光绪三十四年补刻本.

〔清〕方浚颐.续纂扬州府志[M].清同治十三年刻本.

〔清〕王检心.重修仪征县志[M].清光绪十六年刻本.

〔清〕张兆栋.重修山阳县志[M].清同治十二年刻本.

〔清〕李苏.江都县志[M].清康熙五十六年刊本.

〔清〕谢延庚.江都县志[M].清光绪十年刻本.

〔清〕汪逢源.江都县续志[M].清光绪七年刘汝贤重刻本.

〔清〕金元烺.安东县志[M].清光绪元年刻本.

〔清〕钱见龙.泰兴县志[M].清康熙二十二年本.

〔清〕冯观民.阜宁县志[M].清乾隆十一年本.

〔清〕刘焕.如皋县志[M].1939年铅印本.

〔清〕王豫熙.赣榆县志[M].清光绪十四年刻本.

〔清〕刘崇照.盐城县志[M].清光绪二十一年刻本.

〔清〕梁国棣.重修兴化县志[M].清咸丰二年刻本.

〔清〕王璋.东台县志[M].清光绪十九年本.

〔清〕姚文田.扬州府志[M].清嘉庆十五年刊本.

〔清〕黄垣续.盐城县志[M].清乾隆七年刻本油印.

〔清〕邱标.两淮通州金沙场志[M].清同治年间传抄本.

〔清〕佚名.吕四场志[M].抄本.

〔清〕周右.东台县志[M].清嘉庆二十二年刻本.

〔清〕梁国棣.重修兴化县志[M].清咸丰二年刻本.

〔清〕高天凤.通州志[M].清乾隆四十八年刊本.

石国柱.歙县志[M].1937年铅印本.

邱沅段.续纂山阳县志[M].1921年刻本.

单毓元.泰县志稿[M].1931年抄本.

范铠.南通县图志[M].1925年孟森校订铅印本.

焦忠祖,友兰.阜宁县新志[M].1934年铅印本.

王佐良.赣榆县续志[M].1924年铅印本.

胡应庚.盐城续志校补[M].1951年铅印本.

林懿均.续修盐城县志稿[M].1936年铅印本.

李恭简.续修兴化县志[M].1944年铅印本.

张正藩. 东台县栟茶市乡土志[M]. 抄本.

王光伯. 淮安河下志[M]. 南京：江苏古籍出版社，1992.

（三）族谱

〔清〕陈蕙畴. 盐城陈氏宗谱[Z]. 清乾隆十一年本.

〔清〕张僖增. 通州张氏宗谱[Z]. 清光绪二十九年敦伦堂刻本.

佚名. 西团吴氏族谱[Z]. 1914年本.

周武庠. 淮南周氏家谱[Z]. 1919年本.

孙芝香. 蔡氏支谱[Z]. 1939年本.

陈光汉. 盐城陈氏家谱[Z]. 1962年抄本.

陈剑锷. 盐城陈氏宗谱[Z]. 1995年本.

陈茂华. 盐城陈氏支谱[Z]. 1995年本.

〔清〕程启东. 槐塘程氏显承堂重续宗谱[Z]. 清康熙十二年刻本.

夏世敬. 夏氏长房支谱[Z]. 2000年本.

二、今人研究论著

Hsiao Kung-ch'üan. *Rural China：Imperial Control in the Nineteenth Century*[M]. Seattle：University of Washington Press，1960.

David Faure, Helen Siu. *Down to Earth：The Territorial Bond in South China*[M]. Stanford：Stanford University Press，1995.

William. T. Rome. *Hankow：Conflict and Community in a Chinese City 1796-1896*[M]. Stanford：Stanford University Press，1989.

Timothy Brook. *The Confusions of Pleasure：Commerce and Culture in Ming China*[M]. Berkeley：University of California Press，1998.

Ng, Chin-Keong. *Trade and Society：The Amoy Network on the China Coast*, 1683-1735[M]. Singapore：Singapore University Press，1983.

［日］寺田隆信. 山西商人研究——明代的商人和商业资本[M]. 张正明，阎守成，译. 太原：山西人民出版社，1986.

［美］孔飞力. 中华帝国晚期的叛乱及其敌人[M]. 王小荷，译. 北京：中国社会科学出版社，1990.

［美］杜赞奇. 文化、权力与国家：1900—1942年的华北农村[M]. 王福明，

译.南京:江苏人民出版社,1994.

[日]佐伯富.中国盐政史的研究[M].京都:法律文社,1987.

曾仰丰.中国盐政史[M].上海:上海书店,1936.

戴裔煊.宋代钞盐制度研究[M].北京:中华书局,1981.

傅衣凌.明清时代商人与商业资本[M].北京:人民出版社,1956.

傅衣凌.明清社会经济史论文集[M].北京:人民出版社,1982.

徐泓.清代两淮盐场的研究[M].台北:嘉新水泥公司文化基金会,1972.

王振忠.明清徽商与淮扬社会变迁[M].北京:生活·读书·新知三联书店,1996.

王日根.明清民间社会的秩序[M].长沙:岳麓书社,2003.

何维凝.中国盐政史[M].台北:台湾商务印书馆,1966.

刘淼.明清沿海荡地开发研究[M].汕头:汕头大学出版社,1996.

刘淼.明代盐业经济研究[M].汕头:汕头大学出版社,1996.

刘淼,辑译.徽州社会经济史研究译文集[M].合肥:黄山书社,1987.

何新铭.盐城田赋及灶课之研究[M].台北:成文出版社有限公司,1977.

左树珍.盐法纲要[M].上海:新学会社,1912.

欧宗祐.中国盐政小史[M].台北:台湾商务印书馆,1927.

田斌.中国盐税与盐政[M].南京:江苏省印刷局,1929.

景学钤.盐务革命史[M].南京:京华印书馆,1929.

林振翰.中国盐政纪要[M].上海:商务印书馆,1930.

蒋静一.中国盐政问题[M].台北:正中书局,1936.

田秋野,周维亮.中华盐业史[M].台北:台湾商务印书馆,1979.

陈锋.清代盐政与盐税[M].郑州:河南人民出版社,1988.

叶显恩.明清徽州农村社会与佃仆制[M].合肥:黄山书社,1983.

赵华富.徽州宗族研究[M].合肥:安徽大学出版社,2004.

唐力行.商人与文化的双重变奏——徽商与宗族社会的历史考察[M].武汉:华中理工大学出版社,1997.

唐力行.明清以来徽州区域社会经济研究[M].合肥:安徽大学出版社,1999.

卞利.明清徽州社会研究[M].合肥:安徽大学出版社,2004.

李琳琦. 徽商与明清徽州教育[M]. 武汉:湖北教育出版社,2003.

朱万曙. 徽商精神[M]. 合肥:合肥工业大学出版社,2005.

叶显恩. 徽商与粤海论稿[M]. 合肥:安徽大学出版社,2004.

黄鉴晖. 明清山西商人研究[M]. 太原:山西经济出版社,2002.

陈支平. 近500年来福建的家族社会与文化[M]. 上海:生活·读书·新知三联书店,1991.

郑振满. 明清福建家族组织与社会变迁[M]. 长沙:湖南教育出版社,1992.

王日根. 乡土之链:明清会馆与社会变迁[M]. 天津:天津人民出版社,1996.

费孝通,吴晗. 皇权与绅权[M]. 天津:天津人民出版社,1988.

张仲礼. 中国绅士:关于其在19世纪中国社会中作用的研究[M]. 李荣昌,译. 上海:上海社会科学院出版社,1991.

何维凝. 新中国盐业政策[M]. 台北:正中书局,1947.

丁恩. 改革盐务报告书[M]. 台北:文海出版社,1988.

实业部国际贸易局. 中国实业志·江苏省[M]. 上海:上海民光印刷公司,1933.

姚谦. 张謇农垦事业调查[M]. 南京:江苏人民出版社,2000.

"中央"图书馆编印. 明人传记资料索引[M]. 台北:文史哲出版社,1980.

傅衣凌. 明史新编[M]. 北京:人民出版社,1993.

行龙,杨念群. 区域社会史比较研究[M]. 北京:社会科学文献出版社,2006.

周绍泉,赵华富. '95国际徽学学术讨论会论文集[C]. 合肥:安徽大学出版社,1997.

张海鹏,王廷元. 徽商研究[M]. 合肥:安徽人民出版社,1995.

朱正海. 盐商与扬州[M]. 南京:江苏古籍出版社,2001.

王铭铭,[英]王斯福. 乡土社会的秩序、公正与权威[M]. 北京:中国政法大学出版社,1997.

雷梦水,等. 中华竹枝词[M]. 北京:北京古籍出版社,1997.

胡朴安. 中华全国风俗志[M]. 石家庄:河北人民出版社,1986.

张伟仁. 明清档案[M]. 台北:"中央"研究院历史语言研究所,1987.

潘荣胜.明清进士录[M].北京:中华书局,2006.

[日]吉田寅.《熬波图》的考察[J].刘淼,译.盐业史研究,1995(4).

[瑞典]傅汉思.中西盐业史比较研究[J].盐业史研究,1993(3).

[日]臼井佐知子.徽商及其网络[J].安徽史学,1991(4).

[日]中山八郎.开中法和占窝[C].载池内博士还历纪念东洋史论丛.东京:日本座右宝刊行会,1940.

[日]寺田隆信.王艮的家系[C].载加贺博士退官纪念中国文史哲学论集.东京:讲谈社,1979.

[日]藤井宏.开中法的意义及其起源[C].载加藤博士还历纪念东洋史集说[M].东京:富山房,1941.

[日]藤井宏.新安商人研究[J].东洋学报,1953—1954(卷36).

[日]藤井宏.明代盐场研究[J].北海道大学文学部纪要,1952(1).

[日]藤井宏.明代盐商的考察——边商、内商、水商的研究[C].载徽州社会经济史研究译文集.合肥:黄山书社,1988.

陈诗启.明代的灶户和盐的生产[J].厦门大学学报,1957(1).

傅衣凌.中国传统社会:多元的结构[J].中国社会经济史研究,1988(3).

陈杰.明代商业资本积累的历史趋势[J].中国经济史研究,1989(3).

张荣生.古代淮南盐区的盐民生活[J].盐业史研究,1996(4).

何维凝.明代之盐户[J].中国社会经济史集刊,1944(2).

杜正贞.作为士绅化与地方教化之手段的宗族建设——以明代王艮宗族为中心的考察[J].江苏社会科学,2007(5).

凌申.滩涂盐业开发与江苏沿海城镇的演变[J].盐业史研究,2002(2).

徐泓.明代的盐法[D].台湾大学历史学研究所博士论文,1973.

徐泓.清代两淮的场商[J].史原,1970(7).

徐泓.明代后期的盐政改革与商专卖制度的建立[J].台湾大学历史学系学报,1977(4).

徐泓.明代前期的食盐生产组织[J].台湾大学文史哲学报,1975(24).

赵赟.近代苏北沿海灶民群体研究[J].盐业史研究,2008(3).

简锐.清代中期中国盐业的资本主义萌芽[J].盐业史研究,1992(1).

于海根.张士诚与威震江浙的元末盐民大起义[J].盐业史研究,1992(3).

于海根.盐民诗人吴嘉纪与清代禁书《陋轩诗集》[J].盐业史研究,1994(1).

朱冠登.淮南商灶业荡权之争与亭荡产权关系的变化[J].盐业史研究,1990(4).

王日根.明清时期社会管理中官民的"自域"与"共域"[J].文史哲,2006(4).

王日根,吕小琴.析明代两淮盐区未取晒盐法的体制因素[J].史学月刊,2008(1).

卜永坚.商业里甲制度——探讨1617年两淮盐政之纲法[J].中国社会经济史研究,2002(2).

卜永坚.明代的公共资本市场:以两淮盐引为中心[J].明代研究,2007(10).

李金铮.关于区域社会经济史研究的几个基本问题[J].河北学刊,1998(6).

刘志伟.地域社会与文化的结构过程:珠江三角洲研究的历史学与人类学对话[J].历史研究,2003(2).

陈春声.走向历史现场[J].读书,2006(9).

吴慧.明代食盐专卖制度的演变[J].文史,1984(26).

李绍强.论明清时期的盐政变革[J].齐鲁学刊,1997(4).

李龙华.明代的开中法[J].香港中文大学中国文化研究所学报,1971(2).

李珂.明代开中制下商灶购销关系脱节问题再探——盐商报中不前与灶户的盐课折征[J].历史档案,1992(4).

李珂.明代开中制下商灶购销关系脱节之探析——盐商守支与灶户的盐课负担[J].北京师范大学学报,1990(5).

张丽剑.明代的开中制[J].盐业史研究,1998(2).

孙晋浩.开中法的实施及其影响[J].晋阳学刊,1999(4).

孙晋浩.明代开中法与盐商守支问题[J].晋阳学刊,2000(6).

孙晋浩.清代盐政专商制的危机与改革[J].晋阳学刊,1989(3).

朱永庆.叶淇与明代的"开中纳粟"制度[J].大公报经济周刊,1935年3月13日(104).

王崇武.明代商屯制度[J].禹贡,1936(5).

黎邦正.试评明代叶淇的盐法改革[J].盐业史研究,1989(4).

高春平.论明中期边方纳粮制的解体——兼与刘淼先生商榷[J].学术研究,1996(9).

余三乐.明庞尚鹏疏盐对策浅析[J].盐业史研究,1988(4).

肖国亮.论清代的纲盐制度[J].历史研究,1988(5).

刘洪石.略论清代的票盐改革[J].盐业史研究,1995(4).

王方中.清代前期的盐法、盐商和盐业生产[J].清史论丛,1983(4).

刘淼.明代海盐制法考[J].盐业史研究,1988(4).

刘淼.明朝灶户的户役[J].盐业史研究,1992(2).

刘淼.明代灶课研究[J].盐业史研究,1991(2).

刘淼.明代盐业土地关系研究[J].盐业史研究,1990(2).

刘淼.明清沿海荡地屯垦的考察[J].中国农史,1996(1).

刘淼.徽商鲍志道及其家世考述[J].江淮论坛,1983(3).

刘淼.明代势要占窝与边方纳粮制的解体[J].学术研究,1993(3).

王振忠.明清两淮盐商与扬州青楼文化[J].复旦学报,1991(3).

王振忠.明清扬州盐商社区文化及其影响[J].中国史研究,1992(2).

王振忠.清代汉口盐商研究[J].盐业史研究,1992(3).

王振忠.清代两淮盐业盛衰与苏北区域之变迁[J].盐业史研究,1992(4).

王振忠.袁枚与淮扬盐商:十八世纪士商关系的一个考察[J].盐业史研究,1993(4).

王振忠.徽商与两淮盐务"月折"制度[J].江淮论谈,1993(4).

王振忠.明清时期徽商社会形象的文化透视[J].复旦学报(社会科学版),1993(6).

王振忠.两淮"商籍"何以无徽商[J].盐业史研究,1994(1).

王振忠.明清两淮盐业与扬州城市人口数的再认识[J].盐业史研究,1994(3).

王振忠.明清淮南盐业与仪征民俗[J].盐业史研究,1994(4).

王振忠.明清淮安河下徽州盐商研究[J].江淮论坛,1994(5).

王振忠.康熙南巡与两淮盐务[J].盐业史研究,1995(4).

王振忠.两淮盐业与明清扬州城市文化[J].盐业史研究,1995(3).

李三谋.明代万历以前制盐业的非官业性[J].江汉论坛,1986(3).

李三谋.清代灶户、场商及其相互关系[J].盐业史研究,2000(2).

张皓.略论明代盐商资本的形成与发展[J].青海师范大学学报,1990(4).

薛宗正.明代盐商的历史演变[J].中国史研究,1980(2).

薛宗正.明代灶户在盐业生产中的地位[J].中国历史博物馆馆刊,1983(5).

王思治,金成基.清代前期两淮盐商的盛衰[J].中国史研究,1981(2).

刘德仁,薛培.略论清政府对盐商的控制与利用[J].盐业史研究,1998(2).

周志初.清乾隆年间两淮盐商的资本及利润数额[J].扬州大学学报,1997(5).

何炳棣.扬州盐商:十八世纪中国商业资本的研究[J].巫仁恕,译.中国社会经济史研究,1999(2).

汪崇篔.明清两淮盐利个案研究[J].盐业史研究,2000(3).

汪崇篔.明万历淮盐梳理中的两个问题和利润分析[J].盐业史研究,2001(4).

汪崇篔.明清淮盐经营中的引窝、税费和利润[J].安徽史学,2003(4).

朱宗宙.略论清代两淮盐商江春[J].盐业史研究,1991(3).

张正明.明清时期的山西盐商[J].晋阳学刊,1991(2).

王勇红,王勇浩.明清山西盐商与茶商之比较[J].四川理工学院学报(社会科学版),1991(2).

范淑萍.近二十年来明清晋商研究的成果和动态[J].中国史研究动态,2004(10).

刘建生,等.晋商研究述评[J].山西大学学报(哲学社会科学版),2004(6).

行龙.从社会史角度研究晋商与地方社会[J].山西大学学报(哲学社会科学版),2005(1).

白广美.中国古代海盐生产考[J].盐业史研究,1988(1).

郭正忠.两宋盐民的等级划分与阶级结构[J].浙江学刊,1989(3).

郭正忠.我国海盐晒法究竟始于何时[J].福建论坛(人文社会科学版),1990(1).

杨国桢.清代社会经济区域划分和研究架构的探索[C].载叶显恩主编.清代区域社会经济研究.北京:中华书局,1992.

徐泓.明代后期盐业生产组织与生产形态的变迁[C].载沈刚伯先生八秩荣庆论文集.台北:联经出版公司,1976.

徐泓.盐价、银钱比价:清代两淮盐商的成本、利润及其没落的原因[C].载陈捷先主编.清史论丛.北京:人民出版社,2006.

刘志伟.区域研究的人文主义取向[C].载姜伯勤.石濂大汕与澳门禅史.上海:学林出版社,1998.

张伟然.唐人心目中的文化区域及地理意象[C].载李孝聪.唐代地域结构与运作空间.上海:上海辞书出版社,2003.

叶显恩,陈春声.论社会经济史的区域性研究[C].载叶显恩主编.清代区域社会经济研究.北京:中华书局,1992.

王振忠.明清两淮盐商与苏北城镇之变迁[C].载历史地理(十二辑).上海:上海人民出版社,1995.

王振忠.明清两淮盐商与扬州城市的地域结构[C].载历史地理(十辑).上海:上海人民出版社,1992.

姚恩荣.关于大丰县已发现的34种民间家谱和76处宗祠遗址的情况介绍——兼谈家谱史料在解决"苏迁之谜"中的作用[C].载武新立主编.谱牒学研究(第三辑).北京:书目文献出版社,1992.

后　记

　　提笔写作时,往事浮现于眼前。还记得初中毕业的那年暑假,为了生计,我随叔父去了泉州石狮的一家服装工厂打工挣钱。到了快开学的日子,有一天,我突然接到父亲的电话。在电话里,他说我考上了余江二中,然后问我是否想回去再读书。当时我说:"那当然。"后来,从母亲那里得知,这句话让我父亲为难了许久,因为他找过当地的算命先生给我算命,而算命先生说我是无论如何也考不上大学的。或许是不想以后我因此事而心生怨恨,或许是仍怀着一丝渺茫的希望,父亲才想到打电话问下我的想法。而我能接到那个电话也是十分不易。那时通信不发达,一般人家里没有安装电话,父亲只好到镇上去打公用电话。因叔父走时留的是那家服装工厂老板家的电话,而那家老板了解到我父亲的用意后,故意多次挂断电话,无奈之下,父亲央求在镇政府上班的一个熟人帮忙联络到我。那位好心人采取"电话骚扰"的策略,最后那家服装工厂的老板迫于无奈才让我接听了电话。从此我深知,求学的机会是那么难能可贵,甚至可以说是命运的眷顾,我日后一定要努力学习。

　　2000年,我考上赣南师范大学,成为村里第一位大学生。上大四时,我选择了郭秋兰老师作为我的指导老师。在她的指导下,我开展了有关明代王阳明盐法思想的研究,并以此为基础完成了本科毕业论文的写作。幸运的是,当年我顺利地考上了厦门大学专门史方向的硕士研究生。

　　2004年9月,我如愿走进久负盛名的厦门大学。厦门大学是一座花园式的高等学府,同时又具有浓厚的学术氛围。在这里,我非常幸运地遇到了业师王日根教授。他为人谦和、睿智。在了解到我的本科毕业论文选题后,王老师推荐我看唐立宗的《在"盗区"与"政区"之间:明代闽粤赣湘交界的秩序变动与地方行政演化》和查阅《明经世文编》中的相关史料。在硕士研究生求学的三年时间里,我有相当长的时间在外从事家教工作。因为挤占了不少学习时间,加上对于如何撰写学术论文总是感到手足无措,心中不免产生焦虑和不自信等负面情绪和想法,幸好业师对我鼓励有加,使我的心态逐渐平和下来。

记得在一次交谈中,我向业师表达自己想做明代福建盐业史研究的想法,同时又向他袒露自己的困惑——虽然看过不少专家学者的论著,但是很难形成自己的观点,总是人云亦云。业师肯定了我的想法,还建议我去古籍室查资料。当我第一次踏进古籍室的大门,我仿佛有一种顿悟的感觉。当我查到明人谢肇淛万历四十一年编纂的《福建运司志》时,我兴奋不已。在接下来的两个月时间里,我怀着激动的心情从头到尾地查阅该志,并完成了我的第一篇学术论文《从盐仓看明清福建盐业变迁》。不久,我又撰写了第二篇学术论文《制度被败坏的表现与机理:明代中后期福建盐业的剖析》,这给了我很大的信心,也使我感觉自己似乎走进了学术之门。我的硕士毕业论文的选题,原本拟定为"明代福建盐业史研究",后来受瑞士学者傅汉思《中西盐业史比较研究》一文对中西盐业进行比较研究的启发,我想尝试将处于边缘地位的福建盐区与处于核心地位的两淮盐区进行比较,该想法得到业师的充分肯定,最终以《明代政策在福建、两淮盐区的效应之比较研究》为题完成硕士学位论文。

2007年,我考上厦门大学专门史方向的博士研究生,继续师从王日根教授攻读博士学位。我的博士论文创作,从选题到篇章结构的设计,再到文中字句的润色,每一个阶段无不倾注了他的汗水,最终我以《明清两淮盐场社会变迁研究》为题完成了博士毕业论文。时光如梭,校园里的凤凰木六度花开花谢。其间业师引领我一步一步走进学术的殿堂,让我体会到史学的魅力所在。他见证了我的成长;我则敬佩他在为学上的学养深厚、治学严谨和视野广阔,深感他在为人上的宽容、细心与善良。此外,业师还教会我为人处世的道理,比如第一时间回复别人的电子邮件,遇事多思考,多与人沟通,等等。在厦门大学求学的六年时光,是我人生中非常美好的一段时光,还记得业师带着我和同门师兄弟姐妹们一起去爬凤凰山,然后一起去豪宾豪吃牛排,一起玩中秋博饼游戏,等等,这些美好的记忆我至今都珍藏在心底。

2010年,我进入河南师范大学历史文化学院任教。2013年,我幸运地进入河南大学中国古代史博士后流动站,师从程民生教授学习。程老师是宋史研究的大家,他思维敏捷,为人豪爽大气,个性鲜明而真挚,对学术充满热情与执着。

令我感激的是程老师鼓励我继续从事明清盐业史研究,在他的鼓励下我以"明代两淮盐场社会问题及其应对研究"为题申报了博士后基金项目,最终获得资助。程老师说过的三句话我一直铭记在心。第一句是"做研究选题是关键,现在是一个拼选题的时代",它让我更加关注社会热点问题,使我更加深刻地感受到一个史学工作者服务于社会的责任感。第二句是"想做学问只有一个理由,不想做学问却可找到千万个理由"。每当我犯懒时,这句话总会在我耳畔响起,提醒自己凡事贵在坚持。第三句是"活在当下,让生活更有品位一些,让自己更优雅一些"。以前我往往将研究工作与日常平凡的生活对立起来,这句话点醒我要激活生活的智慧。这一阶段的学习让我受益终身。2016年博士后出站至今,每当在论文写作、课题申报或工作上遇到困难时,我依然向程老师求教,程老师总是第一时间给予我帮助。

光阴荏苒,我从当初的那个打工妹,一步一步逆袭,成为一名大学生、一名硕士研究生、一名博士研究生和一名大学老师,不知不觉我在中国盐业史研究领域已经默默耕耘了十六七年。因工作之后一直忙于教学和科研工作,故一直将硕士论文和博士论文束之高阁,如今终于完成了对它们的修改。

此书是在我硕士论文和博士论文的基础上修改完成的。它的完成离不开师友和亲人的关心与支持。首先,感谢业师王日根和程民生教授的关怀和教诲。其次,感谢德高望重的杨国桢教授,他虽不是我的导师,我却有幸长期跟随他的弟子们一起上课。杨老师敏捷的思维、鲜明而真挚的个性、深邃的思想,尤其是对学术充满热情与执着的态度,让我喜之,敬之,重之。再次,感谢厦门大学的陈支平、林枫、钞晓鸿、刘永华、张侃、徐东升、饶伟新,福建师范大学的谢必震,河南大学的李振宏、苗书梅、展龙,以及香港中文大学的科大卫、苏基朗、梁元生、梁其姿、卜永坚等教授。特别是卜永坚教授,他曾慷慨地将自己在田野调查中发现的康熙《重修中十场志》等资料赠予我,这些资料对于我的毕业论文写作大有裨益。此外,他还帮我联系去江苏省盐城市大丰区做田野调查。正是在他的推荐下,我受到大丰盐业史专家邹迎曦老先生的热情款待。后又在邹老的帮助下,我目睹了另一位盐业史专家姚恩荣先生生前摘录的有关盐民族谱的手稿,并在其子姚爱明先生的允许下,将之拍照后带回厦门。上述专家学者的帮助,我将永铭于心。同时,感谢我在厦门大学求学期间结识的同门陈瑶、张先刚、冯月娟、曹斌、张忠魁、覃寿伟、周惊涛、何锋、苏惠苹、肖丽红、徐枫、涂丹、徐鑫、张霞和好友霍晓敏、田思思、王文君、白叶、杜艳艳、李冰、张雅娟，以及河南大学博士后流动站学习期间结识的同门徐秀玲、史泠歌、刘保兄、齐德舜、郭胜利、王朝阳、王志跃、王涛锴、仝相卿、范帅等对我的鼓励和帮助。最后，感谢我的爱人史伟和远在家乡默默支持我的父母，谢谢你们陪我一起走过每一个真实的日子，让我坚定地去走潜心为学的学术之路。

  此书是我学生时代最为重要的成果，承载了我多年来的勤奋和汗水，但是作为一个阶段性成果，它并不完美，加上笔者天资愚钝，其中错误之处在所难免。祈望学界同人提出严厉的批评，以待笔者今后加以修改和完善。

吕小琴
2021 年 9 月 15 日